ARQUIVOS
SER
KILL

IAL

1.

ERS

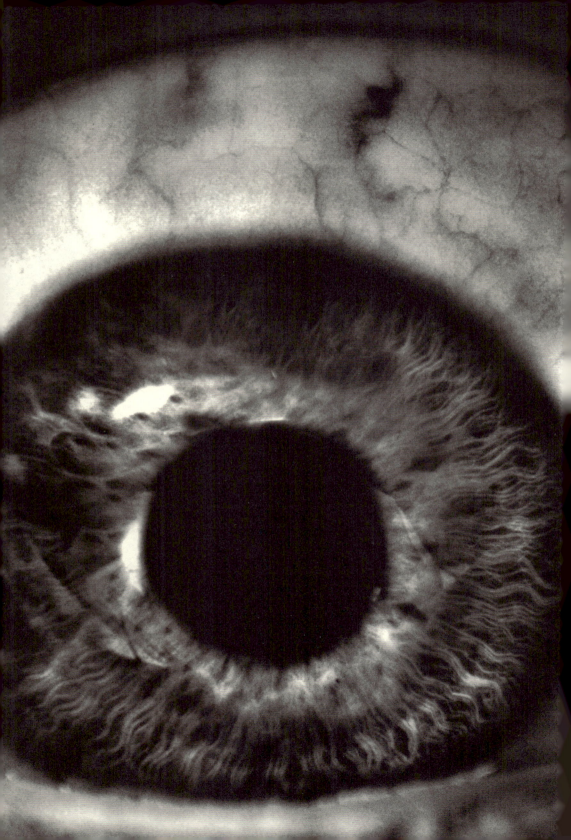

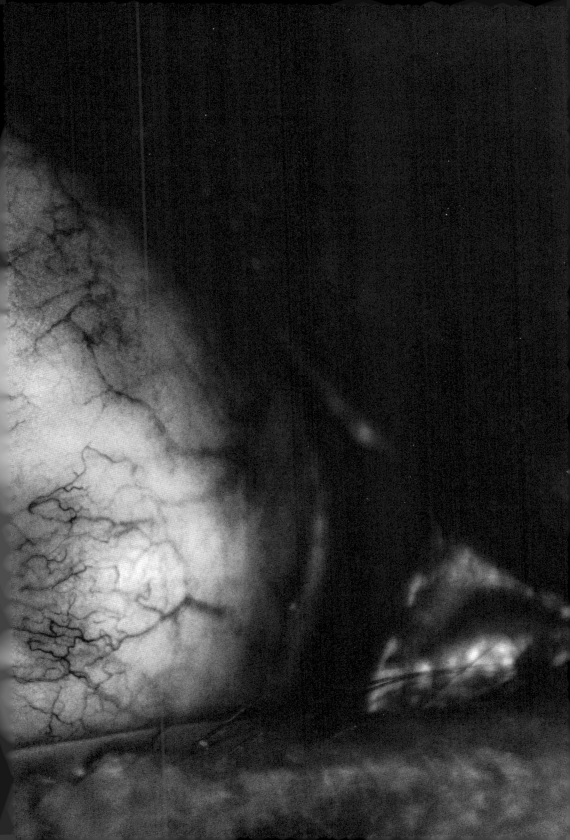

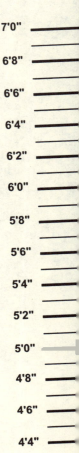

CRIME SCENE®
D A R K S I D E

Copyright © 2014, 2022 by Ilana Casoy

Diretor Editorial
Christiano Menezes

Diretor Comercial
Chico de Assis

Diretor de MKT e Operações
Mike Ribera

Gerente Comercial
Fernando Madeira

Gerente de Marca
Arthur Moraes

Gerente Editorial
Marcia Heloisa

Editor
Bruno Dorigatti

Capa e Projeto Gráfico
Retina 78 e Arthur Moraes

Coordenador de Arte
Eldon Oliveira

Coordenador de Diagramação
Sergio Chaves

Designer Assistente
Guilherme Costa

Assistente de Produção
Eduardo Morales

Finalização
Sandro Tagliamento

Revisão
Débora de Castro Barros
Marlon Magno
Retina Conteúdo

Agradecimentos
Blog O Aprendiz Verde

Impressão e Acabamento
Gráfica Geográfica

DADOS INTERNACIONAIS DE CATALOGAÇÃO NA PUBLICAÇÃO (CIP)
Jéssica de Oliveira Molinari - CRB-8/9852

Casoy, Ilana
   Serial killers : louco ou cruel? / Ilana Casoy. – 2. ed. — Rio de Janeiro : DarkSide Books, 2022.
   360 p. : il.

ISBN 978-65-5598-239-8

1. Psicopatas 2. Homicidas em série - histórias 3. Relatos policiais I. Título

22-6266   CDD 364.1523

Índices para catálogo sistemático:
1. Psicopatas

[2022]
Todos os direitos desta edição reservados à
DarkSide® *Entretenimento LTDA.*
Rua General Roca, 935/504 — Tijuca
20521-071 — Rio de Janeiro — RJ — Brasil
www.darksidebooks.com

ARQUIVOS *SERIAL KILLERS*

EDIÇÃO DEFINITIVA

ILANA CASOY

LOUCO OU CRUEL?

DARKSIDE

LANA
CASOY LOUCO OU CRUEL?

Name: _____ U.R.# _____

DOB: ___ / __ / __   Received: _ / __ /____   Age: ___ (when rec

County: _____   Date of Offense: __ / _ /____

Age at time of offense: ___   Race: _____   Height: ____

Weight: ___   Eyes: _____   Hair: _____

Native County: _____   State: _____

Prior Occupation: _____   Education level: ___ years

Prior prison record:

_____

_____

_____

CRIME SUMMARY:

_____

_____

_____

Co-Defendants: None

Race of Victim(s): _____

SUMÁRIO

012 | PRÓLOGO

014 | PREFÁCIO:
Cabeça de Matador, por Percival Souza

018 | QUEM É UM SERIAL KILLER?

070 | PAUL BERNARDO E
KARLA HOMOLKA
O casal letal

092 | THEODORE ROBERT BUNDY
O cidadão acima de qualquer suspeita

116 | RICHARD TRENTON CHASE
O vampiro de Sacramento

130 | ANDREI CHIKATILO
O lobo enlouquecido

146 | RORY ENRIQUE CONDE
O matador de prostitutas

156 | JEFFREY LIONEL DAHMER
Lobo em pele de cordeiro

170 | ALBERT HAMILTON FISH
O vovô que comia criancinhas

188 | JOHN WAYNE GACY
O palhaço assassino

204 | EDWARD THEODORE GEIN
Uma inspiração para Hitchcock

216 | EDMUND EMIL KEMPER III
O assassino de colegiais

230 | IVAN ROBERT MARKO MILAT
O assassino de mochileiros

246 | LEONARD LAKE E
CHARLES CHITAT NG
Uma dupla letal

260 | DENNIS ANDREW NILSEN
O serial killer carente

272 | ARTHUR SHAWCROSS
Libertado para matar

284 | AILEEN WUORNOS
Vítima ou algoz?

300 | O ZODÍACO
O caso que ninguém resolveu

330 | ANEXOS
01 Serial killers do mundo inteiro
02 Apelidos de alguns serial killers
03 Pena de morte
04 Frases famosas de serial killers

352 | BIBLIOGRAFIA

354 | WEBGRAFIA

357 | AGRADECIMENTOS

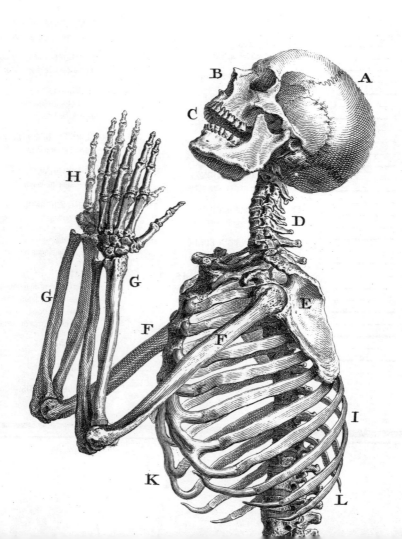

Este livro é dedicado às vítimas conhecidas e desconhecidas de assassinos loucos ou cruéis, cujas histórias de sofrimento e morte só podemos adivinhar. É dedicado também aos seus pais, filhos, irmãos, companheiros de vida e amigos que nunca tiveram a chance de se despedir.

ILANA CASOY

PRÓLOGO
ILANA CASOY

Escrever um livro sobre casos reais e não uma ficção faz diferença no futuro de um escritor. A história de ficção está na imaginação, ela começa e termina quando e como você quiser. Durante o processo criativo não há limite, aí então você publica. Pronto! Trabalho encerrado. Se anos depois você ler e não gostar, paciência. Você pode dizer que mudou seu estilo, outros podem chegar à mesma conclusão, mas a história ali contada não muda mais.

Relatar fatos reais muda tudo. Em respeito ao leitor, o escritor/pesquisador tem sempre que rever seu trabalho e atualizá-lo, corrigi-lo, se possível. No caso de *Serial Killers: Louco ou Cruel?*, foi estranho relê-lo sete anos depois. Karla Homolka está livre, Wuornos foi executada, a lista de vítimas de Bundy perdeu Katherine Merry Devine, o DNA do Zodíaco não estava onde deveria estar, a lista de prováveis vítimas de Milat aumentou. O apêndice "Serial killers do mundo inteiro", da edição anterior, cresceu; fugitivos foram presos; assassinos, identificados.

Mais que atualizar fatos, mudei a maneira de contar as histórias quando percebi que meu entendimento sobre elas também havia se modificado. Quando escrevi este livro, jamais imaginei como mudaria minha vida, que ser *profiler* seria uma profissão, que meus conhecimentos seriam compartilhados com tantas pessoas, inclusive didaticamente em cursos forenses. Eu tinha um sonho simples: escrever um livro e publicá-lo, talvez chegar a uma segunda edição. Hoje, dez edições e dez anos depois de ter iniciado esta pesquisa, que era exclusivamente documental e despretensiosa, já entrevistei uma dezena de serial killers brasileiros, participei de diversos casos reais em tempo real, assisti a julgamentos, conheci vítimas sobreviventes, acompanhei perícias e necropsias, enfim, passei de observadora a agente de histórias que aconteceram e acontecem de fato. Quando entro em um novo caso de crime violento, de autoria conhecida ou não, já existe um método, um procedimento. Finalmente, o processo científico faz parte de uma investigação policial no Brasil. Será até necessário sistematizar um protocolo científico, multidisciplinar, em futuro próximo.

Também existe a nova liberdade literária que a carreira propicia. Ao tentar publicar um primeiro livro sobre assunto inédito, ficamos muito mais amarrados a uma maneira clássica, menos controversa, de escrever. Depois de três publicações, encontrei um modo mais pessoal de narrar cada história, desenvolvi melhor a capacidade de empatia com os personagens de cada caso, obtive um profundo conhecimento sobre a mente criminosa que agora traz frutos. Ao escrever sobre os casos novamente, experimentei outras maneiras de contá-los, na tentativa de levar mais facilmente meu leitor pelos meandros de mentes assassinas. Duas histórias inéditas também foram incluídas nesta edição: as de Dennis Nilsen e Enrique Conde.

Houve muita reflexão sobre deixar ou não as fotografias dos assassinos, mas penso ser importante que todos percebam como é fácil um lobo se vestir em pele de cordeiro em uma cultura na qual o belo é bom e o feio é mau. Neste livro se vê que não é nada assim na vida real: o mais belo pode ser também o mais cruel. Seria maravilhoso que nossas crianças aprendessem isso.

Boa leitura ou releitura!

CABEÇA DE MATADOR

PREFÁCIO

O impulso criminoso, o desejo de matar, os homicídios múltiplos, o caçador e o caçado, a vítima e o algoz...

Entender esse cenário montado com sangue, que pode ter aspectos que escapam, na natural (e social) discrepância entre *autos* e *atos*, encontra neste trabalho de Ilana Casoy um *vade mecum* para os estudiosos e interessados em procurar descobrir até que ponto a mente humana é capaz de chegar. Ao que parece, não há limites. Nos jargões forenses, falava-se em biotipologia criminal, hoje se refere mais às perícias criminológicas. Admite-se, a rigor, que existe um interesse dominante centrado em descobrir e provar que alguém cometeu determinado crime. Depois, se o autor tinha ou não consciência dos atos praticados, acaba virando um duelo entre acusação e defesa, para convencer os juízes de fato, no júri popular, ou no juízo singular, de que devem ser admitidas circunstâncias agravantes (consciente cruel), qualificadoras e eventualmente atenuantes (incapaz de se autodeterminar). Quem pode exclamar, satisfeito: *touché!?* Difícil, a esgrima. Nem sempre a loucura leva ao crime. Mas o crime pode levar à loucura. A imperfeição humana talvez nos ajude a entender o poeta Cassiano Ricardo: "Ou o pensar que a arte e loucura são flores diversas, num só ramo, como a lágrima é irmã gêmea do orvalho".

O terreno é movediço. Nele também se movem os semi-imputáveis. Porque o matador, consciente ou inconsciente, impassível ou cruel, é olhado pelo prisma da periculosidade. O castigo penal pode se refugiar na terapêutica compulsória. O critério do duplo binário, que por tanto tempo vigorou em nosso direito, aplicava a medida de segurança detentiva, em caráter complementar à aplicação da pena. Podia ser símbolo de prisão perpétua. Podia ser motivo de orgulho para o defensor: o réu não foi condenado, apenas internado até cessar a periculosidade...

Nesse jogo, em que podemos recorrer a Cesare Lombroso ou a Michel Foucault, tenta-se compreender a alma humana com critério ético, ou automaticamente burocrático. Sim, temos laudos burocráticos e até irresponsáveis. Como aconteceu nos anos de chumbo, o período do arbítrio institucional, quando o manicômio judiciário foi utilizado para deixar apodrecer desafetos do regime. Como fizeram com Aparecido Galdino Jacintho, o homem que benzia animais em Santa Fé do Sul, interior de São Paulo, inofensivo, mas subversivo para o regime militar e "doente e perigoso que deve permanecer frenocomiado", segundo os psiquiatras que o examinavam e o mantiveram encarcerado no hospital-presídio durante sete longos anos. Nessa época, dizia-se que alguém é perigoso porque quando entrou no manicômio era. A ética ficava nos porões.

Não são esses os casos da pesquisa de fôlego feita por Ilana Casoy. Mas é necessário entender um pouco melhor o que acontece nos meandros da psiquiatria forense para aproveitar melhor o trabalho que ela realizou. Era moda, no passado, imaginar certos criminosos com características físicas. Segundo Lombroso, por exemplo, o criminoso nato teria um "crânio quase sempre assimétrico, preponderante na parte posterior e pequeno em relação ao desenvolvimento da face [...], de orelhas volumosas, de cabelo ordinariamente abundante mas de barba rala [...] e, com bem raras exceções, de uma fealdade chocante".

Um dos críticos dessa teoria, Gabriel Tarde, diria que Lombroso foi como o café: excitou a todos, mas não nutriu ninguém. Mas fez escola. Nina Rodrigues, que empresta seu nome para o Instituto Médico Legal de Salvador, queria porque queria demonstrar que Antonio Conselheiro, o rebelde do arraial de Canudos imortalizado por Euclides da Cunha em *Os Sertões*, seria um psicopata lombrosiano. Até escreveu a respeito. Mas, quando lhe levaram a cabeça do beato, decepada em outubro de 1897, como se fosse uma perigosa ameaça à República recém-proclamada, esqueceu-se do que havia escrito, como hoje é comum, no Brasil, em certas áreas da sociologia. A cabeça do Conselheiro desapareceu entre os escombros de um incêndio que destruiu na Bahia nossa primeira faculdade de Medicina em 1906. Emblemático.

Em nosso tempo, fazemos – diante de determinados autores de crimes – perguntas de ordem morfológica, funcional, neurológica, genética e biológica. Busca-se entender o criminoso em sua forma humana e psíquica – o duelo entre o *eu* pessoal e o *eu* social.

Um dos muitos aspectos importantes deste *Serial Killers: Louco ou Cruel?* que está em suas mãos é chamar atenção para o detalhe da inexistência dos *monstros*, como sempre gosta de bradar a *vox populi*. Particularmente, o único monstro com existência legal em nosso planeta que conheço é a serpente do lago Ness, na Escócia. Mas, convenhamos, esse monstro possui licença concedida em caráter estritamente precário.

No caso da pesquisa de Ilana Casoy, temos casos específicos, nomes, histórias, atos, autos, quem foi?, relação das vítimas, época dos crimes, *modus operandi* e a psicótica *assinatura pessoal* na cena do crime, a marca registrada de cada um. Assusta saber que serial killer existe em profusão na sociedade, as mulheres sempre são consideradas problema para ele. De Jack, o Estripador, em plena Inglaterra vitoriana, ao Unabomber contemporâneo. Há uma variedade imensa de casos e personagens. Como não existem monstros, é um desfile incessante de parte da raça humana. Ilana Casoy montou essa passarela com precisão de cirurgiã para nos apresentar a coletânea intrigante. De uma forma que não permite ao saber encobrir o que sabe, como diria Vieira em um de seus sermões magistrais. Ajudando a decifrar enigmas, como se estivesse diante de uma esfinge voraz, a autora, que experimentou a clausura para produzir este trabalho, mergulha na cabeça dos matadores e nos oferece este compêndio criminal de interesse multidisciplinar. Valeu, pois, como escreveu o apóstolo Paulo, em sua primeira epístola endereçada aos cristãos, em Coríntios (1:25), "[...] a loucura de Deus é mais sábia do que os homens; e a fraqueza de Deus é mais forte do que os homens".

Logo bem-vinda ao mundo dos que se dedicam à palavra escrita, a autora também se converteu, rapidamente, numa referência obrigatória para todos aqueles que lutam para conseguir entender até que ponto a mente humana pode chegar. Sua presença, por exemplo, no cenário em que peritos fizeram a reconstituição de duplo homicídio – um casal – arquitetado pela própria filha e o namorado foi exemplo marcante.

Ilana implodiu os "achólogos" de plantão, certas figuras que sempre "acham" alguma coisa, mas jamais encontram nada tecnicamente convincente. Um desses seres disse que o pai da moça era "frio" nas ligações afetivas, pelo simples fato de ter ascendência alemã. "Frio", mas com fotos da filha, desde bebê até adulta, em toda a parede da sala do escritório de trabalho? "Frio", mas ficando no banco de trás do carro que deu para a filha, quando ela completou 18 anos, até ela ganhar confiança para dirigir sozinha? Os dois exemplos são demolidores para as afirmações (obviamente nada científicas) que embutem respostas prontas para certas perguntas que, em algumas ocasiões, nem chegaram a ser formuladas.

Ilana conquistou, por merecimento puro, um lugar nas estantes onde se armazena o saber e se reparte o conhecimento, estímulos para que as idéias possam circular. Ela sabe indagar e responder com precisão, para que seus leitores não caiam na armadilha prevista (com advertência) pelo padre Vieira: "Quem não pergunta, não quer saber; quem não quer saber, quer errar".

Ilana sabe procurar, com espírito de sadia curiosidade, como se fosse desenrolando, gradativamente, um novo fio de Ariadne para que se possa entrar e sair, com segurança, na caverna onde se esconde o temível e destruidor Minotauro. Não estamos, com Teseu, na grega ilha de Creta, nem podemos contemplar o majestoso mar Egeu. Ao sul do Equador, entretanto, podemos aprender através desta obra, agora aperfeiçoada, com acréscimos densamente vigorosos, didaticamente reveladores, pedagogicamente informativos, o que alimenta e move certas máquinas humanas de matar.

Em março de 2008 intrigavam-me os autores de homicídios múltiplos na cidade de São Paulo, suficientemente audazes, no pior dos sentidos, para eliminar fisicamente o coronel José Hermínio Rodrigues, que chefiava o 3º Comando Metropolitano de Policiamento de Área, o CPA/M-3, da Polícia Militar. Conhecia a vítima desde jovem tenente, e meu coração pulsou mais forte quando fiz um comentário ao vivo, para a TV Record, exatamente no lugar onde ele foi abatido, na Avenida Engenheiro Caetano Álvares, na zona norte de São Paulo, estando ainda cravadas no asfalto as marcas do sangue derramado. A realidade, ali, derretendo como ácido as teorias obscuras. Cruel, porque moradores do local se aproximavam para comentar, baixinho, que também se paga com a vida o comportamento digno, honrado, honesto, num improvisado e coletivo pranto *in memoriam*.

Não sei se constará dos autos, na limitação dos procedimentos formais e legais (onde não há espaço para dor, saudade, buraco no peito, angústia, decepção, indignação) a informação sobre um personagem acusado de ser matador em série e, investigado, achou que teria motivos para a eliminação física do coronel. Que mostrou disposição em não tolerar a matança quantitativa. Aqui, quem sabe, Ilana Casoy possa nos ajudar, no futuro. Porque já se formou, em várias partes do país, um novo tipo de matador, estimulado e alimentado pelo vil metal da corrupção.

Sabe-se que este matador específico gostava de "sentar o aço". A linguagem é dele, não minha, e vem a ser despejar a carga de projéteis de arma de fogo em alguém. Colegas dele informaram aos encarregados da investigação que de vez em quando ele costumava desabar, em macabra confidência, que não estava "sentindo-se bem". O motivo: há alguns dias, não tinha matado ninguém. Dizia que sentia "necessidade" de matar dois, "pelo menos um" a cada semana. Matar, portanto, tornou-se um prazer.

Atenção, autoridades: autores de chacinas sistemáticas também são matadores em série, frutos da insaciável proveta urbana. Que tal pedir ajuda para Ilana Casoy e compreender melhor a cabeça da nova safra de assassinos a sangue-frio?

Percival de Souza
Jornalista, escritor, criminólogo

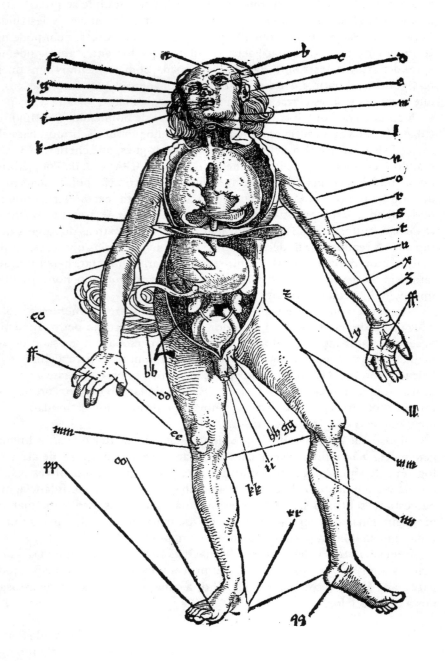

QUEM É UM SERIAL KILLER?

COMO TUDO COMEÇA

"A maldade é a vingança do homem contra a sociedade pelas restrições que ela impõe. [...] É o resultado do conflito entre nossos instintos e nossa cultura." – **Sigmund Freud**

O que leva uma pessoa a praticar atos tão extremos como assassinatos em série? A questão é genética, psíquica ou psicológica? Traumas infantis podem ter consequências tão horrendas? Quanto pai e mãe precisam errar para criar um monstro?

Foram essas as questões que me levaram a pesquisar e aqui vão algumas das respostas encontradas. Espero que elas possam contribuir para a curiosidade de leigos que tentam entender onde nasce a violência.

A teoria freudiana acredita que a agressão nasce dos conflitos internos do indivíduo.

A Escola Clássica baseia-se na ideia de que pessoas cometem certos atos ou crimes utilizando-se de seu livre-arbítrio, ou seja, tomando uma decisão consciente com base em uma análise de custo versus benefício. Em outras palavras, se a recompensa é maior do que o risco, vale a pena corrê-lo. Se a punição for extrema, não haverá crimes.

A Escola Positivista acredita que os indivíduos não têm controle sobre suas ações; elas são determinadas por fatores genéticos, classe social, meio ambiente e influência de semelhantes, entre outros. Não seria a punição que diminuiria a criminalidade, e sim reformas sociais, entre outras medidas, para recuperar o indivíduo.

Não importa a teoria, serial killers não se enquadram em nenhuma linha de pensamento específica. Na verdade, são um capítulo à parte no estudo do crime.

A expressão "serial killer" é relativamente nova. Foi usada pela primeira vez nos anos 1970 por Robert Ressler, agente aposentado do FBI (Federal Bureau of Investigation, órgão americano responsável por todas as investigações criminais federais) e grande estudioso do assunto. Ele pertencia a uma unidade do FBI chamada Behavioral Sciences Unit (BSU – Unidade de Ciência Comportamental), que tinha sua base em Quântico, Virgínia.

Essa unidade deu continuidade ao trabalho do psiquiatra James Brussell, pioneiro no estudo da mente de criminosos. O BSU começou montando uma biblioteca de entrevistas gravadas com serial killers já condenados e presos nos Estados Unidos. Seus investigadores se dirigiam até as penitenciárias em diversos estados americanos entrevistando os serial killers mais famosos do mundo, como Emil Kemper, Charles Manson, David Berkowitz. Tentavam entrar em suas mentes e compreender o que os impulsionava a matar.

Detalhes de todos os crimes americanos eram enviados a essa unidade e os "caçadores de mentes" procuravam pistas psicológicas em cada caso. Pelo que viam nas fotos das cenas dos crimes, desenvolveram a habilidade de descrever suspeitos e suas características de forma impressionante. No início, o bom senso era muito utilizado, mas com o passar do tempo foram criadas técnicas de análise da cena do crime, que veremos adiante com mais detalhes.

Aceitamos como definição que serial killers são indivíduos que cometem uma série de homicídios durante algum período de tempo, com pelo menos alguns dias de intervalo entre esses homicídios. O intervalo entre um crime e outro os diferencia dos assassinos de massa, indivíduos que matam várias pessoas em questão de horas.

O primeiro obstáculo na definição de um serial killer é que algumas pessoas precisam ser mortas para que ele possa ser definido assim. Alguns estudiosos acreditam que cometer dois assassinatos já faz do assassino um serial killer. Outros afirmam que o criminoso deve ter assassinado pelo menos quatro pessoas. Mas será que a diferença entre um serial killer e um assassino comum é só quantitativa? Óbvio que não.

O motivo do crime ou, mais exatamente, a falta dele é muito importante para a definição de um assassino como serial. As vítimas parecem ser escolhidas ao acaso e mortas sem nenhuma razão aparente. Raramente o serial killer conhece sua vítima. Ela representa, na maioria dos casos, um símbolo. Na verdade, ele não procura uma gratificação no crime, apenas exercita seu poder e controle sobre outra pessoa, no caso a vítima.

OS SERIAL KILLERS SÃO DIVIDIDOS EM QUATRO TIPOS	
VISIONÁRIO	É um indivíduo completamente insano, psicótico. Ouve vozes dentro de sua cabeça e lhes obedece. Pode também sofrer de alucinações ou ter visões.
MISSIONÁRIO	Socialmente não demonstra ser um psicótico, mas em seu interior tem a necessidade de "livrar" o mundo do que julga imoral ou indigno. Escolhe certo tipo de grupo para matar, como prostitutas, homossexuais, mulheres ou crianças.
EMOTIVO	Mata por pura diversão. Dos quatro tipos estabelecidos, é o que realmente tem prazer em matar e utiliza requintes sádicos e cruéis, obtendo prazer no próprio processo de planejamento do crime.
SÁDICO	É o assassino sexual. Mata por desejo. Seu prazer será diretamente proporcional ao sofrimento da vítima sob tortura. A ação de torturar, mutilar e matar lhe traz prazer sexual. Canibais e necrófilos fazem parte deste grupo.

Serial killers também são divididos nas categorias "organizados" e "desorganizados", geograficamente estáveis ou não.

O denominador comum entre todos os tipos é o sadismo, uma desordem crônica e progressiva. Segundo o dr. Joel Norris, PhD em Psicologia e escritor, existem seis fases do ciclo do serial killer.

AS SEIS FASES DO CICLO DO SERIAL KILLER	
FASE ÁUREA	Quando o assassino começa a perder a compreensão da realidade.
FASE DA PESCA	Quando o assassino procura sua vítima ideal.
FASE GALANTEADORA	Quando o assassino seduz ou engana sua vítima.
FASE DA CAPTURA	Quando a vítima cai na armadilha.
FASE DO ASSASSINATO OU TOTEM	Auge da emoção para o assassino.
FASE DA DEPRESSÃO	Ocorre após o assassinato.

Quando o assassino entra em depressão, engatilha novamente o início do processo, voltando à Fase Áurea.

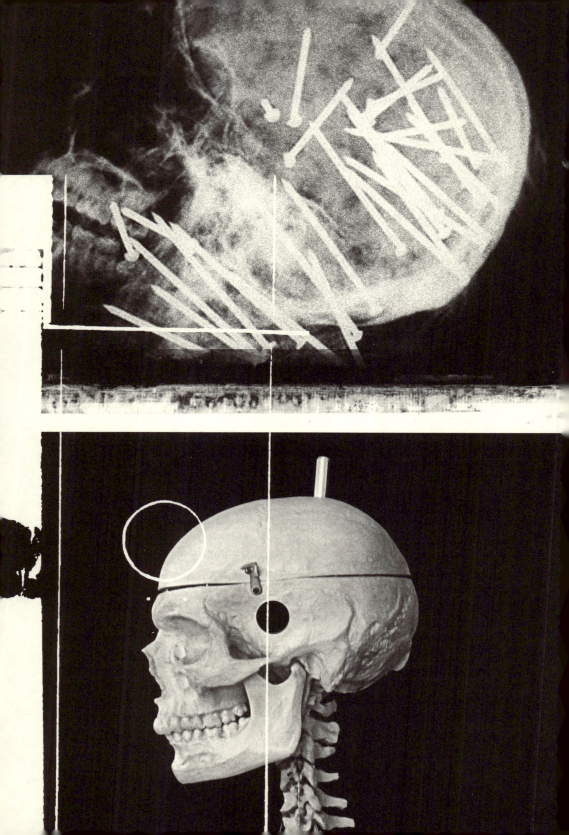

QUEM É A VÍTIMA?

As vítimas do serial killer são escolhidas ao acaso ou por algum estereótipo que tenha significado simbólico para ele. Diferentemente de outros homicídios, a ação da vítima não precipita a ação do assassino. Ele é sádico por natureza e procura prazeres perversos ao torturar suas presas, chegando até a "ressuscitá-las" para "brincar" um pouco mais. Tem necessidade de dominar, controlar e possuir a pessoa. Quando a vítima morre, o assassino é novamente abandonado à sua misteriosa fúria e ódio por si mesmo. Esse círculo vicioso continua em andamento, até que sejam capturados ou mortos.

Com raras exceções, o serial killer enxerga suas vítimas como objetos. Para humilhá-las ao máximo, torturá-las fisicamente e matá-las, ele não pode enxergá-las como pessoas iguais a si mesmo e correr o risco de destruir sua fantasia. Sente-se bem ao saber que as fez se sentirem mal.

Esta é a essência do pensamento do serial killer: as vítimas não são suas parceiras na realização da fantasia, mas seu objeto de fantasia. Ele tira da vítima o que quer e quando termina livra-se dela. Pode jogá-la no acostamento, arrumá-la em um gramado ou fazê-la em pedaços e espalhá-los em uma mata.

Existem pesquisas que revelam que o prazer sexual do criminoso tem correlação direta com a resistência da vítima, e esta aumenta o tempo da duração do crime, que varia entre 36 e 94 minutos.

Tende a escolher vítimas mais fracas fisicamente do que ele, o que facilita seu domínio. De forma geral, as vítimas também pertencem a grupos menos beneficiados, como prostitutas, sem-teto ou caronistas, pois a demora em constatar seu desaparecimento facilita o trabalho do serial killer.

As mulheres serial killers, na maioria dos casos, são viúvas-negras ou anjos da morte: matam maridos e amantes ou velhos e doentes terminais.

O famoso Ted Bundy matava brutalmente colegiais com longos cabelos castanhos, meninas parecidas com sua noiva rica que rompeu o relacionamento. David Berkowitz, o Filho de Sam, não era tão específico: bastava ser mulher para se tornar sua vítima potencial.

John Wayne Gacy, de forma selvagem, torturava e estrangulava garotos, o que faz muitos analistas acreditarem que eles representavam o próprio Gacy em sua inadequação aos olhos do pai dominador.

O "Estrangulador de Boston" só matava mulheres voluptuosas. Foi também chamado de "O Homem Medida".

Conclui-se, então, que não existe um tipo físico preferido de vítima: a ação do serial killer não depende da atitude da vítima e o motivo do assassino, em geral, só faz sentido para ele mesmo. Portanto, a melhor prevenção para não se tornar uma vítima é... rezar!

ASPECTOS GERAIS E PSICOLÓGICOS

Existem vários aspectos psicológicos que os serial killers têm em comum, no que diz respeito tanto à sua ação quanto ao seu passado.

Na infância, nenhum aspecto isolado define a criança como um serial killer potencial, mas a chamada "terrível tríade" parece estar presente no histórico de todos os serial killers: enurese[1] em idade avançada, abuso sádico de animais ou outras crianças, destruição de propriedade e piromania.[2]

Outras características comuns na infância desses indivíduos são: devaneios diurnos, masturbação compulsiva, isolamento social, mentiras crônicas, rebeldia, pesadelos constantes, roubos, baixa autoestima, acessos de raiva exagerados, problemas relativos ao sono, fobias, fugas, propensão a acidentes, dores de cabeça constantes, possessividade destrutiva, problemas alimentares, convulsões e automutilações relatadas pelos próprios serial killers em entrevistas com especialistas.

Apesar de não fazer parte da "terrível tríade", o isolamento familiar e/ou social é relatado pela grande maioria deles. Quando uma criança é isolada ou deixada sozinha por longos períodos de tempo e com certa frequência, a fantasia e os devaneios passam a ocupar o vazio da solidão. A masturbação compulsiva é consequência altamente previsível.

Para as pessoas normais, a fantasia pode ser usada como fuga ou entretenimento. É temporária e existe a compreensão por parte do indivíduo de que é irreal. Para os serial killers, a fantasia é compulsiva e complexa. Acaba se transformando no centro de seu comportamento, em vez de ser uma distração mental. O crime é a própria fantasia do criminoso, planejada e executada por ele na vida real. A vítima é apenas o elemento que reforça a fantasia.

Como a escalada da fantasia exige um constante reforço e, para tanto, uma sucessão de vítimas, a fantasia acaba se tornando o motivo do crime e estabelece a "assinatura" do criminoso.

O comportamento fantástico do serial killer serve a muitos objetivos: aplaca sua necessidade de controle; dissocia a vítima, tornando os acontecimentos mais reais; dá suporte à sua "personalidade para fins sociais"; e é combustível para futuras fantasias.

O crime é a própria fantasia do criminoso, planejada
e executada por ele na vida real. A vítima é
apenas o elemento que reforça a fantasia.

---

[1] Incontinência urinária sem conhecimento, micção involuntária, inconsciente.
[2] Distúrbio mental no qual o indivíduo produz incêndios por prazer.

O CONTROLE

Para o serial killer, a fantasia provê sua necessidade de controle da situação. Em homicídios em série, o assassinato aumenta a sensação de controle do assassino sobre sua vítima. Ele estabelece um comportamento que tem a intenção de demonstrar, sem sombra de dúvida, que está no controle.

Um dos meios de o serial killer estabelecer o controle é degradar e desvalorizar a vítima por longos períodos de tempo. Tal objetivo pode ser alcançado fazendo-a seguir um roteiro verbal, por meio de sexo doloroso e/ou forçado, além de tortura.

Alguns serial killers não se sentem no controle da situação até a vítima estar morta, então as matam mais rapidamente. Uma vez morta, começam as mutilações pós-morte, a desfeminização (grande estrago ou retirada dos órgãos femininos) e a disposição do corpo de maneira peculiar, em geral humilhante (nua, por exemplo). Esse comportamento estabelece com clareza o controle do serial killer sobre a vítima.

Um exemplo que esclarece bem a questão de fantasia e controle é o caso de Dayton Leroy Rogers.[3] Quando era recém-casado com sua primeira esposa, Rogers atacou uma garota de 15 anos com uma faca. Foi colocado em um programa de reabilitação para transgressores sexuais. Ali, suas fantasias cresceram e tornaram-se cada vez mais violentas. Ele passou a usar narcóticos, álcool e a masturbar-se compulsivamente.

Durante o período de seu segundo casamento, admitiu já ter fantasias sexuais violentas de escravidão durante as relações sexuais do casal. Declarou que tais fantasias aumentavam sua excitação.

Quando fantasiar já não era suficiente, passou a pegar prostitutas tarde da noite com seu caminhão, levando-as a lugares remotos na floresta de Molalla. Uma vez no local escolhido, ele as coagia a deixar-se amarrar e iniciava um ritual de escravidão metódico e extremo. Fazia parte desse ritual masturbar-se com os pés das vítimas, que depois de horas de tortura tinham esses membros fatiados ou seus mamilos cortados.

O procedimento se estendia até as primeiras horas da manhã, com pequenos intervalos apenas para que ele saísse para urinar do lado de fora de seu caminhão, já que consumia enormes quantidades de álcool durante toda a provação por que passavam suas vítimas. As poucas sobreviventes puderam contar como era sua ação.

Rogers as mantinha amarradas de forma apertada e dolorosa e as ameaçava estrangular caso elas não se submetessem a suas exigências, que incluíam "falas" do texto que estava em sua imaginação, como se tivessem de seguir um roteiro de teatro ou cinema. A menos que escapasse, a vítima não tinha a

---

3   Crimes ocorridos na cidade de Portland, Oregon, nos EUA.

menor chance: seria assassinada e jogada na floresta. Geralmente, eram caçadores que encontravam os corpos, já decompostos, depois de decorrido algum tempo dos assassinatos.

Esse assassino procurava sua vítima ideal, levava-a para um local onde estaria no controle total da situação e a forçava a desempenhar um papel, uma personagem dentro de sua fantasia.

Constata-se a procura de controle por parte do serial killer a partir da observação do local onde ele vai realizar sua fantasia, do roteiro a que submeterá a vítima, das armas que eventualmente usa ou traz consigo, do tipo de mutilação que inflige à vítima. O agressor faz aquilo que acredita que o manterá no controle, alimentando e reforçando sua fantasia.

A DISSOCIAÇÃO

Para parecer uma pessoa normal e misturar-se às outras pessoas, o serial killer desenvolve uma personalidade para consumo externo, ou seja, um fino verniz de personalidade completamente dissociado de seu comportamento violento e criminoso.

A dissociação não é anormal. Todos nós temos um comportamento social mais "controlado" do que aquele que temos com nossos familiares mais íntimos. No caso do serial killer, a dissociação de sua realidade e fantasia é extrema. Muitos têm esposa, filhos e um emprego normal, mas são perturbados ao extremo. Mutilar a vítima, dirigir sua atuação como em um teatro ou sua desumanização também ajudam o serial killer a dissociar-se. O real e violento comportamento do agressor é suprimido socialmente, o que pode soar como amnésia temporária ou segunda personalidade, mas não é o caso.

O que capacita a dissociação é a fantasia. Quanto mais intrincada, maior é a distância mentalmente criada entre o comportamento criminoso do serial killer e o verniz superficial de personalidade que ele construiu. Sem esse verniz, serial killers não poderiam viver na sociedade sem serem presos de imediato. Não conseguiriam matar por tanto tempo sem se transformar em suspeitos.

O fato de controlar sua conduta para que isso não aconteça mostra que o criminoso sabe que seu comportamento não é aceito pela sociedade e que seu verniz social é deliberado e planejado com premeditação. É por esse motivo que a maioria deles é considerada sã e capaz de discernir entre o certo e o errado.

A dissociação que fazem de seus crimes enquanto estão em um contexto social é tão profunda que muitos serial killers, quando presos, negam sua culpa e alegam inocência com convicção. Mesmo que as provas para sua condenação incluam fotografias deles mesmos com suas vítimas, objetos pessoais delas encontrados em seu poder ou qualquer outra prova irrefutável, continuam negando veementemente sua participação no crime.

Seu verniz é tão perfeito que as pessoas na prisão confiam nele e em seu comportamento, sem entender como aquela pessoa tão educada e solícita, calma e comportada pode ter cometido crimes tão numerosos e violentos.

Jerry Brudos,[4] na adolescência, adorava se travestir de mulher e raptar vítimas para ter relações sexuais com elas. Na vida adulta, após seu casamento, começou a utilizar-se de vários disfarces e truques para pegar suas vítimas e levá-las para sua garagem. Uma vez ali, ele as forçava a tirar a roupa e a vestir lingerie e sapatos de sua imensa coleção. A vítima era então amarrada. Masturbava-se tirando fotografias dele mesmo e delas, usando para efeitos especiais os espelhos estrategicamente colocados no teto de sua garagem.

Quando terminava sua sessão fotográfica, Jerry estrangulava suas vítimas, amarrava pesadas peças de motor em seus corpos e as jogava no rio Willamette para que afundassem no esquecimento. Depois de cinco assassinatos parecidos, Jerry foi considerado suspeito. A polícia conseguiu um mandado para investigar sua casa, mas mesmo sabendo o dia da busca com antecedência Jerry não demonstrou nenhuma preocupação em sumir com alguma prova. Era como se o assunto não se referisse a ele.

Entre as provas encontradas pela polícia na garagem de Jerry Brudos estavam:

1ª PROVA: sua coleção de fotografias das vítimas demonstrando toda a sua nudez e submissão;

2ª PROVA: sua coleção de sapatos roubados;

3ª PROVA: roupas de várias vítimas;

4ª PROVA: sua coleção de lingerie roubada;

5ª PROVA: um peso para papel moldado a partir do seio de uma das suas vítimas;

6ª PROVA: o seio que serviu de molde para o peso no freezer da garagem;

7ª PROVA: partes do corpo removidas das vítimas, particularmente pés, guardados no freezer;

8ª PROVA: fotos de sua esposa, Ralphene Brudos, nua.

Na ausência de vítimas, esses apetrechos permitiam que ele mantivesse viva sua fantasia e planejasse o próximo crime. Sua esposa confirmou que ele passava horas na garagem e ficava fora de si caso ela ameaçasse entrar ou violar sua privacidade. Para os outros, seu reduto era território proibido.

---

4   Crimes ocorridos na cidade de Salem, Oregon, nos EUA.

Jerry Brudos esteve preso na Penitenciária Estadual de Salem e sempre negou qualquer conhecimento ou participação naqueles crimes pelos quais foi condenado. Antes do julgamento, chegou a confessar os crimes alegando insanidade, mas como esse pedido foi indeferido jamais admitiu seus crimes depois disso, apesar das fotos, das testemunhas, das partes dos motores amarradas às vítimas, que lhe pertenciam... Havia todas as evidências materiais possíveis e imagináveis, mas mesmo assim ele alegava ser inocente.

Seu verniz social era tão perfeito e verossímil que foi considerado um dos presos mais confiáveis da penitenciária, apesar de ser capaz de crueldades indescritíveis na realização de seus crimes. Prestou vários serviços, e guardas e diretores só tinham maravilhas a falar sobre ele. Era tratado como um preso não perigoso, apesar de ser um serial killer condenado. Sua liberdade condicional foi revista a cada dois anos, mas nunca foi solto. Morreu na Prisão Estadual do Oregon em 28 de março de 2006, aos 67 anos.

A EMPATIA

Quando uma criança começa a provocar outra, notamos imediatamente um novo estágio em seu desenvolvimento: significa que ela já é capaz de se colocar no lugar de outra pessoa, concluir qual atitude sua vai irritá-la e então se utilizar dessa conclusão para aborrecê-la.

Estendendo essa mesma lógica para a mente do serial killer, se ele precisa da vítima humilhada e amedrontada precisa saber como obter esse resultado. É um erro pressupor que o serial killer não sabe criar empatia, uma vez que compreende exatamente o que é humilhante, degradante ou doloroso para a vítima e planeja sua ação para obter dela o que necessita e deseja.

Segundo Brent E. Turvey, famoso psiquiatra forense, essa é uma evidência irrefutável de que o criminoso tem clara compreensão das consequências de seu comportamento e ação para a vítima; entender que ela está humilhada e sofrendo é, em parte, o porquê de ele estar se comportando dessa maneira.

Segundo John Douglas, enquanto o maior medo das mulheres é ser atacadas quando estão sozinhas, o dos homens é ser humilhados, principalmente na frente de outras pessoas. A maioria dos criminosos violentos tem histórias de humilhação pública na infância, por parte dos pais ou de colegas da escola. Sabem com exatidão como é a sensação de passar por essa tortura.

Se seu comportamento não é puramente egocêntrico, seu prazer o é. Sentem-se bem na mesma medida em que suas vítimas sentem-se mal.

A INTIMIDADE

A intimidade é assunto de grande preocupação para todo serial killer. É desejada por todos eles, mas não sabem como obtê-la pelas vias normais, uma vez que são antissociais.

O ritual a que o assassino submete a vítima acaba sendo para ele o máximo da intimidade; sob seu controle, ele desnuda-a em todos os sentidos e revela a si mesmo como ninguém mais o conhece. A forçada intimidade sexual acaba sendo, para o criminoso, o máximo de proximidade que consegue em termos espirituais e emocionais.

Para o serial killer, a intimidade está em "dividir" com a vítima seus mais secretos desejos e sentimentos pessoais. Mas não se iluda: o agressor não é parceiro da vítima, ela é apenas o objeto de sua fantasia.

REPETIÇÃO OU REENCENAÇÃO

Cada crime, cada vítima é parte da fantasia macro do criminoso. Toda essa história foi vivida inúmeras vezes antes, durante e certamente depois do crime.

A repetição e a reencenação servem para alimentar a fantasia, reforçando a escalada de comportamento violento e dando prazer sexual ao serial killer. É um exercício mental para o criminoso reviver o crime depois de tê-lo cometido. Para conseguir fazê-lo, cada um deles se utiliza de métodos diferentes. Alguns gravam e filmam seus crimes para assisti-los várias vezes depois de livrar-se do corpo e assim estimular e preparar futuros crimes. Outros ficam com lembranças de suas vítimas, como roupas, sapatos, documentos e até partes do corpo. Outros ainda matam sempre no mesmo local, embaralhando em sua cabeça o momento passado com o atual.

ABUSO NA INFÂNCIA E
OUTRAS CARACTERÍSTICAS

A grande maioria dos serial killers (cerca de 82%) sofreu abusos na infância. Esses abusos foram sexuais, físicos, emocionais ou relacionados com negligência e/ou abandono.

Não é fácil identificar um molestador de crianças. Gente de todas as raças, religiões, profissões, classes sociais e culturais está representada entre eles. Em sua maioria, são homens, entre a adolescência e a meia-idade, mas mulheres também podem desenvolver essa conduta.

ALGUMAS CARACTERÍSTICAS JÁ FORAM CONSTATADAS

01	Um terço dos molestadores são viciados em alguma substância.
02	A proporção constatada entre os molestadores é de oito homens para apenas uma mulher.
03	Meninas têm maior chance de ser molestadas por membros da família do que meninos.
04	Os casos mais frequentes são intrafamiliares.
05	Muitos casos de incesto entre pai e filho aparecem como reação ao estresse emocional e/ou perdas que ameaçam a masculinidade dos pais ou como expressão de ódio.
06	Criminosos que abusam de meninos mostram maior risco de reincidir do que aqueles que abusam de meninas.

Podemos dividir os abusos sexuais infantis em três categorias: 1) crianças espancadas que sofrem ferimentos principalmente na área genital; 2) crianças que sofreram contato genital não apropriado com adulto ou tentativa de intercurso sexual; e 3) crianças que tiveram contato com a sexualidade adulta, em geral via pornografia. Em 75% dos casos conhecidos de abuso sexual, a criança conhecia seu abusador; em 20%, ele é o pai natural; em 12% dos casos, o abusador é o padrasto; e em apenas 2% dos casos a mãe é a abusadora.

Os molestadores sexuais de crianças preferenciais podem ser sedutores, sádicos ou introvertidos. Muitos são aproveitadores de pornografia ou prostituição infantil. É importante conhecer a diferença entre um pedófilo e um molestador de crianças. A pedofilia, desordem psicológica que consiste em nítida preferência sexual por pré-púberes (menores de 12 anos), não requer que a pessoa realmente se envolva em um ato sexual de fato. O pedófilo pode manter suas fantasias em segredo, sem nunca dividi-las com ninguém. Manter-se perto de crianças a qualquer custo é sua marca registrada.

Molestadores de crianças podem ter várias motivações para seus crimes. Diferentemente do pedófilo, seus motivos nem sempre são de origem sexual ou têm muito pouco a ver com desejo sexual. Além disso, chegam às vias de fato. O molestador não tem uma genuína preferência sexual por crianças e em geral foi vítima de outros tipos de abuso em sua vida. É a continuação do processo pelo qual foi tratado, que causou nele baixa autoestima e baixos padrões morais. Fazer sexo com crianças é apenas mais uma oportunidade de prolongar a violência que já faz parte de sua existência.

O molestador que realmente prefere crianças é obrigado a seguir um padrão de comportamento bastante distinto. Seduzir esses pequenos seres e utilizar-se de suas fraquezas emocionais requerem um relacionamento construído ou já existente. Segundo o Departamento de Justiça dos Estados Unidos, em 90% dos casos de estupro ocorrido com crianças pré-púberes a vítima conhecia seu algoz.

AS CARACTERÍSTICAS MAIS COMUNS NO PEDÓFILO SÃO AS SEGUINTES:

- Tem fascinação ou interesse fora do normal por crianças.
- Faz frequentes referências à "santidade" e à pureza das crianças.
- Tem passatempos ou interesses em coisas que pertencem ao mundo infantil, como colecionar brinquedos, aeromodelismo e similares.
- Sua casa ou quarto é decorado com temas infantis.
- Frequentemente, o tema acaba revelando a idade preferida das crianças que molesta.
- Tem mais de 30 anos, é solteiro e tem poucos ou nenhum amigo.
- Muda de endereço com frequência acima da média.
- Tem acesso a crianças de forma sistemática e prolongada, pois logo levantaria suspeitas se não tivesse uma razão plausível para estar perto delas. É usual que escolha empregos em setores nos quais estará forçosamente lidando com crianças em bases diárias, como professor, motorista escolar, monitor de acampamento, fotógrafo e treinador de esportes.
- É voluntário em atividades nas quais será deixado sozinho com crianças, sem a supervisão dos pais.
- Crianças saudáveis e com ótimo relacionamento familiar não estão isentas de ser vítimas de molestadores, pois têm aspectos de sua natureza que podem trabalhar contra elas mesmas. Qualquer criança é curiosa, facilmente influenciável e manipulável, além de sempre precisar de atenção e afeto. A escolha do molestador, de modo geral, recai sobre crianças problemáticas, pois a sedução fica facilitada.
- A criança molestada acaba sofrendo da "síndrome de Estocolmo".[5]

5 A síndrome de Estocolmo caracteriza-se por três sintomas principais, manifestados pelas pessoas que se envolvem em um evento crítico (e não apenas pelos reféns, como muitos pensam): sentimentos positivos do refém ou vítima em relação ao captor; sentimentos positivos do captor em relação ao refém ou vítima; e sentimentos negativos do refém ou vítima em relação às autoridades que gerenciam a crise. O nome se origina de um evento crítico ocorrido em Estocolmo, na Suécia, em 1973. Dois assaltantes – Jan Olson e Clark Olofsson – mantiveram por uma semana seis pessoas como reféns, presas dentro do cofre do Banco de Crédito de Estocolmo. Após a liberação, os reféns manifestaram grande hostilidade contra os policiais e defenderam ardorosamente os bandidos que os agrediram e humilharam, além de pagar por sua defesa. Afinal, deviam suas vidas à generosidade dos bandidos...

Abusos físicos, como surras ou estupro, são detectáveis com facilidade. Quanto à negligência, a situação é completamente diferente. Atos físicos deixam marcas reconhecíveis por terceiros, que podem interferir comunicando os maus-tratos à polícia. Já a negligência é um conceito subjetivo e pessoal, e prová-la em um tribunal é muito complexo.

Também não se sabe por que algumas crianças conseguem lidar melhor com certos tipos de abusos, superando-os, enquanto outras, sofrendo a mesma agressão, têm suas vidas drasticamente alteradas. A capacidade de resiliência de cada um vai definir o quanto se recuperará.

Os laços familiares na infância de um ser humano vão servir de mapa para todas as suas outras relações. Entre três e nove meses de vida, a criança cria laços com seus pais, que devem se preocupar em construí-los de forma profunda. A falta desses laços é o grande fator do desenvolvimento da psicopatia.

A conexão estabelecida nos primeiros meses de vida da criança vai ajudá-la a progredir intelectualmente, desenvolver uma consciência, lidar melhor com as frustrações, ter mais autoconfiança e autoestima, e aprimorar relacionamentos empáticos.

Cuidar do emocional da criança, para os pais, deve ter a mesma importância de uma boa nutrição. Autoestima, maleabilidade, esperança, inteligência e capacidade de empatia são essenciais para a construção de um cáter que controla seus impulsos, administra sua raiva e resolve seus conflitos. Sem essas habilidades adquiridas, a criança não é capaz de estabelecer relacionamentos importantes.

Entre os serial killers estudados, esta é outra característica encontrada com facilidade: seu tenso e difícil, às vezes até inexistente, relacionamento familiar. Uma criança que não aprende a valorizar sua família e a relacionar-se com ela dificilmente conseguirá alcançar esse objetivo com outras pessoas de forma natural.

A crueldade com animais é geralmente considerada comportamento sádico. Temos de ter em mente que nem todos os sádicos se tornaram assassinos, nem todos os serial killers mutilaram animais na infância, nem todos os que o fizeram se tornaram criminosos – apenas 36% dos serial killers foram cruéis com animais. Devemos também entender que ser cruel com animais não é o único indício de sadismo: esse comportamento pode ser indicado pela crueldade com outras crianças ou até com bonecas e outros objetos.

Todos os comportamentos descritos têm muito em comum: só se agravam com o tempo. As fantasias se tornam mais violentas e os atos sádicos, mais cruéis.

Por sua natureza psicopata, serial killers não sabem sentir compaixão por outras pessoas ou como se relacionar com elas. Eles aprendem a imitar as pessoas normais. É um ato manipulativo, que aprenderam por observação e que ajudará a levar sua vítima para dentro da armadilha. Em geral, são ótimos atores e têm uma aparência totalmente normal.

Henry Lee Lucas dizia se sentir como uma estrela de cinema, fazendo sua parte. John Wayne Gacy se vestia de palhaço e fazia shows para crianças carentes, enquanto o Assassino do Zodíaco usava um estranho traje de execução, mais parecido com um "ninja".

Quando são capturados, rapidamente assumem uma máscara de insanidade, alegando múltiplas personalidades, esquizofrenia, blecautes constantes, possessão demoníaca ou qualquer coisa que os exima de responsabilidades.

Para que um crime seja solucionado, tanto a medicina forense quanto a psicologia jurídica devem ser utilizadas. Quanto mais interação entre os profissionais dessas duas áreas, mais chances tem a polícia de encontrar e capturar os serial killers.

Por sua natureza psicopata, serial killers não sabem sentir compaixão por outras pessoas ou como se relacionar com elas.

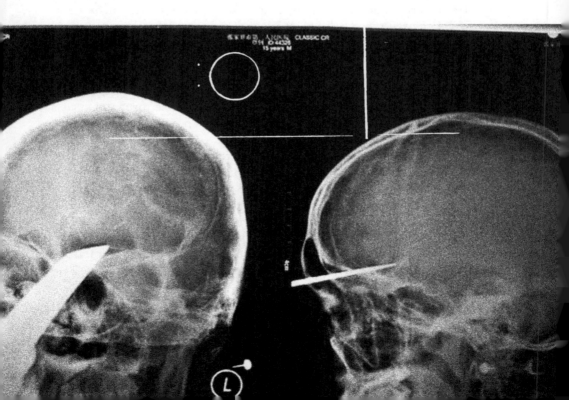

MITOS E CRENÇAS

TODOS OS SERIAL KILLERS SÃO HOMENS?

Apesar de a grande maioria ser do sexo masculino, falar que não existem assassinas seriais é cair na incorreção. Os crimes femininos recebem, em geral, menos publicidade do que os masculinos: são menos sensacionais e têm motivações diferentes, além de representarem menos de 10% desse universo de criminosos.

Segundo John Douglas, ex-agente do FBI, a minoria dos serial killers é composta por negros. Isso se deve ao fato de que, mesmo nos lares onde sofreram com mães abusivas, são resgatados por alguma figura feminina amável, especialmente as avós. É um "comportamento natural na cultura negra", de acordo com Douglas.

As mulheres, de forma geral, quando sofrem os mesmos tipos de abuso ou negligência que os homens na infância, tendem a internalizar seus sentimentos, segundo Douglas e Olshaker.[6] Elas acabam tendo comportamentos autodestrutivos, como alcoolismo, drogas, prostituição ou suicídio. Não é frequente se tornarem agressivas ou predatórias.

Mulheres, quando serial killers, tendem a matar pessoas que elas conhecem, não estranhos quaisquer. Em geral, seus alvos são crianças ou o próprio marido.

Quem não ouviu falar da "viúva-negra", a mulher que matou vários maridos ou parceiros por um longo período de tempo, com objetivos meramente financeiros? Elas também fazem seus crimes parecerem mortes naturais, como ataques do coração, suicídios, acidentes ou "doenças" que na verdade foram causadas por envenenamento.

A alegação de legítima defesa é o que faz muitas assassinas seriais permanecerem fora das estatísticas, além do fato de com frequência matarem em dupla, o que as torna "cúmplices forçadas a matar por seu homem", por amor.

SERIAL KILLERS SÃO LOUCOS?

Loucos ou cruéis? Essa é uma dúvida popular e acadêmica. Racionalizar o ato como resultado de uma doença mental parece tornar o crime mais lógico.

Insanidade, muitas vezes alegada em tribunais para a tentativa de absolvição do assassino, não é um conceito de saúde mental, como muitos acreditam. Seu conceito legal se refere à habilidade do indivíduo de saber se suas ações são certas ou erradas no momento em que estão ocorrendo.

---

6   Douglas, John E.; Olshaker, Mark. *The Anatomy of Motive: The FBI's Legendary Mindhunter Explores the Key to Understanding and Catching* (Simon and Schuster, 1999).

É uma surpresa saber que apenas 5% dos serial killers estavam mentalmente doentes no momento de seus crimes, apesar das alegações em contrário.

Ao longo da história, vários cientistas têm publicado trabalhos sobre a relação entre crime e biologia. Apesar do grande número de estudiosos do assunto, não existe nenhuma evidência comprovada cientificamente que apoie a teoria do "gene criminoso".

Um estudo sobre gêmeos que foram criados separadamente, feito pelos doutores Yoon-Mi Hur e Thomas Bouchard Jr.[7] em 1997, revelou uma forte ligação entre fatores genéticos e comportamentos impulsivos e pessoas que necessitam de grandes emoções.

Existem também serial killers que têm um cromossomo feminino extra (YXX), como Bobby Joe Long, que sofria da chamada síndrome de Klinefelter. Como consequência, Bobby Joe tinha estrógeno (hormônio feminino) em maior quantidade circulando em seu sangue, o que acarretou o crescimento de seus seios na puberdade. Além do óbvio constrangimento causado, nada comprovou que seu cromossomo extra o teria tornado um criminoso.

Um serial killer com um cromossomo Y a mais (masculino) também alegou tal fato em sua defesa, como se esse fator explicasse sua extrema violência. Apesar de parecer uma explicação até lógica, não existem evidências científicas que comprovem essa hipótese.

A relação entre masculinidade e crime já tentou ser explicada também pelo hormônio masculino testosterona. Uma taxa elevada de testosterona combinada com baixos níveis de serotonina pode causar resultados letais. Testes em atletas e empresários de sucesso demonstraram taxas anormalmente altas de testosterona, mas a serotonina diminui o pico de tensão, equilibrando o indivíduo. Quando esse equilíbrio não existe, a frustração pode levar à agressividade e a comportamentos sádicos, segundo o dr. Paul Bernhardt.[8]

Outra explicação possível é a que criminosos violentos têm traços de alta dosagem de metais pesados no sangue, como manganês, chumbo, cádmio e cobre. O manganês, por exemplo, diminui os níveis de serotonina e dopamina no organismo, o que contribui para um comportamento agressivo. O álcool incrementa seus efeitos.

Tradicionalmente, o comportamento psicopata é consequência de fatores familiares ou sociológicos, mas alguns pesquisadores encontraram diferenças cerebrais entre psicopatas e pessoas normais que não podem ser descartadas.

---

7   "Impulsivity, sensation-seeking: genetic tie seen", Department of Psychology, University of Minnesota.

8   Dr. Paul C. Bernhardt, "High testosterone, low serotonine: double problem?", Department of Educacional Psichology, University of Utah./"Influences of serotonin and testosterone in aggression and dominance: convergence with social psychology," Paul C. Bernhardt, Current Directions in Psychological Science, Vol. 6, No. 2, April 1997, pp. 44-48. Address: Paul C. Bernhardt, Department of Educational Psychology, MBH 327, University of Utah, Salt Lake City, UT 84112.

O dr. Christopher Patrick,[9] em um artigo de 1995, alega que psicopatas têm menor taxa de mudanças cardíacas e de condução elétrica na pele como reação ao medo. Seu grupo de pesquisa fez a seguinte experiência: mostrou para um grupo de prisioneiros, psicopatas ou não, slides agradáveis, neutros e desagradáveis. No experimento, ficou evidente que prisioneiros psicopatas tinham uma deficiência em sua capacidade de sentir medo, não demonstrando diferentes emoções entre os variados tipos de imagens.

O dr. Robert Hare, psicólogo da University of British Columbia, completou um estudo[10] sobre como as ondas cerebrais monitoradas de psicopatas reagiam à linguagem verbal, medindo as mudanças que ocorriam em seu cérebro quando ouviam palavras como câncer, morte, mesa ou cadeira. Para as pessoas saudáveis, as ondas cerebrais têm sua atividade modificada rapidamente, dependendo da palavra ouvida. Para os psicopatas, nenhuma atividade cerebral especial foi registrada, ou seja, todas as palavras são neutras para essas pessoas.

Outros estudos do cérebro sugerem que crianças psicopatas fazem certas conexões cerebrais com mais lentidão que outras, mostram menos medo à punição e parecem ter a necessidade de "excitar" seu sistema nervoso, sentindo fortes emoções e precisando de vibrações constantes.

O dr. Dominique LaPierre[11] sugere que o córtex pré-frontal, área do planejamento a longo prazo, julgamento e controle de impulsos, não funciona normalmente em psicopatas.

Em novas pesquisas científicas, feitas pelo professor de psicologia da Universidade do Sul da Califórnia, dr. Adrian Raine, e colegas,[12] 21 homens com histórico de atos criminosos violentos, de assalto até tentativa de assassinato, mostraram um resultado no mínimo intrigante: todos apresentaram o mesmo defeito cerebral, uma reduzida porção de matéria cinzenta no lobo pré-frontal, justamente atrás dos olhos. Indivíduos que são antissociais, impulsivos, sem remorso e que cometem crimes violentos têm, em média, 11% menos matéria cinzenta no córtex pré-frontal do que o normal. Os estudos de Raine e seus colegas são os primeiros a ligar comportamento violento e antissocial a uma anormalidade anatômica específica no cérebro humano. Mas, segundo seus esclarecimentos, sua teoria diz que o "defeito" no cérebro não está inter-relacionado com o comportamento violento. A reduzida

---

9   Dr. Christopher J. Patrick, "Psychopaths: findings point to brain differences", Department of Psychology, Florida State University.

10   "Psychopathy: a clinical construct whose time has come," Robert D. Hare, Criminal Justice and Behavior, Vol. 23, No. 1, March 1996, pp. 25-54.

11   Dr. Dominique LaPierre, "The psychopathic brain: new findings", *Psychologie UQAM*, Montreal, Canadá./"Ventral frontal deficits in psychopathy: neuropsychological test findings," Dominique LaPierre, Claude M. J. Braun, and Sheilagh Hodgins, Neuropsychologia, Vol. 33, No. 2, 1995.

12   Selective reductions in prefrontal glucose metabolism in murderers," Adrian Raine, Monte S. Buchsbaum, Jill Stanley, Steven Lottenberg, Leonard Abel, and Jacqueline Stoddard, Biol. Psychiatry, 36, September 1, 1994.

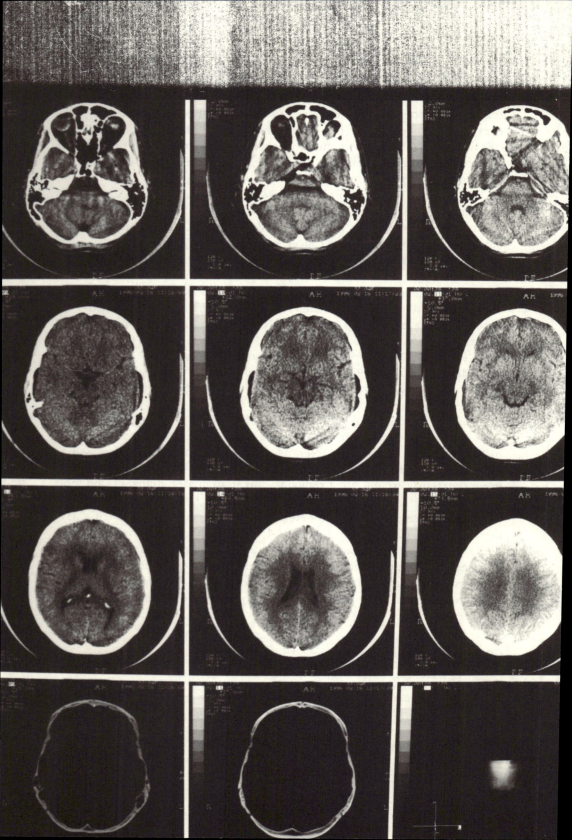

massa cinzenta apresentada por alguns apenas aumenta sua probabilidade de vir a ser um indivíduo violento, mas seria a combinação entre os fatores biológicos e sociais que "criariam" um criminoso.

De acordo com muitos pesquisadores, defeitos cerebrais e lesões têm tido importante ligação com o comportamento violento. Quando o hipotálamo, o lobo temporal e/ou o cérebro límbico sofrem estragos, a consequência podem ser incontroláveis agressões por parte do indivíduo.

O hipotálamo regula o sistema hormonal e as emoções. Pela proximidade física dos centros sexual e agressivo com o hipotálamo, instinto sexual e violência são conectados, no caso de criminosos sádicos. Um dos motivos da danificação do hipotálamo é a malnutrição ou lesão.

O cérebro límbico (extremidades) está associado às emoções e motivações. Quando há uma lesão nessa área, o indivíduo perde o controle sobre suas emoções primárias, como o medo e a raiva. De acordo com J. Reid Meloy,[13] a falta de emoções do psicopata e sua observação predatória podem ser comparadas à frieza dos répteis, que não têm a parte límbica do cérebro, na qual residem as memórias, as emoções, a socialização e os instintos paternos. Em outras palavras, serial killers são corretamente descritos como pessoas de "sangue-frio", insensíveis.

O lobo temporal, por sua vez, é muito suscetível a ferimentos, pois está localizado onde os ossos do cérebro são mais finos. Lesões sem corte, incluindo queda em chão duro, podem com facilidade danificar essa área com lesões que causam certas formas de amnésia, crises epilépticas ou ainda aumento de respostas agressivas por parte do indivíduo.

Um estudo feito por Pavlos Hatzitaskos e colegas[14] reporta que grande porção de prisioneiros no corredor da morte sofreu sérios ferimentos no cérebro, e aproximadamente 70% dos pacientes que têm graves ferimentos cerebrais desenvolvem tendências agressivas. Alguns desses ferimentos são acidentais, mas muitos deles aconteceram durante surras na infância. Entre os serial killers que sofreram ferimentos na cabeça estão Leonard Lake, David Berkowitz, Kenneth Bianchi e John Wayne Gacy.

---

13   J. Reid Meloy, Ph.D., San Diego, Califórnia, EUA.

14   "Doctors miss treatable problems in violent offenders", *Juvenile and Family Court Journal*, New York University School of Medicine, EUA, 1994./"The documentation of central nervous system insults in violent offenders," Pavlos Hatzitaskos, Dorothy Otnow Lewis, Catherine A. Yeager, and Karin Trujillo, Juvenile and Family Court Journal, 1994.

SERIAL KILLERS TÊM APARÊNCIA ESTRANHA?

Infelizmente, serial killers não têm horríveis cicatrizes, desfigurações ou quaisquer outros sinais físicos que os diferenciem do restante de nós.

Nos livros, cinema e televisão são descritos como altos, horríveis, com cara de mau. Quase nunca é assim. São pessoas comuns, que têm emprego e podem ser bastante charmosas e educadas. Todos os milhares de vítimas que caíram em suas armadilhas tinham quociente de inteligência normal e com certeza não achavam que estavam se colocando em situação de risco.

SERIAL KILLERS TÊM A MESMA MOTIVAÇÃO?

Todos os seres humanos têm seu comportamento influenciado por causas biológicas, psicológicas e sociais. Esse trio é inseparável e por esse motivo as experiências com gêmeos criados juntos e com aqueles separados ao nascer são tão importantes.

Alguns serial killers são motivados por seu ódio às mulheres, desejo de controle, dominação, humilhação ou por vinganças reais e/ou imaginárias.

Dadas as diferenças biológicas e de desenvolvimento existentes entre os vários serial killers conhecidos, seria ingenuidade acreditar que eles teriam os mesmos motivos para agir deste ou daquele modo.

SERIAL KILLERS TÊM PROBLEMAS
COM FIGURAS FEMININAS?

Esse mito é extremamente comum. Ele presume que o serial killer tem assuntos mal resolvidos com as figuras femininas de sua vida, como bem exemplificado no filme *Psicose*, de Hitchcock, baseado no livro homônimo de Robert Bloch, publicado pela DarkSide® Books em 2013.

Existem muitos exemplos de serial killers que sofriam de graves problemas com a mãe ou o pai, mas muitas outras pessoas também sofrem e nem por isso saem por aí cometendo assassinatos em série. Não é motivo suficiente para explicar esse comportamento.

SERIAL KILLERS SÃO ABUNDANTES EM NOSSA SOCIEDADE?

Serial killers são difíceis de definir e detectar. Em geral, escolhem vítimas descartáveis, como os sem-teto ou prostitutas, não chamando atenção das autoridades para seus crimes, que podem nunca ser relacionados ou atribuídos a um só assassino.

Os norte-americanos estimam que haja entre 35 (número conservador dado pelo FBI) e quinhentos (número considerado absurdo pelos especialistas) serial killers em ação. É também nos Estados Unidos que se encontram 75% deles.

Será que os estadunidenses são geneticamente mais propensos a matar de forma hedionda? Imagino que a diferença entre eles e o resto de nós é a alta tecnologia e a formação de que dispõe a polícia na obtenção de dados para solucionar os crimes e a enorme facilidade de comunicação e troca de informações entre os policiais de todos os estados.

PAÍSES COM O MAIOR NÚMERO DE SERIAL KILLERS CONHECIDOS	
1º ESTADOS UNIDOS	2º GRÃ-BRETANHA
3º ALEMANHA	4º FRANÇA

Mas outros países também têm seus serial killers notórios: no México, um criminoso confessou ter matado mais de cem vítimas. Na China, o chamado "Cidadão X" pode ter sido responsável por mais de mil mortes. Em 1999, a polícia paquistanesa caçava um homem que dizia ter assassinado cem crianças. Na Colômbia, Pedro Alonzo Lopez matou mais de trezentas pessoas. Moses Shitole, da África do Sul, matou 38 mulheres. Francisco das Chagas Rodrigues de Brito assassinou e emasculou 42 meninos no Brasil.

Um estudo realizado na Inglaterra, em 1997, concluiu que o número de serial killers estava aumentando no país e que eles eram proporcionalmente mais frequentes que nos Estados Unidos.

OUTRAS ESTATÍSTICAS CURIOSAS	
84%	dos serial killers são caucasianos;
93%	dos serial killers são homens;
90%	dos serial killers têm idade entre 18 e 39 anos.
89%	das vítimas são caucasianas;
65%	das vítimas são mulheres.

FAZER UM PERFIL CRIMINAL RESOLVE CRIMES?

O perfil criminal é só uma ferramenta investigativa disponível para ajudar a solucionar um crime. Apesar de a literatura nos dizer como essa ferramenta é maravilhosa, a realidade não é tão espetacular se medirmos quantas capturas foram feitas desde 1970, quando o perfil criminal foi adotado nos Estados Unidos. Em geral, os serial killers são pegos por crimes menores ou pela astúcia da polícia, que consegue um mandado de busca para investigação.

Muito desse mito se dá pela crença de que o perfil nos leva a um criminoso específico, o que não é verdade; ele nos indica um tipo de criminoso, talvez rascunhe seu histórico psicológico, possivelmente sua aparência física, tipo de profissão, possível local de residência ou estado civil, entre outras coisas. Essas conclusões serão baseadas na cena do crime, na reconstrução do comportamento do assassino e na análise desse comportamento no contexto do crime. Com esses dados, o número de suspeitos a serem investigados diminui sensivelmente.

O perfil criminal jamais poderá substituir o tradicional trabalho da polícia, mas sem dúvida é uma arma importantíssima na investigação criminal.

PERFIL CRIMINAL É SOBRENATURAL?

De acordo com os profissionais que montam os perfis criminais, não existe nada de místico em seu trabalho. É um processo lógico e racional baseado em estudos psicológicos e sociológicos.

Brent Turvey, cientista forense, desenvolveu um método conhecido como "Behavioural Evidence Analysis" (BEA – Análise das Evidências de Comportamento). Baseia-se nas evidências físicas de um crime específico e as conclusões sobre o suspeito advêm do exame da cena do crime e da análise de seu comportamento. Esse método é fortemente calcado em ciência forense e depende da análise científica acurada das provas para a interpretação dos fatos que envolvem o caso. Outro método também utilizado é o da psicologia investigativa, desenvolvida pelo psicólogo britânico David Canter, mais utilizada na Inglaterra.

A ciência forense, nos dias de hoje, é tão especializada nos Estados Unidos que é essencial para desvendar crimes. É assim subdividida:

CIENTISTA FORENSE GERAL: sabe um pouco sobre a maioria dos assuntos, tem um conhecimento do todo e de suas possibilidades.

CIENTISTA FORENSE ESPECIALISTA: tem conhecimento sobre um assunto específico, como um serologista, especialista que estuda o soro e suas propriedades. Assim como a microscopia geral estuda sangue e fluidos corporais, um especialista se aprofunda nesse assunto.

CIENTISTA FORENSE SUBESPECIALISTA: tem um conhecimento específico sobre uma subcategoria, como o DNA.

Os procedimentos de laboratórios criminais são baseados somente em ciência e seus critérios têm de ser admitidos na Justiça. Trabalha-se com fluidos corporais, testes microscópicos com fios de cabelo, fibras e material botânico. Outros laboratórios especializam-se em armas de fogo, testando as evidências de mecanismo e resíduos de tiro.

Laboratórios que analisam documentos são especializados em falsificações, adulterações, comparações de "assinatura" e tintas. Podem dizer quem fabricou aquela tinta apenas verificando sua composição.

A toxicologia também faz parte da serologia e serve para detectar a presença de drogas e venenos no corpo.

O FBI INVESTIGA TODOS OS SERIAL KILLERS NOS ESTADOS UNIDOS?

Esse é um retrato bastante hollywoodiano. Na verdade, o FBI só tem jurisdição para investigar diretamente casos que ocorram em propriedade federal ou em reservas indígenas.

O FBI é consultado com frequência para fazer o perfil do criminoso em casos que estão sendo investigados e que já esgotaram todas as outras possibilidades de investigação. Nenhum policial gosta de pedir ajuda a eles na solução de casos, por acreditar, preconceituosamente, que essa atitude indica que os responsáveis fracassaram na solução do crime.

Hoje em dia, os policiais locais estão bem equipados com conhecimentos nessa área e, na grande maioria, aptos a solucionar os crimes, mas sem dúvida esses métodos afunilam a investigação.

Em Quântico, cidadezinha perto de Washington, está localizado o Centro Nacional de Análise de Crimes Violentos (NCAVC – National Center for the Analysis of Violent Crime), órgão do FBI. Considerado local de segurança máxima, não é aberto à visitação e fica vinte metros abaixo do nível da terra, sob a academia de treinamento de agentes do FBI.

A principal arma do centro é um programa de computador único no mundo até 2001, batizado de Programa de Análise Investigativa Criminal (ViCAP – Violent Criminal Apprehension Program). Em funcionamento desde 1985, custou milhões de dólares e levou 27 anos para ser concretizado. O ViCAP funciona como um banco de dados criminal, armazenando e relacionando entre si todos os homicídios não resolvidos no país.

Quando surge um novo caso, o computador central do ViCAP produz uma listagem de mais de cem assassinatos em que o criminoso teve o mesmo *modus operandi*. Em um segundo passo, seleciona os dez homicídios mais parecidos com o mais recente. Com essa listagem em mãos, um perito faz uma profunda análise e avisa a polícia local no caso de o maníaco poder ser o mesmo.

Quando um *profiler*[15] é chamado a colaborar em certo caso, ele correlaciona crimes anteriores com o atual e traça o perfil daquele criminoso em ação, possibilitando que a polícia, quando confrontada com um suspeito, possa encartá-lo ou descartá-lo, caso ele combine ou não com a descrição feita pelo profissional. Se o suspeito da polícia tiver muitas das características do criminoso retratado pelo *profiler*, prepara-se então uma estratégia de interrogatório e é comum a confissão.

O FBI só investiga por si só um crime no caso de estar sob jurisdição federal.

Em 2001, o ViCAP perdeu a posição de melhor do mundo. No Canadá, a polícia também terá a ajuda de um software chamado PowerCase. O novo sistema custou trinta milhões de dólares canadenses para ser desenvolvido e o governo gastará, por ano, cerca de seis milhões para mantê-lo atualizado. Segundo os especialistas canadenses, o FBI atualizará seu sistema com esse software.

O perfil criminal jamais poderá substituir o tradicional trabalho da polícia, mas sem dúvida é uma arma importantíssima na investigação criminal.

---

15 Aquele que estuda o comportamento criminal em busca de padrões psicológicos que possam ajudar na captura do criminoso.

PERFIL DO CRIMINOSO

O perfil do criminoso, feito por um psicólogo, psiquiatra ou médico-legista, pode ajudar bastante a polícia a encontrar e identificar o assassino. Aqui estão alguns exemplos em que a ajuda desses homens forneceu pistas importantes para a investigação.

Segundo Ronald M. Holmes,[16] perfis psicológicos só são apropriados nos casos de criminosos desconhecidos que demonstram sinais de psicopatologias ou em crimes particularmente violentos e/ou rituais. Serial killers, estupradores, molestadores de crianças, sequestradores, incendiários, enfim, todos aqueles que praticam crimes em série são considerados bons tipos de candidatos para se fazer um perfil criminal.

Raramente um perfil criminal resolverá um crime, mas pode ajudar bastante em uma investigação. Quando a polícia não tem pista alguma, o perfil pode sugerir uma ajuda potencial no caminho a seguir.

Em última análise, fazer o perfil da cena do crime e do criminoso tem como contribuição mínima estreitar o número de suspeitos, esboçar o motivo da ação e conectar ou não o crime a outros similares. No máximo, pode solucioná-lo.

Fazer o perfil de um criminoso é mais fácil quando o ponto de partida é o motivo do crime. No caso dos serial killers, esse trabalho é dificílimo, uma vez que o motivo é sempre psicopatológico e desconhecido. A dificuldade consiste no fato de o investigador ter dificuldades em entender a lógica totalmente particular daquele indivíduo.

Para fazer um perfil objetivo e competente, dois conceitos devem ser aceitos pelos investigadores e criminalistas antes de tentarem entender a cabeça de um serial killer: em geral, ele já viveu seu crime em suas fantasias inúmeras vezes antes de realizá-lo com a vítima real e a maioria de seus comportamentos satisfaz um desejo, uma necessidade. Aceitando essas duas premissas, o investigador pode deduzir os desejos ou as necessidades de um serial killer com base em seu comportamento no local do crime.

Hoje em dia, vários seriados de televisão e filmes têm como figura central o *profiler*, o criminalista que faz o perfil psicológico de um homicida. Na maioria dos casos, acabam passando a impressão de que a experiência na profissão é que "vale", ou de que contam com ajuda "divina" para tirar suas conclusões. Esses personagens estão longe da verdade. Também é necessário um conhecimento profundo em psiquiatria, psicologia e ciência forense, envolvendo criminologia e criminalística. A seguir, alguns padrões criminais famosos.

---

16   Ronald M. Holmes, professor de Administração de Justiça
     na Universidade de Louisville, Kentucky, EUA.

ILANA CASOY LOUCO OU CRUEL?   45

JACK, O ESTRIPADOR

Jack, o Estripador, aterrorizou as ruas de Londres no fim do século XIX, em 1888, quando assassinou brutalmente pelo menos sete mulheres, todas prostitutas. Até hoje ninguém sabe a identidade dele. Como seus seguidores, tinha prazer em zombar da polícia e enviar cartas aos jornais gabando-se de seus feitos. Era canibal e arrancou os órgãos internos de quatro de suas vítimas. Chegou a enviar um pedaço do rim de uma delas, quando as autoridades duvidaram da autenticidade de suas cartas.

Dr. Thomas Bond, médico-legista que fez a necropsia em Mary Kelly, a última vítima, foi inicialmente chamado para avaliar o conhecimento cirúrgico do assassino. Observou que "[...] A ponta do lençol à direita da cabeça da vítima estava muito cortada e saturada de sangue, indicando que a face teria sido coberta com o lençol na hora do ataque". A observação feita por Bond levou ao estudo do comportamento do estripador no local do crime, incluindo o padrão de ferimento imposto à vítima. Ele sugeriu aos investigadores que procurassem um quieto e inofensivo homem, provavelmente de meia-idade e vestido com capricho. Bond constatou que as mutilações feitas nas vítimas foram executadas pelas mesmas mãos e tinham o mesmo padrão. Infelizmente, nesse caso, o estabelecimento de um padrão e a construção do perfil não foram suficientes para identificar o assassino.

Atualmente, o trabalho consiste em examinar uma série de casos para concluir se existe relação entre eles, com base nas cenas do crime e nas vítimas. É o que hoje chamamos de "assinatura", ou seja, comportamentos ou ações que preenchem as necessidades psicológicas ou físicas do suspeito.

ADOLF HITLER

Durante a Segunda Guerra Mundial, os Estados Unidos solicitaram ao psiquiatra dr. Walter Langer o perfil de Adolf Hitler. O objetivo era antecipar seu comportamento, e o trabalho mostrou sua acuidade no que dizia respeito ao que ocorreu no fim da guerra.

Hitler tinha boa saúde, diminuindo a probabilidade de sua morte acontecer em consequência de causas naturais. Ele poderia se refugiar em outro país, mas também era algo improvável, porque genuinamente acreditava ser o salvador do seu país de adoção, a Alemanha. Outras possibilidades consideradas também foram rejeitadas, como assassinato, golpe militar e morte em batalha.

Langer acreditou que a saída utilizada por Hitler seria o suicídio, como de fato aconteceu. Ele suicidou-se no bunker onde permanecia escondido com Eva Braun, com quem se casou um pouco antes, no momento em que a vitória dos Aliados tornou-se inevitável. Esse tipo de perfil de líderes inimigos foi provavelmente utilizado durante outras guerras, como a do Vietnã, a do Golfo e a do Iraque, entre outras.

O ESTRANGULADOR DE BOSTON

De 14 de junho de 1962 a 4 de janeiro de 1964, uma série de ataques ocorreu em Boston, perfazendo um total de 13 assassinatos sexuais. As vítimas eram encontradas mortas em seus apartamentos, atacadas sexualmente e com frequência amordaçadas com artigos de seu próprio vestuário. O que era bastante característico é que o "Estrangulador de Boston" deixava suas vítimas nuas, colocadas em poses provocativas, com as meias de náilon do estrangulamento amarradas com um laço, como se fosse um ornamento, em volta do pescoço. Todos os esforços em identificar o responsável não deram em nada.

Em abril de 1964, o dr. Brussels foi chamado para se juntar ao comitê psiquiátrico que tentava ajudar na investigação. Enquanto outros membros do comitê atribuíam os assassinatos a dois indivíduos, baseados na diferença de idade entre as vítimas, Brussels se manteve firme na opinião de que se tratava de uma só pessoa. Os crimes cessaram misteriosamente.

Em novembro de 1964, um homem chamado Albert DeSalvo estava preso por outros crimes, mas confessou a seu psiquiatra ser o "Estrangulador de Boston". Seu perfil era tão similar ao que Brussels traçara que a polícia o identificou como tal e arquivou o caso, não despendendo mais tempo ou energia na identificação e prisão do tal estrangulador.

Em 1973, DeSalvo foi apunhalado e morto por outro preso em sua cela e até hoje ninguém foi acusado formalmente pelos crimes do "Estrangulador de Boston".

Em 1999, um esquadrão policial americano que estuda só os crimes considerados "já frios", sem pistas, ainda tentou comprovar, por meio de testes de DNA, se DeSalvo era de fato o "Estrangulador de Boston", mas as amostras de esperma encontradas nas vítimas não foram localizadas para concluir os testes. A verdadeira identidade desse serial killer ainda é um mistério.

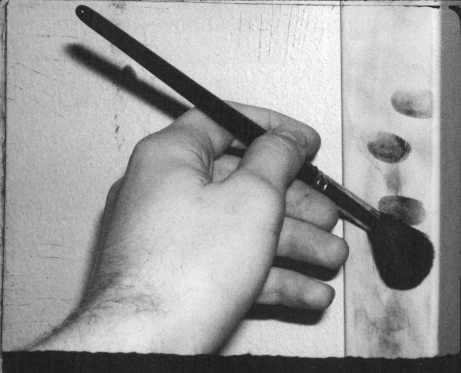

A INVESTIGAÇÃO DO FBI

A ANÁLISE DA CENA DO CRIME FEITA PELO FBI ENVOLVE SEIS PASSOS.

01. MATÉRIA-PRIMA PARA O PERFIL

Envolve coletar e avaliar todos os materiais relacionados com um caso específico. Compõe-se de fotografias tiradas da cena do crime e da vítima, todo o histórico dela, relatório da necropsia, outros exames forenses relacionados com o caso e qualquer outra informação relevante para esboçar uma ideia do que ocorreu antes, durante e depois do crime. Esse estágio servirá de base para todos os outros da investigação e, se estiver incorreto ou com poucas informações, toda a análise subsequente será afetada.

02. PROCESSO DE DECISÃO MODELO

Nesse estágio se organiza a informação obtida anteriormente em uma lógica e em um padrão coerentes. Também se estabelece quantas vítimas estão envolvidas, para saber se se trata de um homicida, um assassino em massa, um bêbado ou um serial killer. Nem sempre se consegue estabelecer correlação de autoria além de qualquer dúvida.

Outros fatores são determinados nesse estágio, como qual o objetivo e a prioridade do crime (ganho material ou vítima), o status de risco da vítima (uma prostituta tem risco maior que uma dona de casa) e o quanto o criminoso se arriscou para cometer o crime. O tempo necessário para cometer aquele crime daquele modo é estabelecido, bem como o local de apreensão da vítima e o local de sua morte.

03. AVALIAÇÃO DO CRIME

É a reconstrução da sequência de eventos, do comportamento específico da vítima e do agressor. Esse procedimento ajudará o analista a entender o papel que cada indivíduo tem no crime e a estabelecer o subsequente perfil do criminoso.

Nesse estágio, o investigador tem de "andar com os sapatos" do criminoso e da vítima, ou, mais precisamente, entrar na mente do assassino. É aqui que o crime é rotulado como organizado ou não. Aqui também se determinam o *modus operandi* do criminoso e a existência de uma "assinatura".

O estudo profundo das vítimas também tem papel importante. Quanto mais se conhece o agredido, mais se conhece o agressor — um espelha o outro.

04. PERFIL CRIMINAL

Histórico do passado, histórico médico e características comportamentais do agressor tentam descrever a pessoa que cometeu aquele crime, facilitando a busca da polícia. No modelo do FBI, esse estágio pode envolver orientações sobre como melhor entrevistar o suspeito. Também aqui será informado aos investigadores como identificar e prender o assassino.

Um perfil pode ter apenas alguns parágrafos ou várias, várias páginas, dependendo da quantidade de informações enviadas ao especialista. Frequentemente encontramos nos perfis criminais as seguintes informações: idade, etnia, sexo, aparência geral do criminoso, seu status de relacionamento, tipo de ocupação e dados sobre seu emprego, educação ou eventual carreira militar.

Às vezes, são incluídas informações sobre se o criminoso vive na área do crime ou se a área é familiar para ele, algumas características básicas sobre sua personalidade e objetos significantes que deve possuir, como revistas pornográficas. Também é sugerido aqui o método de aproximação que o criminoso usa para contatar sua vítima. John Douglas "caçou", por intermédio de perfis criminais feitos por ele, alguns dos mais notórios e sádicos criminosos de todos os tempos: "The Trailside Killer" (São Francisco), "The Altlanta Child Murderer", "The Tylenol Poisoner", Robert Hansen etc. Foi o primeiro a desenvolver um perfil psicológico do Unabomber. Entrevistou e estudou dúzias de serial killers e assassinos, incluindo Charles Manson, Sirhan Sirhan, Richard Speck, John Wayne Gacy e David Berkowitz, para conseguir "entrar" em suas mentes. Chegou a emitir sua opinião sobre o perfil criminal de Francisco de Assis Pereira, o "Maníaco do Parque", serial killer de São Paulo.

05. A INVESTIGAÇÃO

Nessa etapa, o atual perfil é enviado para as agências que o requisitaram e incorporado à sua investigação. Se não há suspeitos ou novas evidências, o perfil é reavaliado.

06. A PRISÃO

Aqui, deve-se checar o perfil produzido com as características do suspeito. Pode ser muito difícil, uma vez que ele talvez nunca seja preso; pode ser preso em outra jurisdição e não estar disponível para essa checagem; pode ser preso sob outra acusação; ou simplesmente encerrar sua atividade criminal. O número de casos resolvidos representa menos de 50% dos casos que foram feitos perfis.

Alguns indivíduos acham que os métodos do FBI não são confiáveis e que as polícias locais hoje têm mais conhecimento nessas intrincadas investigações.

Frequentemente, um transgressor organizado pode deixar uma cena de crime muito desorganizada. Isso levaria os analistas que usam os métodos do FBI a imaginar que ele faria parte do grupo errado, estabelecendo características errôneas a seu respeito.

Apesar disso, hoje esse método ainda é o mais utilizado no mundo e o FBI treina investigadores de todas as partes para determinar o perfil de um criminoso.

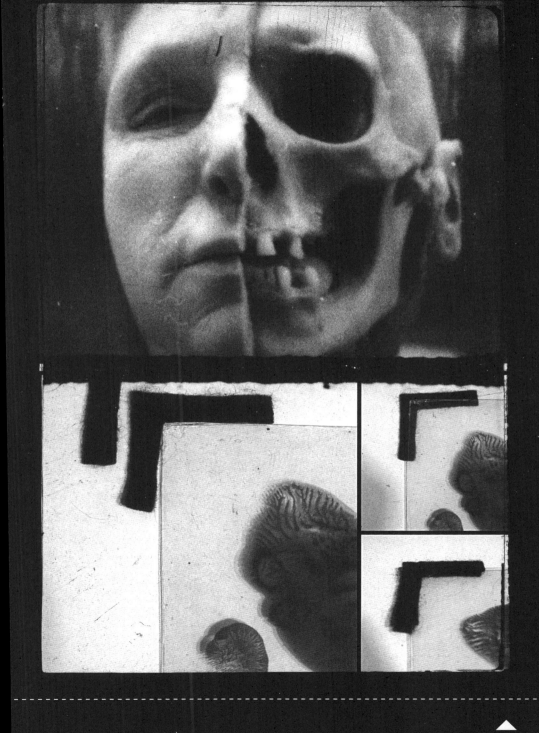

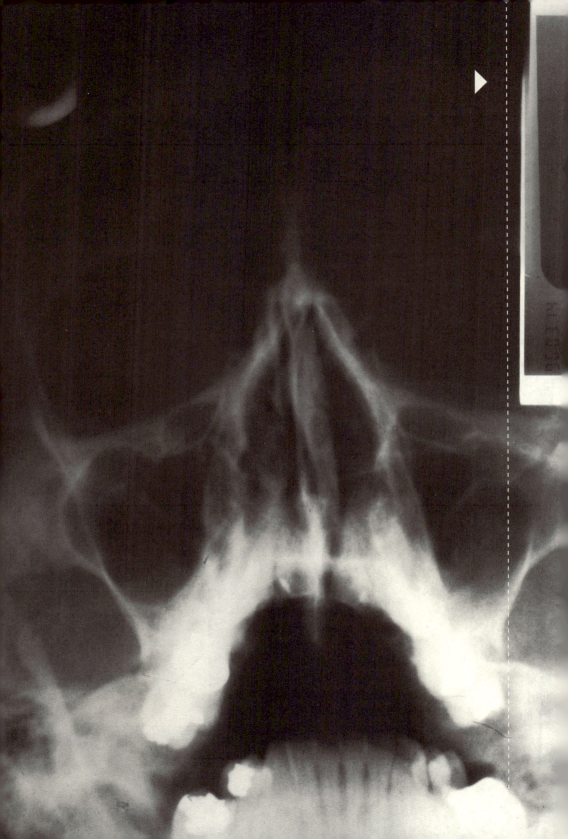

PSICOLOGIA INVESTIGATIVA

A psicologia investigativa teve início em 1985, quando David Canter foi chamado pela Scotland Yard para discutir a possibilidade de integrar a investigação técnica com conceitos psicológicos.

A diferença entre o método de David Canter e o do FBI é que, apesar de ambos serem baseados em dados estatísticos, Canter continuamente atualiza seus dados sobre a população transgressora em que baseia seu método.

MÉTODO DE DAVID CANTER

Transgressores conhecidos são estudados, tipologias são definidas e um crime cometido por um desconhecido será comparado com os dos criminosos conhecidos. As características do novo criminoso serão definidas com base em sua semelhança na comparação feita com o grupo de transgressores já existente.

A aplicação do trabalho de Canter é baseada em cinco aspectos de interação entre vítima e agressor, conhecidos como fatores-modelo: coerência interpessoal, importância da hora e local do crime, características criminais, carreira criminal e consciência forense.

David Victor Canter

1. **COERÊNCIA INTERPESSOAL:** refere-se ao quanto a atividade criminal do indivíduo se inter-relaciona com sua vida pessoal. Um psicólogo deve estar apto a determinar alguma coisa sobre o criminoso a partir da vítima ou do modo como interagiu com ela. Frequentemente, a vítima representa alguém na vida ou no passado do agressor (como sua mãe ou sua ex-namorada), além do fato de o serial killer, na maioria das vezes, escolher como vítimas pessoas de sua própria etnia.

2. **IMPORTÂNCIA DA HORA E LOCAL:** o local que o criminoso escolhe para matar tem sempre alguma significância para ele. Os serial killers têm menos probabilidade de matar ou estuprar em locais não familiares, uma vez que são crimes de controle e eles não se sentirão tão seguros em um ambiente estranho. Além disso, se os crimes estão localizados em certa disposição geográfica, há grandes chances de o criminoso viver ou trabalhar na área. Pode indicar também o horário de trabalho dele, uma vez que o ataque à vítima se dá em sua hora de "lazer" ou em local legitimado por seu trabalho.

3. **CARACTERÍSTICAS CRIMINAIS:** é a pesquisa para desenvolver subsistemas de classificação do grupo transgressor, em vez de apenas dois grupos (organizados e desorganizados), como é utilizado no FBI.

4. **CARREIRA CRIMINAL:** é a avaliação que vai determinar o quanto o agressor pode estar envolvido em atividades criminais no passado e que tipo de atividades seriam essas. A forma de transgredir não muda, apesar de poder aumentar a violência dos crimes, a sofisticação na maneira de executá-los ou a riqueza de detalhes relacionados com eles. É mais provável encontrar evidências nos primeiros crimes de um serial do que nos últimos, por ser mais descuidado e ignorante quanto aos métodos investigativos.

5. **AVALIAÇÃO FORENSE:** observa-se, nessa etapa, todo e qualquer conhecimento que o transgressor tenha de técnicas policiais e procedimentos de coleta de evidências. Incluem-se aí o uso ou não de luvas, camisinha ou a remoção de qualquer objeto que possa conter fluidos corporais do agressor. Um exemplo que indica que o agressor sexual não é primário é o modo como ele limpa ou banha a vítima depois do ataque. Pode também exigir que ela se banhe após o estupro ou penteie os pelos pubianos para remover os seus próprios. Se a polícia conclui que esse transgressor não é primário, começa a pesquisar entre outros conhecidos e elimina aqueles que utilizam métodos diferentes.

Canter também desenvolveu um modelo de comportamento de transgressores conhecido como teoria circular. Dois modelos de transgressores, conhecidos como "predadores" e "viajantes", foram desenvolvidos com base nessa teoria. O modelo "predador" supõe que o agressor sai de casa em um repente para cometer seu crime, em geral na vizinhança, enquanto o "viajante" supõe que o transgressor viaja uma boa distância de sua casa antes de se engajar em uma atividade criminal. Outro fato observado é que, quanto maior o número de vítimas, mais perto de casa o criminoso se livra do corpo, pois está cada vez mais confiante em sua não captura.

Frequentemente, a vítima representa alguém na vida ou no passado do agressor, além do fato de o serial killer, na maioria das vezes, escolher como vítimas pessoas de sua própria etnia.

MÉTODO DE BRENT TURVEY

Outro estudioso de perfis criminais é Brent Turvey,[17] cientista forense que também desenvolveu seu método de análise, o "Behavioural Evidence Analysis", ou simplesmente BEA.

Baseado na premissa de que os transgressores sempre mentem sobre suas ações, muitas vezes a única coisa com a qual se pode contar na investigação é a reconstrução do comportamento do transgressor. A maior diferença entre esse método e os anteriores é que não se baseia em estatísticas.

A análise das evidências de comportamento (BEA) é dividida em quatro passos principais:

Brent E. Turvey

1. **ANÁLISE FORENSE QUESTIONÁVEL** É questionável no sentido de que uma evidência pode ter várias interpretações ou significados e o objetivo desse passo é justamente estabelecer os vários significados de uma evidência. Essa análise é feita com base em fotos/vídeos/esboços da cena do crime, relatórios de investigadores, registros das evidências, relatório de necropsia/vídeos/fotos, entrevistas com testemunhas e vizinhos, qualquer outra documentação e/ou entrevistas ou informação relevante, mapa do trajeto da vítima antes da morte e seu histórico.

2. **VITIMOLOGIA** O segundo passo envolve uma profunda análise da vítima. O objetivo é produzir seu retrato de forma acurada e precisa, determinando o porquê, como, onde e quando em particular foi escolhida. Isso poderá dizer muita coisa sobre o transgressor. Uma das características da vítima que podem ajudar no perfil do assassino é sua constituição física: se durante o estágio de reconstrução do crime nota-se que o criminoso carregou-a por alguma distância antes de dispor do corpo, teremos de concluir que ele possui alguma força muscular ou não trabalha sozinho. Da mesma forma, se o transgressor foi capaz de "levar" a vítima sem nenhum esforço, podemos concluir ou que eram conhecidos (o transgressor é socialmente adequado e capaz de fazer a vítima acompanhá-lo), ou que utilizou alguma encenação (transgressor fingindo-se de autoridade).

3. **CARACTERÍSTICAS DA CENA DO CRIME** Esse passo envolve a determinação do número de fatores relevantes na localização da cena do crime, onde está localizado em relação aos outros delitos e como o transgressor se aproxima da vítima. É sabido que a cena onde acontecem os fatos tem especial significado para o criminoso e pode fornecer pistas vitais sobre quem ele é.

---

17   Brent E. Turvey, MS, psiquiatra forense norte-americano.

4. CARACTERÍSTICAS DO TRANSGRESSOR É a fase final do BEA e vai levantar o comportamento e a personalidade do transgressor. As características dele que devem ser analisadas são: constituição física, sexo, tipo de trabalho e hábitos, remorso ou culpa, tipo de veículo utilizado, histórico criminal, nível de habilidade, agressividade, localização da moradia em relação ao crime, histórico médico, estado civil e raça. Em conjunto, essas informações vão fornecer um retrato do criminoso que pode ser comparado com outros, conhecidos ou suspeitos.

A cena onde acontecem os crimes tem especial significado para o criminoso e pode fornecer pistas vitais sobre quem ele é.

UTILIZAÇÃO DO BEA

O perfil montado com o método BEA é útil em duas fases distintas. Na primeira fase investigativa, temos um agressor desconhecido de um crime conhecido: reduz o número de suspeitos; ajuda na ligação desse crime com outros que tenham o mesmo padrão, na avaliação do comportamento criminal para uma escalada de violência; provê investigadores com estratégias adequadas; e dá uma trilha de movimentos a serem seguidos na investigação.

Na fase de julgamento, já sabendo quem é o agressor de um crime conhecido, o perfil BEA ajuda a determinar o valor de cada evidência para um caso em particular; auxilia no desenvolvimento de uma estratégia de entrevista ou interrogatório, de um *insight* dentro da mente do assassino, compreendendo suas fantasias e motivos; relaciona a cena do crime com o *modus operandi* e a "assinatura" comportamental.

O BEA não utiliza dados estatísticos para criar um perfil do criminoso e depende principalmente da prática e do conhecimento do analista encarregado. A qualidade do produto final também vai depender da quantidade de informação que o analista tinha à sua disposição.

Utiliza-se da ciência forense para a reconstituição do crime; e da ciência forense, da psicologia e da psiquiatria para a interpretação do comportamento do criminoso.

De todas as técnicas existentes, o método BEA é o mais recente das novas escolas de pensamento.

CASO ILUSTRATIVO DE ANÁLISE PELO MÉTODO BEA[18]

O corpo de uma mulher é encontrado nu em uma remota localização na floresta, com quatro superficiais e cuidadosas incisões no peito, transversais, sobre os mamilos. A área genital da vítima foi removida em sua totalidade com um instrumento afiado. Petéquias[19] são evidentes nos olhos, pescoço e face acima do local-padrão de estrangulamento no pescoço. Nenhum sangue e roupas foram encontrados na cena do crime. A vítima tinha sulcos de ligaduras em volta dos pulsos com contusões esfoladas, arranhadas, mas nenhuma ligadura foi encontrada na cena do crime. Frescas impressões de pneus foram encontradas na lama a aproximadamente 15 metros de onde estava o corpo.

1ª CONCLUSÃO: o criminoso, nesse crime em particular, amarrou a vítima para restringir seus movimentos enquanto ela estava viva, uma vez que se notam sinais de luta e abrasões ao redor dos pulsos.

2ª CONCLUSÃO: o criminoso removeu as ligaduras com as quais amarrou a vítima antes de dispor o corpo morto, conclusão advinda do fato de nenhuma ligadura ter sido encontrada ali.

3ª CONCLUSÃO: a vítima parecia asfixiada pelo pescoço por meio de ligadura de material leve como um tecido, fato indicado pela marca-padrão no pescoço e pelas petéquias.

4ª CONCLUSÃO: a cena na qual foi encontrado o corpo era apenas o cenário que o criminoso montou para isso; o crime não foi cometido ali, uma vez que não foi encontrado sangue algum.

5ª CONCLUSÃO: o criminoso tem um carro consistente com as marcas de pneu encontradas nas proximidades do corpo. Pelas marcas deixadas por pneus, pode-se ter uma ideia da marca ou do tipo de carro utilizado.

Todos esses detalhes juntos indicam a competência e a inteligência do criminoso, que parece capacitado a manter um emprego, e deduz-se que ele é um sádico sexual. Isso é dedutível pelo fato de ele ter um veículo, pelo uso de uma segunda cena para deixar o corpo, evitando deixar evidências, pela remoção da genitália da vítima e pelos deliberados cortes nos mamilos, feitos para causar dor, e não ferimentos sérios.

---

18   Caso retirado do artigo "Deductive criminal profiling: comparing applied methodologies between inductive and deductive criminal profiling techniques", de Brent E. Turvey, MS, em janeiro de 1998.

19   Hemorragia cutânea pequena, púrpura, puntiforme ou lenticular.

ANÁLISE DO LOCAL DO CRIME

A maioria dos locais de crime "fala" com os peritos. Eles são capazes de perceber ali mensagens da personalidade tanto da vítima quanto do assassino.

Padrões de fala, de escrita, gestual verbal ou não verbal e outros modos e padrões dão forma ao comportamento humano. Essas características individuais, quando utilizadas em conjunto, fazem cada pessoa ter um modo específico de agir e reagir.

Aprender a reconhecer padrões de comportamento em cenas de crime possibilita aos investigadores descobrir muitas coisas sobre o transgressor e também distinguir entre agressores diferentes que cometem o mesmo tipo de crime.

Existem três possíveis manifestações do comportamento do agressor na cena do crime: *modus operandi*, personalização ou "assinatura" e encenação/organização da cena.

MODUS OPERANDI — MO

O *modus operandi* (MO) é estabelecido observando-se que arma foi utilizada no crime, o tipo de vítima selecionada, o local utilizado, a forma de agir passo a passo.

O MO é dinâmico e maleável, na medida em que o infrator ganha experiência e confiança. Investigadores cometem graves erros dando muita importância ao MO quando conectam crimes.

Por exemplo, um ladrão novato que em um primeiro crime estilhaçaria uma janela para entrar em uma casa logo aprende que com esse método o barulho é grande e o roubo, apressado. Em uma próxima vez, levará instrumentos apropriados para arrombar com calma e escolher o que levar. Minimizará o barulho e maximizará o lucro. Assim, o ladrão refinou seu MO.

ASSINATURA

O agressor serial sempre tem um importante aspecto comportamental em seus crimes: ele sempre os assina.

A assinatura é sempre única, como uma digital, e sempre está ligada à necessidade de o criminoso serial cometer o crime. Ele precisa expressar suas violentas fantasias e, quando atacar, cada crime terá sua expressão pessoal ou ritual particular baseada em suas fantasias. Só matar não satisfaz a necessidade do transgressor e ele fica compelido a proceder a um ritual completamente individual.

Um exemplo de "assinatura" é um estuprador que abusa de linguagem vulgar ou prepara um roteiro para a vítima repetir, ou canta certa canção.

Diferente do MO, a "assinatura" nunca muda, mas alguns aspectos podem se desenvolver, como serial killers que mutilam suas vítimas *post mortem* cada vez mais. As "assinaturas" podem não aparecer em todas as cenas de crime do mesmo criminoso por contingências especiais, como interrupções ou reação inesperada da vítima.

SÃO CONSIDERADAS "ASSINATURAS" QUANDO O CRIMINOSO	
01	mantém a atividade sexual em uma ordem específica;
02	usa repetidamente um específico tipo de amarração da vítima;
03	inflige a diferentes vítimas o mesmo tipo de ferimentos;
04	dispõe o corpo de certa maneira peculiar e chocante;
05	tortura e/ou mutila suas vítimas e/ou mantém alguma outra forma de comportamento ritual;
06	usa script verbal semelhante com todas as suas vítimas;
07	pratica *overkill* (ferir mais do que o necessário para matar);
08	usa o mesmo local para cometer seus crimes ou para deixar suas vítimas.

AFINAL, QUAL A DIFERENÇA?

Modus operandi é comportamento prático. É o que o criminoso faz de necessário para cometer o crime e é dinâmico, podendo mudar e melhorar conforme sua experiência.

"Assinatura" é o que o criminoso faz para se realizar psicologicamente, é produto de sua fantasia e é estática, não muda.

Utilizando um exemplo fictício fica mais fácil entender a diferença entre MO e "assinatura".

Um estuprador entra em uma residência e escolhe sua vítima, prendendo todos os outros moradores no banheiro e amarrando-os uns aos outros com uma corda. Executa nós de correr entre um e outro, de modo que um brusco movimento de uma vítima pode machucar a seguinte, e avisa que se ouvir um só barulho a pessoa da frente daquela que teve seu nó apertado morrerá.

Outro estuprador só ataca casas onde estão marido e mulher. Mesmo quando outras pessoas estão presentes ele faz questão de cometer o crime humilhando a mulher na frente do marido, que mantém amarrado no local dos acontecimentos.

O primeiro estuprador tem um MO e não uma "assinatura". Seu objetivo é apenas estuprar a mulher sem ser ameaçado pelas outras pessoas da casa.

Já o segundo estuprador tem uma "assinatura". Estuprar a mulher não é suficiente; para satisfazer suas fantasias, ele precisa estuprá-la na frente do marido, para também humilhá-lo e dominá-lo.

Um criminoso que manda as pessoas tirarem a roupa durante sua ação está utilizando um MO inteligente, pois todos terão de se vestir antes de chamar a polícia e ninguém sairá correndo nu atrás dele. Agora, um criminoso que faz o mesmo, mas fotografa as pessoas em poses eróticas, já demonstra ter uma "assinatura", porque está alimentando suas fantasias psicossexuais.

Apesar de o MO ter muita importância, ele não pode ser utilizado isoladamente para conectar crimes. Já a "assinatura", mesmo que evolua, sempre terá o mesmo tema de ritual, no primeiro ou no último crime, agora ou daqui a dez anos.

John E. Douglas (FBI) acha que é mais importante encontrar a "assinatura" do que as semelhanças entre as vítimas, uma vez que o serial killer sempre expressará seu ódio por meio de um ritual, não de um aspecto físico do agredido.

ENCENAÇÃO/ORGANIZAÇÃO DA CENA

Quando investigadores se aproximam de um local de crime, devem captar informações suficientes para reconstruir o comportamento da vítima e do assassino. Por meio do comportamento de um e outro durante a ação, podemos inferir do criminoso suas necessidades psicológicas e pistas de sua personalidade.

Um assassino esperto que quer matar a esposa, por exemplo, pode facilmente "montar" uma cena de crime sexual em sua casa, da maneira como ele entende que seria "normal" um estuprador deixar o local. É como se arrumasse um palco para uma apresentação teatral. Pensa que assim não se tornará um suspeito, o que será fato se as equipes de polícia e perícia que atenderem o local não trabalharem atentamente essa possibilidade.

Em São Paulo, quando foram assassinados Manfred e Marísia von Richthofen, a filha do casal juntamente com o namorado e o cunhado, estes últimos os verdadeiros assassinos, tentaram simular um assalto à casa. Eles reviraram gavetas, espalharam objetos pelo chão do quarto e do escritório, deixaram pegadas de sapatos no parapeito da janela, que mantiveram aberta, entre outros detalhes de encenação. A equipe de perícia que atendeu o local logo percebeu a farsa, pois a bagunça estava "muito organizada", o que levantou suspeitas de imediato. Entre outros, esse foi um fator que direcionou a investigação para um criminoso conhecido das vítimas.

ILANA CASOY LOUCO OU CRUEL? 63

Outro ponto importante foi o estudo da perícia de como o(s) assassino(s) teria(m) entrado na casa. Os muros eram altos e não havia marca de invasão forçada, além de o portão da garagem funcionar eletronicamente com controle remoto e estar localizado em frente a uma guarita. Seria uma situação de alto risco para um assaltante entrar pela frente e ele deixaria marcas ou testemunhas ao invadir pelos fundos.

O segundo motivo para a encenação, proteger a vítima ou sua família, ocorre na maioria das vezes em estupros seguidos de morte ou acidentes autoeróticos. A encenação, então, é feita por um membro da família que encontra o corpo, uma vez que é comum que alguns criminosos deixem suas vítimas em posições degradantes. Quem encontra o corpo pretende devolver alguma dignidade para a pessoa morta, como um marido que cobre ou veste o corpo da esposa.

No caso do Maníaco de Guarulhos, que agiu em São Paulo em 2002, todas as vítimas tinham roupas amarradas ao pescoço com um nó apertado. Uma das vítimas de crime sexual daquela região, na mesma época, foi desconectada da investigação porque não foi encontrada dessa maneira, isto é, a assinatura do assassino não estava presente. Como todos os outros detalhes combinavam com as ações do criminoso em outros locais, muito similares aos ataques em questão, investigou-se mais a fundo e descobriu-se que a mãe da menina, quando a encontrou, tentou socorrê-la desfazendo o nó e libertando o pescoço da vítima para que ela respirasse. No atendimento ao local esse fato passou despercebido, mas para a conexão dos casos de uma mesma autoria foi fundamental.

Por meio do comportamento da vítima e do assassino durante a ação, podemos inferir do criminoso suas necessidades psicológicas e pistas de sua personalidade.

Essas pessoas não têm má intenção, apenas estão tentando prevenir o choque que podem causar aos outros familiares a posição da vítima, sua vestimenta ou falta dela e suas condições.

Existem alguns sinais que devem chamar atenção dos investigadores e alertá-los de uma possível encenação. Os criminosos que encenam locais de crime com frequência cometem erros, uma vez que os arrumam como "acham" que deveriam estar ou seria "normal" estarem. Eles estão sob grande estresse e com muita pressa, sendo difícil colocar tudo em uma ordem lógica. Assim, inconsistências podem aparecer e indicar aos investigadores a probabilidade daquela cena ter sido alterada.

Sinais de alerta forenses devem também ser investigados quando não se ajustam ao crime, indicando encenação. Ataques pessoais durante assaltos levantam suspeitas, especialmente se ganhos materiais parecem ser o motivo inicial. Esses assaltos podem incluir o uso de armas oportunas, estrangulamento manual ou por fio, rostos espancados e trauma excessivo, mais do que necessário, para causar a morte (*overkill*). Em outras palavras, os ferimentos se ajustam ao crime?

Em ataques sexuais, a vítima é o foco da ação, enquanto nos crimes com motivo financeiro o alvo são os bens materiais: o criminoso apenas "cuida" para que seu plano não seja atrapalhado por ninguém.

Outra discrepância que merece atenção é quando a história da testemunha ou do sobrevivente não faz sentido com os fatos encontrados na necropsia. Na reconstrução da ação criminosa, esta deve combinar de forma perfeita com os achados periciais e policiais. Em alguns depoimentos, encontramos histórias que não se comprovam depois de estudo mais minucioso de balística, por exemplo, em que a posição do atirador deve ser possível em relação à posição final do projétil.

Os investigadores frequentemente vão encontrar discrepâncias no caso de encenação de estupro seguido de morte. Se o criminoso for próximo à vítima, ele nunca a deixará nua e exposta, coisa que raramente acontece em homicídios sexuais. Além do mais, apesar da posição do corpo e da retirada de algumas roupas, a necropsia pode confirmar ou negar se alguma forma de ataque sexual aconteceu ou se a cena do crime foi montada.

Se os investigadores suspeitarem que a cena do crime estava montada, devem procurar sinais que associem a vítima ao criminoso ou, como é frequente em casos de violência doméstica, o envolvimento de uma terceira pessoa, em geral aquela que encontrou o corpo. O criminoso cria subterfúgios para o corpo ser descoberto por outro familiar ou vizinho, ou para convenientemente estar acompanhado por alguém quando da descoberta do cadáver da vítima.

Quanto mais conhecimento os investigadores tiverem sobre todos esses fatos, mais equipados estarão para fazer as perguntas certas e obter a verdade, ver a história do crime em cada cena que analisam e encontrar o criminoso.

SERIAL KILLERS

ORGANIZADO		DESORGANIZADO
Inteligência média para alta.	01	Inteligência abaixo da média.
Metódico e astuto.	02	É capturado mais rapidamente.
Não realizado profissionalmente.	03	Distúrbio psiquiátrico grave.
Educação esporádica.	04	Contato com instituições de saúde mental.
Socialmente competente, mas antissocial e de personalidade psicopata.	05	Socialmente inadequado - relaciona-se só com a família mais próxima ou nem isso.
Preferência por trabalho especializado e esporádico. Queda para profissões que o enalteçam como macho, tipo: barman, motorista de caminhão, trabalhador em construção, policial, bombeiro ou paramédico.	06	Trabalhos especializados, que tenham pouco ou nenhum contato com o público (lavador de pratos, manutenção).
Sexualmente competente.	07	Sexualmente incompetente ou nunca teve nenhuma experiência sexual.
Nascido em classe média alta.	08	Nascido em classe baixa.
Trabalho paterno estável.	09	Trabalho paterno instável.
Disciplina inconsistente na infância.	10	Disciplina severa na infância.
Cena planejada e controlada. A cena do crime vai refletir ira controlada, na forma de cordas, correntes, mordaça ou algemas na vítima.	11	Cena do crime desorganizada.
As torturas impostas à vítima foram exaustivamente fantasiadas.	12	Nenhuma ou pouca premeditação.
Temperamento controlado durante o crime.	13	Temperamento ansioso durante o crime.
Locomove-se com carro em boas condições. Viaja muito.	14	Em geral, não tem carro, mas tem acesso a um.
Traz sua arma e seus instrumentos.	15	Utiliza arma de oportunidade, a que tem na mão.
Leva embora consigo sua arma e instrumentos após o crime.	16	Com frequência deixa a arma do crime no local.
A vítima é uma completa estranha, em geral mulher, com algum traço particular, ou apenas uma vítima conveniente.	17	Vítima selecionada quase ao acaso.
A vítima é torturada e tem morte dolorosa e lenta.	18	Vítima rapidamente dominada e morta – emboscada.

SERIAL KILLERS

ORGANIZADO		DESORGANIZADO
	19	Crimes brutais, com extrema violência e overkill (ferimentos maiores que os necessários para simplesmente matar).
	20	Rosto da vítima espancado de forma severa, numa tentativa de desfigurá-la e desumanizá-la, ou uso pela vítima de máscara/venda.
Frequentemente a vítima é estuprada e dominada através de ameaças ou instrumentos.	**21**	Se a vítima foi atacada sexualmente, com frequência o ataque foi post mortem.
	22	Mutilações no rosto, nos genitais e nos seios são comuns.
O corpo é levado e muitas vezes esquartejado para dificultar a identificação pela polícia.	**23**	O corpo é frequentemente deixado na cena do crime. Quando levado, é como lembrança, não para evitar provas.
Uso de álcool pelo agressor.	**24**	Mínimo uso de álcool pelo agressor.
Estresse precipitador de situações.	**25**	Quando em estresse, age por impulso.
Vive com o parceiro ou é casado. Tem uma importante mulher nas suas relações.	**26**	Vive sozinho ou com os pais. Em geral, solteiro.
Realiza seus crimes fora da área de sua residência ou do trabalho.	**27**	Mora ou trabalha perto da cena do crime.
Acompanha os acontecimentos relacionados com o crime pela mídia.	**28**	Mínimo interesse nas novidades da mídia.
Em geral, da mesma etnia que a vítima, mas composição étnica local deve ser considerada.	**29**	Em geral, da mesma etnia que a vítima, mas composição étnica local deve ser considerada.
Provavelmente foi um aluno problemático.	**30**	Saiu cedo da escola. Estudante marginal.
Provavelmente já foi preso por violência interpessoal, ataque sexual. Brigas de soco são comuns.	**31**	Já deve ter sido preso por voyeurismo, ladrão de fetiches, assalto, exibicionismo ou outros delitos menores.
Em geral, muitas multas por estacionamento proibido.	**32**	
Bem-apessoado.	**33**	Magro, provavelmente com acne ou outra marca física que contribua para a impressão de que é diferente da população em geral.
Tem aproximadamente a idade da vítima. A média etária fica entre 18 e 45 anos, em geral 35.	**34**	Idade entre 16 e 39 anos. Em geral, idade entre 17 e 25.
Pode trocar de emprego ou deixar a cidade.	**35**	Mudança de comportamento significativa, como álcool e drogas.

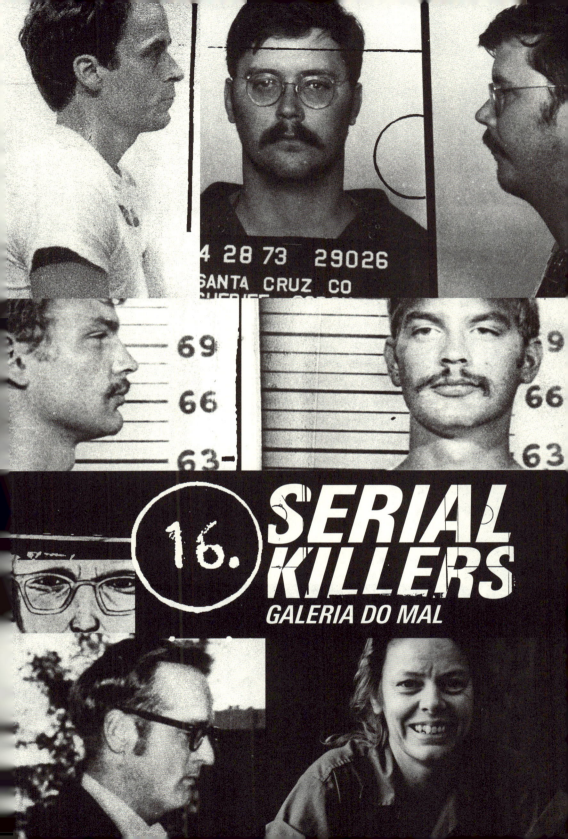

PAUL BERNARDO KARLA HOMOLKA

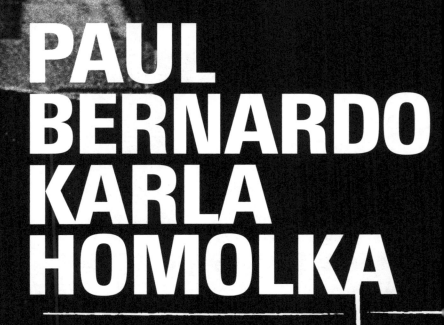

Paul Kenneth Bernardo
Nascimento: 27 de agosto de 1964
Local: Scarborough, Ontário, Canada
Altura: 1,87 m
Cônjuge: Karla Homolka (1991/1994)
Filiação: Kenneth Bernardo e Marilyn Bernardo

Karla Leanne Homolka
Nascimento: 4 de maio de 1970
Local: Port Credit, Ontário, Canada
Altura: 1,63 m
Cônjuge: Paul Bernardo (1991/1994);
Thierry Bordelais (2007–)
Filiação: Karel Homolka e Dorothy Homolka

1.

▶ 1964
1970

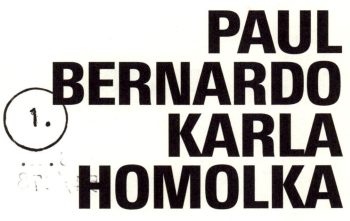

PAUL BERNARDO KARLA HOMOLKA
O CASAL LETAL

"Eu não espero que vocês me perdoem, porque eu nunca vou me perdoar." – **Karla Homolka**

Em 1987, no bairro residencial de Scarborough, na cidade de Toronto, Canadá, um estuprador estava em ação. Seu *modus operandi* era sempre o mesmo: quando sua vítima descia de um ônibus, ele a agarrava por trás e empurrava-a para o chão. Forçava a moça a fazer sexo anal e felação. Falava com ela o tempo todo e depois a deixava ir.

No ano 1988, os estupros continuavam. A polícia investigava e já tinha coletado evidências de vários casos, além de um bom retrato falado do suspeito, que já havia atacado e estuprado 13 vítimas, mas nada havia sido publicado na imprensa.

Uma das vítimas alegou ter visto uma mulher junto com o estuprador, com o que parecia ser uma câmera de vídeo nas mãos. Ninguém acreditou.

Foi pedida ao NCAVC[1] uma análise do estuprador, entregue à polícia de Scarborough em 7 de novembro de 1988:

---

[1] NCAVC: National Center for the Analysis of Violent Crime, FBI Profile of Scarborough Rapist, Description: in investigative analysis, FBI, Virginia, 17 nov. 1988, Special Agent Gregg O. McCrary.

VITIMOLOGIA

Foi examinada a suscetibilidade das vítimas a um ataque sexual, baseando-se em seu estilo de vida, história passada e desenvolvimento social e físico. Nada elevava seu risco; eram pessoas de baixo risco. Foram observadas as seguintes similaridades: todas as vítimas eram mulheres, idade entre 15 e 21 anos, viviam na mesma área de Scarborough, praticamente vizinhas. Todas tinham estatura baixa, entre 1,55 e 1,62 m, pesando entre 41 e 61 kg.

ANÁLISE CRIMINAL

O processo pelo qual o criminoso escolhia ou selecionava sua vítima era de óbvia importância. Parecia usar pontos de ônibus para "caçar". Algumas das vítimas foram de ocasião, enquanto outras parecem ter sido escolhidas previamente. Ele poderia já conhecer ou ter visto sua vítima passando pelo bairro, mas não tinha urgência, naquele momento, em atacar. Outras vezes, o impulso de atacar era grande, mas o momento, inoportuno.

Os ataques de sucesso aconteceram quando o assassino tinha urgência, oportunidade e vítima em um mesmo momento. Ele seguiu as vítimas por pouco tempo antes de atacá-las.

Seis vítimas em Scarborough foram atacadas pelas costas e uma pela frente. Ele conseguiu controlá-las utilizando força bruta, mantendo-as assim por meio de ameaças físicas e verbais, acompanhadas de uma faca.

Todas as suas vítimas foram atacadas ao ar livre, enquanto andavam sozinhas perto de suas residências, à noite.

Esse tipo de criminoso escolhe atacar habitualmente em áreas com as quais está familiarizado, por morar ou trabalhar ali. Desse modo, tem maior senso de segurança no caso de ser visto: tem prontas várias rotas de fuga.

Acreditamos que nosso criminoso vivia na área de Scarborough, especialmente a uma distância a pé de onde foram atacadas a primeira, a segunda e a quinta vítimas. Por morar ali, era importante que as vítimas não o vissem, o que o fazia aproximar-se por trás. Logo depois, forçava a cabeça delas em direção ao chão e mandava que ficassem de olhos fechados, para assegurar-se de sua não identificação.

Com a vítima de Mississauga, agiu de modo diferente. Aproximou-se de frente, com a desculpa de pedir informações. Ela viu o rosto do agressor por alguns segundos antes de ser atacada, o que leva a crer que ele não morava ali, pois se sentia seguro o suficiente para ser visto.

Outro motivo para se aproximar por trás eram alguns desvios: em seus scripts, a vítima devia falar que o amava, que estava bom, que odiava o namorado. Eram declarações que tinham como objetivo elevar o ego do criminoso.

Outra clara pista de sua inadequação ficava evidente quando observamos sua seleção de vítimas, mulheres que aparentemente não o ameaçavam, desprotegidas.

Raiva é o sentimento que primeiro demonstrava. Desejo de punir e degradar as vítimas mostrava sua raiva de todas as mulheres. Sua aproximação em estilo blitz e seu comportamento verbal, bem como a sequência de atos sexuais a que ele obrigava sua vítima, em conjunção com a punição física usada contra elas, demonstravam isso.

O comportamento verbal profano combinado com um roteiro falado para a vítima, obrigando-a a se descrever como "puta", evidenciava sua raiva e necessidade de puni-la e degradá-la.

Forçava suas vítimas à felação, depois de atacá-las repetidamente pela vagina e ânus, para humilhá-las. Esse tipo de comportamento foi observado em todos os ataques.

O atacante usava mais força que o necessário para controlar suas vítimas, o que demonstrava seu ódio. Também enfiava peças de roupa em suas bocas e, no caso da sexta vítima, quebrou sua clavícula e derramou terra sobre ela, espalhando-a por seu cabelo e corpo, exprimindo a opinião do atacante sobre as mulheres.

Não acreditamos que o criminoso atacasse suas vítimas com uma premeditada ideia de assassiná-las; no entanto, baseados em nossas experiências, ao ser confrontado com vítima que vigorosamente resistisse a seu ataque, ele a mataria não intencionalmente, no afã de controlá-la.

A violência sexual do atacante para com suas vítimas vinha em escalada. Nos primeiros três ataques, não houve penetração peniana. A escalada também ocorreu física e verbalmente.

O criminoso tinha tendências sádicas e fez sua sétima vítima implorar por sua vida, apenas para satisfazer seu prazer.

Sentia-se completamente seguro e no controle da situação.

CARACTERÍSTICAS DO CRIMINOSO

Homem, entre 18 e 25 anos, apesar de que nenhum suspeito devesse ser descartado pela idade, pois era questão de maturidade mental e emocional.

Acreditamos que vivesse na região de Scarborough. Essa área lhe era familiar, especialmente o local dos primeiros ataques, onde provavelmente vivia.

A raiva do atacante pelas mulheres devia ser conhecida por seus amigos íntimos. Provavelmente, falava com desprezo sobre mulheres em geral em suas conversas. Deve ter tido um problema com alguma mulher imediatamente antes de seus ataques começarem.

Era sexualmente experiente, mas seus relacionamentos anteriores com mulheres devem ter sido tortuosos e acabado mal. Provavelmente, espancou mulheres que se relacionaram com ele no passado. Colocava a culpa de todos os seus fracassos nas mulheres.

Se tiver tido passagens anteriores pela polícia, deve ter sido por perturbar a paz, resistir à prisão, roubo ou distúrbio doméstico.

Seu comportamento agressivo deve ter surgido na adolescência. Deve ter terminado o colegial com registros de indisciplina. Deve ter tido aconselhamento em relações sociais e/ou abuso de substâncias.

Era inteligente, boêmio e passava bastante tempo andando a pé na área do ataque. Devia ser solteiro. Tinha temperamento explosivo e "pavio curto". Culpava todo mundo por seus problemas.

Não devia permanecer por muito tempo em um mesmo emprego, pois não aceitava bem a autoridade. Deve ter sido sustentado pela mãe ou mulher dominante em sua vida.

Era do tipo solitário. Relacionava-se com as pessoas superficialmente, mas preferia ficar sozinho.

Devia guardar as coisas que assaltava de suas vítimas. Eram vistas como troféus por ele e o ajudavam a relembrar o ataque. Guardava os objetos em local seguro, mas de acesso rápido.

Todos os seus ataques eram precipitados por situações de estresse por que ele passava. Devia continuar agindo assim, esporadicamente.

O estresse podia acontecer apenas em sua mente, não na realidade.

O criminoso reconhecia suas falhas e inadequação, tentando sempre mascará-las.

COMPORTAMENTO APÓS O CRIME

Não sentia culpa ou remorso por seus crimes. Acreditava que sua raiva era justificada e, portanto, seus ataques também. Sua única apreensão era sobre ser identificado e preso.

O detetive Steve Irwin, da polícia metropolitana de Toronto, também tinha certeza de que se tratava de um só criminoso. Como é comum em casos de crimes sexuais em série, a prática do estuprador havia escalado consideravelmente em suas fantasias. Ele não havia estuprado as primeiras vítimas, exerceu atos libidinosos e quando houve penetração esta aconteceu com os dedos. Agora seu modo de ação estava mais violento e realmente o estupro acontecia.

Todas as descrições falavam de um bonito jovem, que tinha bons dentes, não cheirava mal e era bem-vestido. Antes do Natal, uma das vítimas conseguiu dar uma descrição detalhada do estuprador: aproximadamente

1,83 m de altura, bem barbeado e sem tatuagens. Seu retrato falado acabou não sendo divulgado.

Concomitantemente a esses fatos, a estudante Jennifer Galliganm esteve algumas vezes na polícia para dar queixa de seu antigo namorado, Paul Bernardo. As queixas eram de estupro brutal, abusos físicos e ameaças à sua integridade física. Havia coincidências ligando esse indivíduo ao criminoso que engendrava os estupros que estavam ocorrendo: os dois guiavam um carro modelo Capri de cor branca e Bernardo vivia nas proximidades dos locais de ataque. Ninguém percebeu as semelhanças; afinal, casos de estupro não estavam correlacionados com violência doméstica, pelo menos para aqueles investigadores, que não se ativeram ao perfil feito pelo FBI.

Em maio de 1990, finalmente a polícia resolveu publicar o retrato falado do "Estuprador de Scarborough", com uma recompensa de 150 mil dólares canadenses por pistas que levassem à sua prisão.

Assim que alguns empregados da Price Waterhouse viram o retrato falado nos jornais, contataram a polícia. Achavam que se tratava de um ex-funcionário, o contador júnior Paul Bernardo. Um gerente de banco também identificou seu cliente, Paul Bernardo, como a pessoa procurada. Tantos conhecidos de Paul Bernardo ligaram para a polícia que o detetive Irwin decidiu fazer-lhe uma visita. O suspeito não se parecia em nada com um estuprador serial, mas mesmo assim foram retiradas amostras de sangue, saliva e cabelo. As amostras, juntamente com as de outros 230 suspeitos, foram levadas ao laboratório para análise da dra. Kim Johnston. Em apenas cinco delas havia o tipo sanguíneo do criminoso — e Paul Bernardo era um deles. Pelas amostras de sêmen, também foi estabelecido que o estuprador era não secretor, e essa característica, combinada com seu tipo sanguíneo, o colocava entre 12,8% da população.

O problema foi que, até que todos os testes tivessem sido concluídos, o Estuprador de Scarborough tinha encerrado suas atividades abruptamente. O caso não era mais uma prioridade. Os testes de Paul Bernardo foram engavetados.

Em 14 de junho de 1991, Leslie Mahaffy, 14 anos, desapareceu. Quinze dias depois, um casal de pescadores encontrou o corpo da garota no lago Gibson, quando uma represa foi aberta e baixou o nível da água naquele local em três ou quatro metros. Perto do limite da água, eles repararam em um bloco quebrado de concreto e, dentro de um pequeno reservatório criado pelo próprio bloco sobre uma laje, encontraram pernas. A polícia foi chamada e nas buscas subsequentes encontraram cinco blocos de concreto envolvendo as partes de um corpo na área rasa do lago. Quem quer que tenha feito o serviço não estava familiarizado com a área. Do contrário, teria jogado os blocos de concreto com o corpo por sobre a ponte, onde as águas eram mais profundas, e encoberto os restos mortais para sempre.

As primeiras partes do corpo da vítima a serem encontradas foram suas pernas e pés. Depois, em outro ponto do lago, seu torso e braços, todos cortados com uma potente serra. Os característicos suspensórios, "marca registrada" de Leslie, possibilitaram sua identificação antes que sua cabeça fosse localizada e a arcada dentária identificada positivamente.

Em julho, Rachel Ferron, de 21 anos, estava a caminho de casa, dirigindo pelas desertas ruas de St. Catharines, às duas horas da madrugada. Ultrapassou um Nissan esporte dourado, que ia em direção contrária. Com espanto, pelo espelho retrovisor, observou o carro fazer meia-volta e começar a segui-la. Ao virar na rua de sua casa, o carro seguiu em frente. Rachel ficou aliviada; poderia ter sido apenas impressão. Uma semana depois, o Nissan reapareceu. Dessa vez, Rachel ia para a casa do namorado, que não estava lá. Seguiu para a locadora de vídeos onde ele trabalhava. Ao chegar, tomou nota da descrição do carro e da chapa: 660 HFH. Na mesma noite, quando Rachel voltou à casa do namorado, o Nissan dourado ainda a estava seguindo. Ela permaneceu no carro, com as portas travadas e as janelas fechadas, até que seu namorado chegasse à casa. Assim que chegou, imediatamente percebeu um estranho espreitando o carro de Rachel atrás de uns arbustos e resolveu ir até ele para questioná-lo, mas o homem fugiu. Dessa vez, Rachel não ficou calada. O casal parou uma radiopatrulha e informou o policial sobre o acontecido, entregando a placa do veículo que a tinha seguido. Ele levantou os dados no computador rapidamente. O carro estava registrado no nome de Paul Kenneth Bernardo, um Nissan 240SX. A polícia não deu muita atenção ao caso. Estavam ocupadíssimos com a investigação do assassinato de Leslie Mahaffy.

Em 30 de novembro, a garota Terri Anderson, 14 anos, desapareceu. Ela saiu de casa para andar três quarteirões até a escola onde estudava e nunca mais foi vista.

Em 29 de março de 1992, por volta da meia-noite, Lori Lazurak e Tania Berges estavam sentadas em uma cafeteria quando se viram sendo filmadas por uma pessoa que dirigia um carro esporte dourado e passava por elas repetidas vezes. Um mês depois, em 18 de abril, Lazurak estava dirigindo pela rua Martindale, em St. Catharines, quando viu o carro suspeito novamente. Resolveu segui-lo e, antes de perdê-lo de vista, anotou a placa: 660 HFM – com uma letra diferente da placa correta. Reportou os estranhos fatos à polícia, mas o caso não foi levado adiante. Estavam outra vez envolvidos em uma investigação muito mais séria: o desaparecimento de Kristen French, em 16 de abril, uma garota muito popular que tinha sido raptada do estacionamento de uma igreja luterana, ao lado da escola em que Terri Anderson estudava. Somente os sapatos da menina foram encontrados, abandonados no estacionamento.

Em 30 de abril, o corpo de Kristen foi encontrado em uma vala. Estava nu, mas não desmembrado como o de Leslie, o que levou os investigadores a acreditar que os dois assassinatos de adolescentes não estavam interligados. O cabelo de Kristen tinha sido tosado, em um claro sinal de degradação e subjugação da vítima.

Em 23 de maio, o corpo de Terri Anderson foi encontrado dentro d'água em Port Dalhousie, seis meses após seu desaparecimento. O legista não verificou nada de estranho na necropsia daquele corpo que estivera mergulhado por tanto tempo. A causa da morte foi declarada oficialmente como afogamento, em consequência da combinação de cerveja e LSD. A mãe da menina negou veementemente a possibilidade de a filha ter consumido álcool e drogas, que a teriam feito entrar nas águas geladas do lago em pleno inverno canadense.

Os crimes tinham acontecido na região de St. Catharines e as investigações eram da alçada da polícia de Niagara Falls. De pois da morte de Kristen French, o governo de Ontário montou uma força-tarefa, com linha direta e base de operações. Especialistas forenses e o FBI se uniram para descobrir o assassino.

Nas entrevistas sobre o desaparecimento de Kristen, uma mulher testemunhou ter visto uma luta dentro de um carro, no estacionamento da igreja luterana. Não muito familiarizada com marcas de veículos, a senhora achou que fosse um Camaro ou Firebird, cor creme. O detetive Vince Bevan, responsável pelas investigações, concentrou-se em levantar dados sobre todos os Camaros da região.

Nesse meio-tempo, o nome de Paul Bernardo apareceu outra vez nas investigações e dois policiais foram até a casa dele para entrevistá-lo. Ele foi extremamente simpático. Disse que tinha sido suspeito no caso do "Estuprador de Scarborough" em razão de sua semelhança física com o retrato falado. A polícia notou que aquele homem tinha muito boa aparência, era inteligente e cooperativo, além do fato de sua casa ser limpa e organizada. Também notaram que seu carro era um Nissan, que não se parecia em nada com um Camaro, na cabeça daqueles investigadores, diferentemente do que a testemunha havia achado. Mesmo assim resolveram fazer um trabalho completo e contataram Steve Irwin, em Toronto, para saber dos resultados das investigações do caso do "Estuprador de Scarborough". Oito dias depois, o detetive Irwin respondeu à mensagem: os testes finais das amostras de sangue e saliva de Paul Bernardo não haviam sido feitos; tecnicamente, ele ainda era um suspeito. Irwin mandou para a força-tarefa algumas informações sobre o caso, mas negligenciou as entrevistas com amigos de Paul e o caso Jennifer Galliganm. Não foi dessa vez ainda que Bernardo seria suspeito dos homicídios que estavam acontecendo em Ontário.

Se tivessem se aprofundado nas investigações, descobririam fatos no mínimo interessantes. Dos 16 ataques do "Estuprador de Scarborough", oito tinham sido brutais. Todos ocorreram entre maio de 1987 e maio de 1990, nas proximidades do centro de convenções Metro Toronto, onde Bernardo morou com a esposa até abril de 1991. Nesse mês, o casal mudou-se para Port Dalhousie, em St. Catharines, onde os crimes de homicídio ocorreram.

Em janeiro de 1993, Karla Homolka, esposa de Paul Bernardo, procurou abrigo na casa de uma amiga depois que seu marido a espancou. Como o marido dessa amiga era policial em Toronto, informou a polícia de Niagara, que levou Karla para o hospital imediatamente. Em fevereiro, as investigações se intensificaram. As polícias de Toronto e Ontário quiseram entrevistar Karla, tiraram suas impressões digitais e a questionaram sobre seu relógio de pulso com o personagem Mickey Mouse, muito similar ao relógio desaparecido de Kristen French.

Foi também naquele mês, depois de tomar conhecimento do espancamento de Karla, que o detetive Irwin pediu que o laboratório forense examinasse as amostras de sangue, saliva e sêmen de Paul Bernardo. Os testes foram conclusivos: combinavam 100% com aquelas recolhidas das três vítimas do "Estuprador de Scarborough". Paul Bernardo foi imediatamente colocado sob vigilância.

Depois de ser interrogada por quase cinco horas, Karla percebeu que a polícia já tinha somado dois com dois e ligado o caso do "Estuprador de Scarborough" com os assassinatos em St. Catharines. Ela estava apavorada e contou a um tio, disposto a ajudar, que o marido era um estuprador e que tinha assassinado Kristen French e Leslie Mahaffy.

Um advogado foi contratado, George Walker, que, percebendo o envolvimento de sua cliente até o pescoço nos homicídios, adotou a estratégia de barganhar algum tipo de imunidade para ela em troca de total cooperação com a polícia.

No meio do mês de fevereiro, Paul Bernardo foi preso pelos estupros em Scarborough e pelos assassinatos de Mahaffy e French. Enquanto isso, Karla se afundava no consumo abusivo de analgésicos e álcool. No dia 19 do mesmo mês, a polícia executou o mandado de busca na casa do casal, onde várias evidências foram encontradas. Paul tinha escrito um diário onde contava detalhadamente cada estupro que cometera, além de possuir uma coleção de livros e vídeos sobre desvios sexuais, pornografia e serial killers. A polícia também encontrou um vídeo caseiro, onde Karla aparecia em relações lésbicas com outras duas mulheres.

Uma semana depois, o advogado George Walker tentou um acordo para sua cliente: ela pegaria 12 anos de prisão por cada uma das duas vítimas, com as sentenças cumpridas simultaneamente. Estaria elegível para livramento condicional em três anos, por bom comportamento. Ninguém questionou, pois seu testemunho contra Paul Bernardo era importantíssimo. Os advogados ainda conseguiram acordar que Karla não cumprisse sua pena em uma prisão comum, mas em um hospital psiquiátrico. Em troca, contaria toda a verdade sobre seu envolvimento nos crimes e tudo que sabia sobre eles.

Em março, Karla foi internada em um hospital para ser devidamente tratada e medicada. Dali escreveu uma importante carta para seus pais, na qual confessava o assassinato de sua irmã pelas próprias mãos, em uma brincadeira macabra do casal. Tammy Homolka tinha sido a primeira vítima de homicídio do casal letal.

Paul Bernardo nascera em 27 de agosto de 1964, em uma família de classe média que morava no bairro de Scarborough, em Toronto. Tinha dois irmãos mais velhos e um pai violento, que suspeitava abusar sexualmente da própria filha. Sua mãe, vitimada por uma grave depressão, abandonou a família para viver isolada no porão da casa.

Foi só na adolescência que descobriu ser filho ilegítimo do pai, resultado de um caso amoroso da mãe com um antigo namorado. O efeito da revelação foi devastador para o jovem, que, até então, parecia ser o modelo do bom menino. Passou a odiar a mãe, que entendia ser uma vagabunda por trair o pai. Já odiava o pai, que considerava um pervertido sexual.

Saiu do escotismo, que era seu hobby, para juntar-se aos *bad boys* da vizinhança, rapazes do tipo machões e infratores. Passou a detestar mulheres, que tratava com desprezo e humilhação. Vivia em bares, que frequentava todas as noites, e começou a desenvolver obscuras fantasias sexuais na mesma época em que começou a cursar a Universidade de Toronto. Sua preferência agora era por mulheres submissas e por sexo anal forçado; humilhava suas parceiras publicamente e as espancava em particular. Parecia se vingar de todo o sexo feminino em cada mulher com quem se envolvia.

Como não encontrava emprego em que ganhasse o suficiente para manter seus caros prazeres, começou a contrabandear cigarros pela fronteira do Canadá com os Estados Unidos.

Quando se formou, foi contratado pela Price Waterhouse como contador júnior e vivia uma época sem namoradas, pois elas estavam cansadas de ser amarradas e espancadas. Em outubro de 1987, encontrou a garota de seus sonhos: Karla Homolka.

Karla Homolka nascera em 4 de maio de 1970 em Port Credit, subúrbio de Toronto. Tinha duas irmãs mais novas, Lori e Tammy. Era assistente de veterinária, boa aluna, e seus planos consistiam em casar-se com um jovem rico. Ficou completamente apaixonada por Paul Bernardo quando o conheceu e com quem passou a ter um relacionamento de verdadeira obsessão sexual.

Todos notaram a mudança de comportamento da jovem depois do começo do namoro. Ela agora era extremamente submissa aos desejos do parceiro, que mantinha controle absoluto sobre o que ela dizia, vestia ou ouvia. Karla até mesmo desistiu de fazer faculdade, pois pretendia se casar e ter filhos.

Em 1990, depois de ficarem noivos, os pais de Karla propuseram que Bernardo se mudasse para a casa deles, realizando o maior sonho de sua filha: ver o noivo mais que duas vezes por semana, uma vez que ele morava longe. Paul, sem perda de tempo, foi viver na casa da família Homolka.

Karla, então com 17 anos, encorajava o comportamento sádico de Paul, então com 23 anos, chegando ao ponto de ficar feliz com a revelação de que ele cometia estupros ocasionais. Tudo o que a moça almejava era fazer o namorado "feliz" e não teve problemas em acompanhá-lo nos crimes sexuais que cometia.

As coisas se complicaram quando o mais novo objeto de desejo de Paul passou a ser a irmã caçula de Karla, a menina Tammy. Os dois estavam cada vez mais unidos, Paul e Tammy, para desespero de Karla. Parcialmente excluída, ela ficou feliz ao concordar com a fantasia de Paul: promover seu encontro com a irmã mais nova, sem que ela soubesse ou consentisse, para que ele lhe "tirasse a virgindade". Seria seu presente de casamento para o marido.

Decidiram usar halotano,[2] anestésico inalado por animais antes de cirurgias. Como seu trabalho a fazia ter conhecimentos básicos sobre sedativos usados em animais, além de ter total acesso a eles na clínica veterinária na qual era empregada, foi fácil conseguir o necessário para dopar Tammy. O difícil era estabelecer a dose exata a ser utilizada para que a irmã não reagisse ao estupro.

O plano era que Karla colocasse o anestésico em uma roupa e a segurasse sobre a face da irmã, mas acompanharia seus sinais respiratórios. Era realmente o plano para um estupro assistido.

No Natal daquele ano, Paul filmou com sua câmera a ceia da família Homolka. Deu a Tammy vários aperitivos com o sedativo diluído neles. Os efeitos da droga e do álcool foram rápidos: ela logo estava adormecida no sofá. Quando os outros familiares foram se deitar, Karla e Paul começaram a "trabalhar" Tammy.

---

2 Halotano: substância química utilizada em anestesias locais, por meio de aspiração. Esse anestésico é duas vezes mais forte que clorofórmio e quatro vezes mais forte que éter.

A ação foi filmada durante todo o tempo em que a menina foi estuprada, via vaginal e anal. Enquanto Karla segurava o anestésico sobre a face da irmã, Paul ordenava que ela também fizesse carinhos sexuais nela. De repente, Tammy vomitou. Karla achou que sabia o que fazer e levantou a irmã de cabeça para baixo, tentando limpar, assim, sua garganta. Tammy entrou em choque. Assustados com o imprevisto e sem sucesso nas tentativas de ressuscitação de Tammy, eles a vestiram, esconderam as drogas e a filmadora e chamaram uma ambulância. Os pais só souberam que havia algo errado quando a sirene chegou à sua porta e cinicamente foram levados a acreditar que a filha morreu de um choque acidental, causado por seu próprio vômito.

Paul acabou acusando Karla pela morte da irmã. Agora, a menina não estava mais disponível para ele e necessitava que a namorada fizesse uma reposição, alguém bem jovem e virgem. A procura de novos presentes daria início à carreira de crimes do casal.

Paul Bernardo e Karla Homolka casaram-se em uma cerimônia perfeita, em 29 de junho de 1991, mesmo dia em que a polícia encontrou o corpo de Leslie Mahaffy. Tiveram direito a carruagem, igreja histórica e cavalos brancos, champanhe e jantar para 150 convidados. Nenhuma despesa foi poupada. Paul controlou cada detalhe da cerimônia e recepção: o vestido de Karla, seu penteado, o menu do jantar e a inclusão de "amor, honra e obediência" nos votos da noiva.

Tanto Leslie Mahaffy quanto Kristen French passaram por cativeiro e tortura sexual antes de morrer. Todas as ações foram filmadas por Paul Bernardo, com participação ativa de Karla Homolka. Eles seguiam um elaborado roteiro, como se fosse mesmo uma produção cinematográfica pornográfica.

Fitas de vídeo foram encontradas pela polícia, mas aquelas em que os crimes de homicídio estariam registradas desapareceram ou nunca existiram. Quatro policiais vasculharam minuciosamente a casa de Bernardo e Homolka. Quebraram o chão de concreto, removeram painéis, checaram o esgoto, os dutos e móveis fixos, cortaram carpetes, roupas, vasculharam cartas, mas nada. Sem as fitas, Karla Homolka era a única arma apontada contra Paul Bernardo.

Outras evidências encontradas na casa não foram aceitas como provas: uma cópia do controverso livro de Bret Easton Ellis, *Psicopata americano*, que narra a história de um loiro e narcisista homem de negócios de vinte e poucos anos que rapta, tortura e estupra jovens meninas; o livro *Perfect Victim: The True Story of the Girl in the Box*, de Christine McGuire e Carla Norton, que narra a verdadeira história de um homem na Califórnia que raptou, brutalizou e manteve como sua escrava sexual por sete anos uma moça de 20 anos; e uma fita de rap de autoria de Bernardo, chamada *Inocência mortal*, na qual as letras eram lúgubres lembranças de seus crimes.

O julgamento de Karla Homolka foi um verdadeiro circo para a mídia. Ela foi descrita como impassível. Seu psicólogo, dr. Andrew Malcolm, concluiu seu depoimento dizendo que Karla sabia o que estava acontecendo, mas estava impotente e incapaz de se defender. Em sua opinião, a ré estava paralisada pelo medo, permanecendo obediente e subserviente ao marido que a espancava.

As fitas de vídeo, que não foram divulgadas no julgamento, eram provas contra Paul Bernardo.

O juiz aceitou o acordo proposto pelos advogados de Karla. Seu depoimento seria decisivo para o julgamento de Paul Bernardo. Ela foi condenada a 12 anos de prisão por cada uma das duas vítimas, com as sentenças cumpridas simultaneamente. Pelo acordo, ela teve imunidade no que se referiu ao assassinato de Tammy Homolka.

Em fevereiro de 1994, Paul Bernardo e Karla Homolka se divorciaram. Ela cumpria pena na Prisão para Mulheres de Kingston e, dois meses após ser levada para lá, começou a fazer cursos, por correspondência, de sociologia e psicologia na Universidade de Queens. Sua cela era decorada com pôsteres do Mickey e seus lençóis, desenhados com motivos da Vila Sésamo. Em junho de 1995, foi transferida para a Metro West Detection Centre, em Toronto.

O julgamento de Paul Bernardo aconteceu dois anos após sua prisão. Um dos motivos para a demora foi que ele colocou seu advogado, Ken Murray, em uma situação ética muito complicada. Três meses após sua prisão e seis dias após terminarem as buscas de evidências na casa do casal, seu advogado teve permissão para entrar no local dos crimes por breves momentos. Recebeu então uma ligação em seu celular: era Paul Bernardo, dizendo a ele onde encontrar as fitas de vídeo, escondidas no forro do teto da casa. Paul deu ao advogado as fitas que ele e Karla fizeram de suas aventuras acreditando que, ao fazer isso, elas jamais chegariam às mãos dos promotores.

Eles já sabiam, por intermédio de Karla, da existência das fitas e tinham gravado as conversas entre Paul e seu advogado. Depois de muita pressão, Murray entregou as provas para a promotoria e abandonou o caso. Foi substituído pelo veterano John Rosen.

As fitas de vídeo se tornaram a principal peça da promotoria. Bernardo enfrentava duas acusações de homicídio em primeiro grau, duas acusações de ataque sexual com agravante, duas acusações de confinamento forçado, duas acusações de sequestro e uma acusação de causar constrangimento a um corpo humano.

A promotoria começou seu "show" mostrando a imagem de Karla se masturbando para a câmera, o que causou grande comoção nos presentes. O vídeo mostrava como Paul forçava Karla a fazer coisas contra sua vontade, a ser uma escrava sexual do "Rei Bernardo". Sim, ela chamava o marido de "Rei". Depois de todas as fitas exibidas, o júri tinha uma completa ideia da profundidade da depravação sexual de Paul Bernardo.

Como se já não fosse o suficiente, Karla foi chamada como testemunha. Seu depoimento mostrou a escalada de indignidades a que o marido obrigava a esposa. Ela usava uma coleira de cachorro, ele inseria garrafas em sua vagina e quase a estrangulava com uma corda para satisfazer suas sádicas fantasias sexuais.

Karla também declarou que Paul cortou o corpo de Leslie Mahaffy em dez partes, utilizando para isso a serra elétrica de seu avô, e as encapsulou em concreto no porão da casa deles. Ela ajudou Paul a jogar os blocos no rio, mas apanhou por ter esquecido de usar luvas. Depois da morte de Mahaffy, segundo o depoimento de Karla, ela era espancada constantemente e ameaçada de morte cada vez que hesitava colaborar.

Paul alegou que suas fantasias eram importantes para ele e que nunca machucaram ninguém.

A defesa resolveu atacar a credibilidade de Karla. Queria mostrar que ela não era nenhuma vítima, mas cúmplice ativa nos estupros e homicídios. Paul contou sobre a frieza da esposa, que logo após o estrangulamento de Kristen correu para secar os cabelos porque tinham um jantar na casa dos Homolka. Ficou claro para todos que Karla havia manipulado as circunstâncias de sua cooperação com as autoridades, em um dos piores acordos que o governo canadense já fez com uma testemunha criminal.

As fitas de vídeo foram vistas apenas pela corte e pelo júri, em sessão secreta. Público e mídia puderam somente ouvi-las. Durante o ataque a Tammy Homolka, Karla filmou tudo enquanto Paul violentava a menina por via vaginal e anal, e depois o rapaz a ordenou que fizesse sexo oral com a irmã. Depois de vários "nãos", Karla cedeu à vontade de seu parceiro. Após a morte de Tammy, o júri pôde ainda ver as cenas filmadas no quarto da falecida, quando Karla fingiu ser a irmã e o casal manteve relações sexuais entre as bonecas da vítima.

Karla também foi vista comentando que "adorou ver Tammy ser estuprada", dizendo que sua missão era fazer Bernardo sentir-se bem. Ela se ofereceu como sua provedora de novas virgens.

Todos assistiram às cenas do casal espancando e estuprando Mahaffy e French. Enquanto um agia, o outro filmava e "dirigia" a cena. Em uma delas, bastante perturbadora, Kristen French foi obrigada a repetir 26 vezes que amava Paul, com a voz bastante trêmula e sob ameaças constantes, enquanto era estuprada por ele. Algum tempo depois foi terrivelmente surrada e ao fundo ouviam-se seus gritos de que morreria logo se o prazer de Bernardo não aumentasse rápido.

A defesa de Paul Bernardo deveria ter formado um time com a promotoria no julgamento de Karla Homolka; com certeza aquelas informações teriam feito diferença. Agora eles estavam acabando com a credibilidade dela, mas não estavam sendo eficientes em diminuir a culpa dele. Por ironia, era a promotoria que agora a defendia, descrevendo-a como mulher frágil e torturada, espancada e obrigada a cometer crimes.

Nas imagens vistas pela corte, Karla Homolka deu várias ordens a Kristen French, mandando que ela sorrisse enquanto estava sendo estuprada e ensinando à garota o que fazer para aumentar o prazer de seu marido, além de atacar sexualmente a vítima com uma garrafa de vinho. Nada nas imagens vistas indicou qualquer desprazer de Karla ao agir em dupla com seu parceiro ou que sentisse qualquer repulsa pelo que fazia. Ela também teve várias chances de cair fora, mas não aproveitou nenhuma. Durante as duas semanas em que Leslie Mahaffy ficou cativa na casa do casal, saiu todos os dias para trabalhar e em pelo menos duas ocasiões ficou de guarda com a garota, enquanto Bernardo foi alugar fitas de vídeo ou comprar comida.

No julgamento de Bernardo, ele era considerado culpado até que provasse sua inocência. Com sua parceira nos crimes, a concepção era exatamente a oposta: inocente até que sua culpa fosse comprovada. O acordo com Karla Homolka foi feito antes que a Justiça soubesse das fitas de vídeo ou tivesse acesso a elas, o que justificava a moça ser considerada testemunha-chave para a acusação de Paul Bernardo. Enquanto a defesa tentava mostrar Homolka como cúmplice ativa para diminuir a culpa de Bernardo, a promotoria tratou de mostrá-la como uma mulher fraca, sofrendo da "síndrome da mulher espancada".[3]

Em casos como o de Lorena Bobbit, que castrou o marido com uma faca de cozinha enquanto ele dormia, sua insanidade foi comprovada por meio dessa síndrome. Outro caso ficou bastante conhecido no filme *Cama Ardente*, estrelado por Farrah Fawcett, baseado em fatos reais, em que uma mulher espancada com frequência pelo marido coloca fogo em volta de sua cama enquanto ele dorme, alcoolizado. Nos Estados Unidos, país onde a síndrome da mulher espancada foi legalizada dez anos antes do que no Canadá, várias mulheres já foram inocentadas ou consideradas insanas no momento de graves crimes

---

3   Essa síndrome foi oficialmente reconhecida nas leis canadenses por meio da Suprema Corte do Canadá, em 1990, pela juíza Bertha Wilson. Foi endossada a ideia de que uma mulher, na armadilha de um relacionamento abusivo, está justificada por atos normalmente não tolerados, uma vez que age para proteger a si mesma. Uma mulher que sofre dessa síndrome acredita ser indigna de ajuda e merece ser abusada. Em certo momento, ela sente que a única forma de escapar é matando o abusador. Muitos não concordam, alegando que ao tornar essa síndrome legalmente aceitável está-se dando a algumas mulheres licença para matar.

graças a esse argumento. Muitos acreditam que no caso de Karla Homolka a síndrome não se aplica. Defendem a ideia de que ela é uma mulher muito egoísta, que só buscou ajuda quando sua própria vida estava ameaçada.

A sentença de Homolka foi bastante discutida durante o julgamento de Bernardo, por meio da imprensa e de entrevistas com advogados e psicólogos. Muitos disseram que a Justiça do Canadá vendeu sua alma ao diabo para conseguir condenar um assassino.

Em uma avaliação psicológica de Paul Bernardo feita por meio dos depoimentos de Karla, o psicólogo dr. Chris Hatcher e seu colega dr. Stephen Hucker identificaram o réu, em relação a seu comportamento, como parafílico (desvios sexuais), sádico sexual, voyeur, hebéfilo (ter atração por meninas púberes ou adolescentes), toucherismo ("agarrador" de mulheres insuspeitas), coprofílico (excitável por fezes), alcoólatra e com distúrbio de personalidade narcisista. Nenhum deles achou que Paul Bernardo fosse psicótico.

Paul se defendeu em seu depoimento dizendo que fazer sexo com garotas amarradas e algemadas era sua ideia de vídeo pornográfico, mas que não matou ninguém. Disse que as vítimas morreram durante o espaço de tempo que as deixou sozinhas com Karla.

Mahaffy teria morrido de overdose de drogas. Bernardo pretendia jogá-la em algum lugar ermo, desacordada. Quando viu que a menina estava morta, resolveu esconder seu corpo. Segundo seu depoimento e contradizendo Karla, enquanto ele cortava o corpo em partes a esposa limpava e lavava cada uma delas para que pudessem "concretá-las".

No caso da morte de French, Bernardo alegou ter deixado a jovem com os pés amarrados e as mãos algemadas, sob a guarda de Karla, enquanto foi alugar fitas de vídeo e comprar comida. Por segurança, teria amarrado um fio elétrico no pescoço da garota, atando a outra ponta em uma cômoda. Enquanto estava fora, French pediu para ir ao banheiro. Quando Karla desamarrou seus pés, ela saiu correndo para tentar escapar, enforcando-se.

Em nenhum momento de seu depoimento Bernardo perdeu a calma ou a compostura. A alegação da defesa era de que não restavam dúvidas de que o casal tinha atacado sexualmente as jovens, mas precisava ser estabelecido quem, de fato, as tinha matado. Nada disso o salvou. Em 1º de setembro de 1995, foi considerado culpado por todas as acusações contra ele. Faltava ainda ser julgado pelo assassinato de Tammy Homolka e todos os estupros de Scarborough.

Segundo as leis canadenses, Bernardo pôde apelar para obter liberdade condicional depois de 25 anos de prisão. Sua apelação imediata, feita após o julgamento, foi negada em 21 de setembro de 2000.

O advogado Ken Murray foi julgado em 2000 por obstrução da Justiça. Ele manteve em segredo estar de posse das fitas de vídeo que retirou da casa de Bernardo, onde o casal assassino aparecia tendo relações sexuais e torturando Leslie Mahaffy e Kristen French. Murray alegou que pretendia usá-las na defesa de seu cliente, nas audiências preliminares. Deixaria que Karla Homolka mentisse sobre seu envolvimento nos crimes e depois a desmascararia com as fitas, destruindo sua credibilidade e demonstrando que ela era a verdadeira assassina e Paul, seu coadjuvante.

Quando as preliminares foram canceladas e resolveu-se ir direto ao julgamento, Paul Bernardo começou a pressionar Murray para que não utilizasse essas provas e as mantivesse em segredo, coisa entre advogado e cliente. Paul alegava que, sem elas, seria a palavra dele contra a de Homolka.

Murray ficou em um dilema ético, mas decidiu deixar o caso e entregar as provas à Justiça, com um atraso de 17 meses. A Justiça alegou que, se estivesse em posse das fitas, não teria tido necessidade de entrar em acordo com Karla Homolka. Ken Murray foi absolvido em 13 de junho de 2000.

A casa de Karla Homolka e Paul Bernardo foi demolida, pois o proprietário não conseguiu nunca mais alugá-la. Outra casa foi construída no terreno.

Os pais de Kristen French, Doug e Donna, ainda vivem em St. Catharines. Donna trabalha com a polícia da região de Niagara, falando sobre o impacto do crime nas famílias das vítimas em geral.

Os pais de Leslie Mahaffy, Dan e Debbie, tiveram seu casamento destruído durante o processo. O estresse foi crucial. Debbie organiza anualmente um dia em memória das vítimas de crime em Burlington e trabalha no Programa para Vítimas de Crimes, da promotoria.

COMENTÁRIOS FINAIS

No relatório do NCAVC, em novembro de 1988, foi prevista uma escalada de violência nos crimes do "Estuprador de Scarborough" no caso de qualquer estresse que ele sofresse. Enquanto vivia com os pais, Bernardo era mais controlado. Quando se mudou para St. Catharines, as atividades do "Estuprador de Scarborough" cessaram. Agora que a casa era dele, o controle era total. Podia esconder as vítimas e fazer com elas o que quisesse sem nenhum risco. Essa mudança de circunstâncias ajudou na escalada de seus crimes.

Sequestro e cativeiro são etapas previsíveis na vida criminosa de sádicos sexuais. Também é certo que o resultado final será assassinato. Uma vez que tenha prendido a vítima, em sua mente ele não pode mais deixá-la ir. Em sua fantasia galopante, o criminoso precisa de mais controle, o que ganha por meio do sequestro e confinamento forçado da vítima em local "seguro". A última fantasia do sádico sexual é a posse total e plena de sua "presa", física e psicologicamente. É o poder de vida e morte.

O fato de cabelos de duas vítimas de Scarborough e de Kristen French terem sido cortados é grave indício de que se tratava do mesmo homem. Tirar os cabelos das vítimas satisfez a necessidade de Bernardo de punir, degradar e desgraçar suas vítimas. Também foram um troféu.

Estas são, em geral, as características de um criminoso serial sádico sexual:

01.	é homem;
02.	é branco;
03.	tem educação escolar, além de segundo grau completo;
04.	traveste-se para mudar de aparência;
05.	tem pais infiéis ou divorciados;
06.	foi física e sexualmente abusado na infância;
07.	tem experiência militar ou fascinação por armas;
08.	pratica direção compulsiva;
09.	inicialmente apresenta uma imagem de sinceridade, toma cuidados especiais e cobre de atenções seu objeto de amor;
10.	é obcecado por sadismo sexual;
11.	tem personalidade dominadora;
12.	é colecionador compulsivo e usuário de pornografia;
13.	é colecionador de "troféus" adquiridos de suas vítimas;
14.	casa-se na época em que está cometendo seus crimes;
15.	tem conhecida história de transformação de voz e/ou telefonemas obscenos, ou ainda cometeu atentado ao pudor;
16.	tem conhecimento e interesse em assuntos policiais;
17.	tem envolvimento incestuoso com o próprio filho;
18.	tem conhecida experiência homossexual;
19.	compartilha parceiros sexuais com outro homem;
20.	abusa de drogas;
21.	já tentou suicídio.

Bernardo tinha muitas características que se encaixam na lista citada. Homem, branco, completou quatro anos de estudos na universidade em apenas três anos. Limpo e bem-vestido, comportava-se bem e estava sempre impecável em encontros sociais, especialmente durante o dia. Mudava de aparência à noite, quando caçava suas vítimas.

Vários membros de sua família reportaram às autoridades que Bernardo expressava profundo ódio por sua mãe e a julgava louca. Não perdoou sua infidelidade e a culpava por sua própria infelicidade. Também sofria abusos físicos de seu "pai".

Bernardo era fascinado por armas e carregava sempre uma faca especial com inscrição pessoal na lâmina. Essa faca de estimação foi utilizada em vários de seus crimes. Também guardava um revólver debaixo da cama.

Dirigia compulsivamente: a vigilância sobre ele estabeleceu que chegava a guiar mais de 650 quilômetros em uma tacada e durante vários dias consecutivos.

Namoradas antigas e a família Homolka declararam que Bernardo, nos primeiros estágios de relacionamento amoroso, cobria a amada de presentes e atenção. Mantinha uma imagem de ser carinhoso e afetivo. Conforme o tempo passava, esse comportamento dava lugar à sua verdadeira personalidade. Uma namorada de Bernardo declarou que ele era incapaz de obter uma ereção se não a amedrontasse ou infligisse dor a ela. Também usava ligaduras em volta do pescoço dela enquanto fazia sexo anal, além de garrafas e espetos.

Sua personalidade era do tipo dominadora. Escolhia a maneira com que a esposa deveria se vestir e pentear, e nos últimos tempos a isolou completamente dos amigos. Um amigo íntimo de Bernardo, Van Smirnis, declarou ter assistido às várias vezes em que o amigo tratou Karla com total falta de respeito.

> Homem, branco, limpo e bem-vestido, comportava-se
> bem e estava sempre impecável em encontros sociais.
> Mudava de aparência à noite, quando caçava suas vítimas.

Era colecionador compulsivo e usuário de pornografia. Além dos vídeos pornográficos que fazia dele mesmo e da esposa, Bernardo colecionava videoteipes de todos os eventos que filmava.

Os troféus colecionados das vítimas são perversamente gratificantes para os criminosos e fonte para suas fantasias. Em sua casa, foram encontrados sapatos, roupas íntimas, joias, carteiras e identidades. As investigações revelaram que cada vítima perdeu itens durante o ataque de Bernardo, inclusive cabelos da cabeça e do púbis.

As datas em que Mahaffy e French foram assassinadas coincidem com o período em que Bernardo e Homolka foram viver juntos e se casaram (fevereiro e junho de 1991).

Em pelo menos um caso do "Estuprador de Scarborough", Bernardo disse à vítima que a tinha observado antes, dentro de sua própria casa. Outras vítimas declararam ter recebido telefonemas obscenos depois do ataque que sofreram.

Em 93% dos casos envolvendo sádicos sexuais, os crimes são planejados com cuidado. A vigilância sobre Bernardo estabeleceu que ele caçava suas vítimas dia e noite. O método como se livrou do corpo de Mahaffy indica planejamento. As condições de limpeza do corpo de French, eliminando qualquer evidência, também. Bernardo chegava a obrigar suas vítimas a engolir seu sêmen para que qualquer amostra biológica fosse destruída.

Os casos documentados historicamente demonstram que criminosos como Bernardo não conseguem parar de estuprar e matar por vontade própria. Só param quando são interrompidos por forças externas, como ser preso, hospitalizado, morto etc.

Em 8 de março de 2001, o Conselho Nacional de Condicional do Canadá resolveu, em Ottawa, não dar liberdade condicional para Karla Homolka, que mudou seu nome para Karla Teale. Concluíram que, se solta, ela poderia ainda cometer crimes, causando morte ou sério mal a outra pessoa. Recomendaram que Karla Teale permanecesse em reclusão até o final de sua sentença, em julho de 2005.

Nessa data, então, sem mais recursos legais que permitissem a continuidade de sua reclusão, Karla Homolka, agora Teale, foi libertada depois de ter cumprido integralmente sua pena. Algumas condições foram exigidas para que sua soltura fosse concretizada, como não se casar com criminosos e jamais ficar em posição de autoridade ante crianças menores de 16 anos.

Em 2006, Karla, agora Leanne Teale e casada com Thierry Bordelais, tornou-se mãe de um menino. Vive em Quebec, no Canadá.

THEODORE ROBERT BUNDY

2.

Nascimento: 24 de novembro de 1946
Local: Burlington, Vermont, EUA
Morte: 24 de janeiro de 1989
Altura: 1,78 m
Cônjuge: Carole Ann Boone
Filiação: Johnny Culpepper Bundy
e Eleanor Louise Cowell

▶ 1946.

THEODORE ROBERT BUNDY
O CIDADÃO ACIMA DE QUALQUER SUSPEITA

> "A fantasia que acompanha e suscita a antecipação que precede o crime é sempre mais estimulante que a sequela imediata do crime em si." – **Ted Bundy**

Psicopatas são mentirosos crônicos e Ted Bundy, um dos mais famosos serial killers do mundo, não era uma exceção. Sua vida era uma farsa tão bem construída que, apesar de ter matado inúmeras mulheres, havia sido capaz de manter um longo relacionamento íntimo com Meg Anders, ajudando-a a criar sua filha. Também trabalhava em um centro de atendimento a suicidas — algo equivalente ao Centro de Valorização da Vida (CVV) no Brasil —, cujo *staff* chegou a provocá-lo por sua semelhança com o retrato falado de "um serial killer". Ninguém pensou, por um só momento, que aquele voluntário que já tinha salvado tantas vidas pudesse ser um assassino. Bundy também trabalhou em muitas campanhas políticas para o Partido Republicano, em que muitos achavam que ele próprio seria candidato a governador algum dia.

Enganou a todos à sua volta. No fim, alegava ter se convertido ao cristianismo e se arrependido de seus pecados, mas foi executado sem contar a ninguém a localização dos corpos de algumas de suas vítimas. Deixou sem solução vários crimes que, suspeita-se, sejam de sua autoria, mas fez questão de não esclarecê-los; nem negou nem confessou. Todos têm muita semelhança com seu *modus operandi* e assinatura. Em muitos, ele estava perto do local dos crimes quando aconteceram, sempre em épocas de grande estresse em sua vida pessoal. Coincidência? Ted Bundy levou esse segredo para o túmulo. Os pais dessas vítimas não conseguiram jamais acreditar em sua regeneração, pois nunca puderam enterrar os corpos de suas filhas queridas.

Em inúmeras entrevistas, disse aos médicos que sua raiva pelas mulheres havia sido causada por sua mãe, que tinha a mesma aparência das vítimas quando era jovem. Os testes psicológicos revelaram que Ted Bundy tinha uma personalidade própria dos esquizofrênicos: mudança de humor repentina, impulsividade, falta de emoções, necessidade de aparecer, ataques de histeria, dupla personalidade, depressão, complexo de inferioridade, imaturidade, mentiras nas quais acreditava, obsessão, egocentrismo, adaptação de falsa realidade, mania de perseguição.

Em seus depoimentos, contou que estrangulava suas vítimas olhando-as nos olhos. Depois, com a ajuda de uma serra de metal, desmembrava seus corpos pelas juntas e cortava-lhes a cabeça. Cortava também as mãos das vítimas e como suvenir guardava-as em uma sacola que carregava com ele por dias. Isso o fazia se sentir poderoso e fora do alcance da polícia.

Segundo algumas fontes, Bundy guardava a cabeça de suas vítimas em sua casa, até que incinerava os crânios na lareira e aspirava as cinzas. Vestia suas vítimas com roupas de sua escolha depois de matá-las e chegou-se a dizer que comia a carne delas. Manteve uma vítima com ele durante nove dias.

Para enganar jovens inocentes, além de usar gesso no braço ou na perna, fingia mancar e adotava vários sotaques diferentes. Tinha um fusca preparado para capturar suas vítimas: o banco do passageiro da frente não existia, assim como o trinco da porta do mesmo lado. Homem de excelente aparência e nível intelectual e cultural indiscutível, abordava estudantes sempre carregado de livros ou outros objetos, pedindo sua ajuda para levar as coisas até seu carro, uma vez que estava com a perna ou o braço "quebrado". A fragilidade era falsa. Usando o instinto solidário das mulheres em geral e a confusão que o ser humano faz entre beleza e bondade, levava sua vítima até seu carro e abria a porta do passageiro para que ela acomodasse suas coisas no banco de trás. A pessoa que o ajudava não tinha opção: para completar a tarefa acabava entrando com meio corpo dentro do carro, de modo a alcançar o banco. Nesse momento, Bundy as empurrava para dentro rapidamente e batia a porta, arrancava o falso gesso e entrava no carro, algemando-as ou desacordando-as, enquanto, desesperadas, descobriam que na porta de saída do veículo não havia trinco. O destino dessas moças estava selado.

Theodore Bundy casou-se com Carol Boone e chegou a ter um filho enquanto esperava sua execução no corredor da morte.

Confessou, antes de ser executado, 11 assassinatos no estado de Washington, oito em Utah, três no Colorado, dois no Oregon, três na Flórida, dois em Idaho e um na Califórnia.

Sua frase mais famosa?
"Nós, serial killers, somos seus filhos, seus maridos, estamos em toda parte. E haverá mais de suas crianças mortas amanhã. Vocês sentirão o último suspiro deixando seus corpos. Vocês estarão olhando dentro de seus olhos. Uma pessoa nessa situação é Deus!..."[1]

Ted Bundy ficou conhecido como o "Picasso" dos serial killers.

[1] "We serial killers are your sons, we are your husbands, we are everywhere. And there will be more of you children dead tomorrow. You feel the last bit of breath leaving their body. You're looking into their eyes. A person in that situation is God!..."

UP FRONT

THE ENIGMA OF TED BUNDY: DID HE KILL 18 WOMEN? OR HAS HE BEEN FRAMED?

Margaret Bowman, like most of the victims linked to Bundy, had long dark hair. She was beaten and strangled in her Florida sorority house.

Toothmarks on Lisa Levy's body provided disputed evidence in Bundy's conviction.

Nurse Caryn Campbell was murdered while on a ski vacation in Aspen, Colo.

Carol DaRonch fought off her kidnapper and later identified him as Bundy in court.

Bundy goes on trial this week for the slaying of 12-year-old Kimberly Leach in Florida.

He was a son any mother would be proud to call her own, a handsome six-footer who became the first in his family to graduate from college, then began studying for a career in the law. Women found him charming, his nieces and nephews adored him. At a Seattle crisis clinic, he was a sympathetic counselor; as an assistant director of the Seattle Crime Prevention Advisory Commission, he wrote a rape-prevention pamphlet for women. When he chased and caught a purse snatcher in a shopping mall, letter of gratitude. "Everything I saw about him would recommend him," says his ex-boss Ross Davis, former state Republican chairman. "If you can't trust someone like Ted Bundy, you can't trust anyone —your parents, your wife, anyone."

Beyond the serenity of Bundy's early years, however, lurked a grisly turn of events. Today, at 33, Ted Bundy has been convicted of two brutal murders in Florida and is scheduled to go on trial next week for a third. In addition, his name has been linked by police and pros-

OS CRIMES

No ano 1974, vários crimes com semelhanças impressionantes começaram a acontecer em três estados americanos, simultaneamente: Washington, Utah e Oregon. As vítimas, todas garotas de idade parecida, sumiam sem deixar pistas. Eram estudantes universitárias, brancas, magras, solteiras, cabelos repartidos ao meio e usavam calça comprida na ocasião de seu desaparecimento. Todas desapareceram durante a noite.

Muitos colegas de faculdade das vítimas declararam, em seus depoimentos, ter visto um estranho no campus da universidade, de perna ou braço quebrado. Aparentemente, ele andava carregado de livros e pedia ajuda para jovens mulheres para levá-los até o carro. Outra testemunha disse ter visto um homem engessado pedindo ajuda para consertar seu carro, que não dava partida. O carro era um Fusca. Por coincidência, nas proximidades das casas das vítimas, também havia sido visto um homem com a perna ou braço engessado.

Em 18 de outubro daquele ano, Melissa Smith, 17 anos, que morava com os pais, filha do chefe de polícia da cidade mórmon de Midvale, desapareceu a caminho de uma pizzaria, onde ia encontrar uma amiga. Toda a polícia da região ajudou nas investigações daquele estranho fato, pois era de conhecimento notório que Melissa era uma menina muito informada sobre os riscos da violência. Dificilmente ela cairia em um golpe fácil, uma vez que sempre tomava os cuidados básicos de segurança que tão bem conhecia.

Nove dias depois do desaparecimento e de buscas intensas, seu corpo foi encontrado perto do Summit Park, nas montanhas Wasatch. Havia sido espancada com gravidade, principalmente na cabeça, por algum tipo de alavanca de metal. A necropsia constatou tortura, ataque sexual e estrangulamento.

Toda a polícia de Utah ficou muito sensibilizada com o caso e horrorizada com o sofrimento imposto à filha do colega antes de ser morta. Ficaram atentos a qualquer pista que pudesse surgir.

As semelhanças com os assassinatos nos estados de Washington e Oregon logo foram percebidas pela polícia de Utah. Os investigadores trocaram informações e concluíram que os crimes estavam sendo cometidos pelo mesmo homem. Mais um assassino em série estava à solta.

Por meio das testemunhas que haviam visto o homem engessado, que dissera chamar-se "Ted", a polícia fez um retrato falado do suspeito e o divulgou em toda a mídia.

Desde 1969, Ted Bundy estava "casado" com Meg Anders. Assim que Lynn Banks, amiga de Meg, viu o retrato falado do suspeito no jornal, reconheceu nele o marido de Meg. Contatou a colega, que, seguindo seus conselhos, procurou a polícia. Ela não foi a única. Naquele outono de 1974, outras pessoas reconheceram Ted Bundy como a pessoa retratada. Por ironia, todos os depoimentos dados à polícia reconhecendo-o foram engavetados e esquecidos. Bundy era um respeitável cidadão e a polícia achou que ali deveria haver algum engano: aquele homem estava acima de qualquer suspeita.

Como muitas vezes acontece em histórias como essa, o destino colocou sua mão no decorrer dos acontecimentos, quando Carol DaRonch, 18 anos, foi atacada.

Carol DaRonch estava na livraria Waldens em um shopping na cidade de Murray, Utah, escolhendo livros. Enquanto vagava distraída entre as prateleiras, um homem que se identificou como segurança do shopping, oficial Roseland, abordou-a perguntando se ela havia estacionado seu carro perto da Sears. Ela confirmou. Ele então pediu o número da placa do carro. Ela deu. Disse então que alguém tentara arrombar o carro no estacionamento e prontificou-se a acompanhá-la até lá para verificar se algo havia sido roubado. Carol não parou para pensar como ele a havia localizado entre todas as pessoas do shopping center.

A inocente garota foi com ele até o carro e não encontrou nada de errado, mas o oficial Roseland não estava satisfeito. Queria acompanhar a moça até a delegacia para que ela desse queixa do arrombamento. Esse era o procedimento-padrão, segundo ele. A moça, sem perceber nada de errado naquilo, concordou.

Também a orientou a acompanhá-lo em seu carro, com a finalidade de não destruir provas para o caso de a perícia querer averiguar. Ela novamente concordou.

Quando chegaram ao carro do oficial, um Fusca, Carol desconfiou. Pediu a identificação do segurança, que sem demora mostrou-lhe um distintivo dourado e entrou no carro com ela. Assim que saíram do estacionamento do shopping center, tomaram o rumo oposto ao da delegacia. Sentindo que algo estava errado e já apavorada com a situação, Carol reagiu mal quando o indivíduo tirou do bolso um par de algemas e tentou prendê-las em seu pulso. Começou a lutar desesperadamente e, na confusão, o homem prendeu as duas algemas no mesmo pulso de Carol, mas ela silenciou quando ele sacou um revólver e a ameaçou de morte se continuasse a fazer escândalo.

A vítima foi puxada para fora do carro e ameaçada com uma alavanca de metal. Já do lado de fora, desesperada e sem alternativa, acertou o oficial entre as pernas com o joelho e saiu correndo como nunca... Um casal que vinha pela estrada avistou uma moça correndo e parou o carro, socorrendo-a. Ela entrou o mais rápido que conseguiu, gritando histericamente que tinham acabado de tentar matá-la.

O casal levou Carol DaRonch para a delegacia mais próxima. Ela seria uma das testemunhas mais importantes no caso Ted Bundy. Ao chegar à delegacia, Carol ainda soluçava. Pendia de seu pulso o par de algemas colocado pelo maníaco. Ela relatou todos os fatos aos policiais, mas nenhum "oficial Roseland" foi encontrado. Foram até o local de onde Carol fugira, mas estava tudo deserto. Quem quer que a tivesse atacado já havia ido embora. A polícia obteve uma descrição do suspeito e de seu carro e, do casaco da moça, uma amostra de sangue. Depois se constataria que o sangue não era de Carol DaRonch. Só podia ser do criminoso. O sangue era tipo O, infelizmente comum demais.

Na mesma noite, Jean Graham estava dirigindo uma peça de teatro no Viewmont High School, em Bountiful, Utah, quando foi abordada por um homem que lhe pediu ajuda para identificar um carro. Ela se recusou, dizendo estar muito ocupada. O homem voltou mais duas vezes, insistindo em ser ajudado. Ela se recusou novamente.

Debra Kent, 17 anos, estava naquele mesmo teatro, assistindo ao espetáculo com seus pais, mas saiu mais cedo para buscar o irmão no boliche. Ela pediu aos pais que a esperassem ali, pois em poucos minutos voltaria para pegá-los. Jamais chegou ao seu carro. A única pista encontrada perto do veículo ainda estacionado na escola foi uma pequena chave de algemas. Por incrível que pudesse parecer, as chaves encontradas ali abriram as algemas de Carol DaRonch.

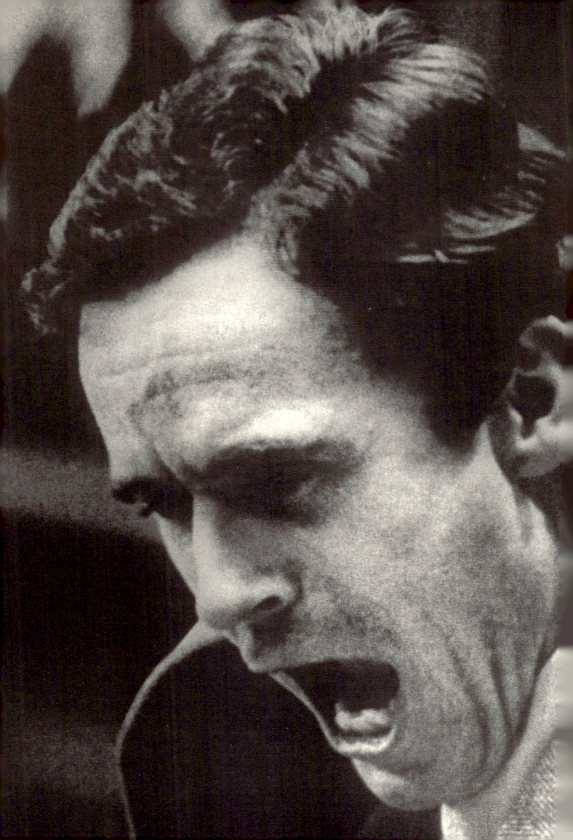

Ainda durante as investigações sobre o caso, um homem telefonou para a polícia dizendo ter visto um Fusca sair em alta velocidade do estacionamento do auditório da escola, na noite do desaparecimento de Debra.

Carol DaRonch e Jean Graham seriam testemunhas vitais nas investigações e no julgamento de Ted Bundy. Em 1975, um guarda rodoviário em uma autoestrada de Utah estranhou um Fusca rodando perto de Salt Lake. Nas cidades pequenas onde policiais rodoviários têm rondas de itinerário fixo, eles acabam tendo um excelente conhecimento dos moradores e frequentadores da região e o guarda não conhecia ninguém que tivesse um carro como aquele. Ao indicar para o motorista que encostasse o carro, a fim de fazer uma verificação que deveria ser apenas rotineira, espantou-se com a reação do motorista: ele apagou todas as luzes do veículo e saiu desabalado, em fuga.

Quando conseguiu detê-lo, o guarda pediu os documentos do motorista e verificou que se tratava de Theodore Robert Bundy. Pediu que o homem descesse do veículo, para examinar seu interior e alarmou-se ao perceber que não havia banco do passageiro. No banco de trás encontrou uma alavanca de metal, uma máscara de esqui, corda, algemas, arame e um picador de gelo. Bundy foi preso imediatamente por suspeita de roubo e levado à delegacia.

Ao ser fotografado na delegacia, os policiais perceberam sua semelhança com o suspeito que tinha atacado Carol DaRonch. As algemas encontradas no carro de Bundy eram do mesmo tipo e marca daquelas encontradas no pulso de Carol e o carro, igual ao descrito por ela. A alavanca de metal encontrada no Fusca também era similar àquela descrita pela moça no boletim de ocorrência. Todos os dados também se encaixavam perfeitamente nos assassinatos de Melissa Smith, Laura Aime e Debra Kent.

Meg Anders, com quem Ted Bundy morava, logo foi chamada para dar seu depoimento para a equipe de polícia que investigava os crimes, ajudando a montar o perfil dele ao relatar hábitos e características de personalidade, agora suspeito de vários crimes. Nas datas apresentadas pelos investigadores, Meg não sabia onde Bundy estava, o que parecia ser comum, pois ele dormia de dia e saía à noite, horário em que ela dormia.

Várias outras informações dadas por ela também faziam muito sentido dentro daquela investigação: o interesse do parceiro por sexo havia diminuído muito no último ano, ele tinha estranhas fantasias de sexo e escravidão, guardava em casa gesso para bandagens e possuía uma machadinha. Mas a

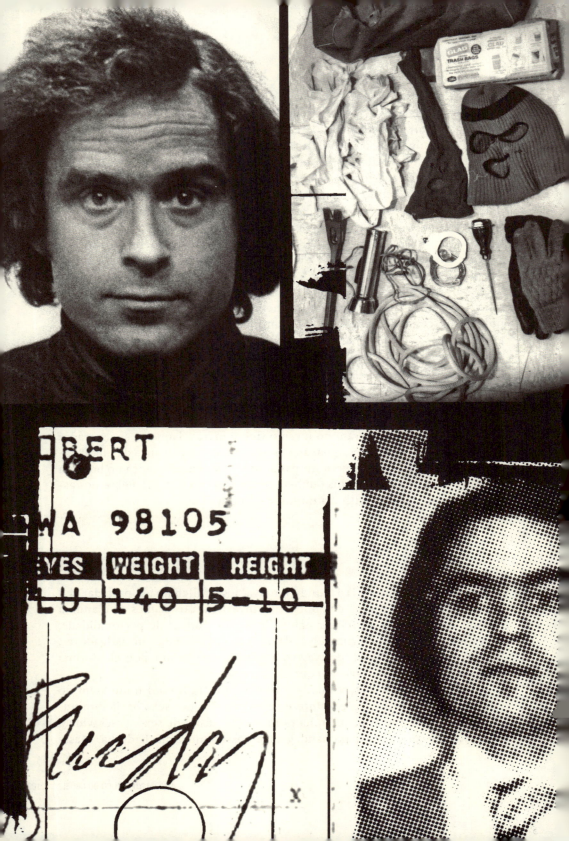

WANTED BY THE FBI

INTERSTATE FLIGHT - MURDER

THEODORE ROBERT BUNDY

DESCRIPTION

Born November 24, 1946, Burlington, Vermont (not supported by birth records); Height, 5'11" to 6'; Weight, 145 to 175 pounds; Build, slender, athletic; Hair, dark brown, collar length; Eyes, blue; Complexion, pale / sallow; Race, white; Nationality, American; Occupations, bellboy, busboy, cook's helper, dishwasher, janitor, law school student, office worker, political campaign worker, psychiatric social worker, salesman, security guard; Scars and Marks, mole on neck, scar on scalp; Social Security Number used, 533-44-4655; Remarks, occasionally stammers when upset; has worn glasses, false mustache and beard as disguise in past; left-handed; can imitate British accent; reportedly physical fitness and health enthusiast.

CRIMINAL RECORD

Bundy has been convicted of aggravated kidnaping.

CAUTION

BUNDY, A COLLEGE-EDUCATED PHYSICAL FITNESS ENTHUSIAST WITH A PRIOR HISTORY OF ESCAPE, IS BEING SOUGHT AS A PRISON ESCAPEE AFTER BEING CONVICTED OF KIDNAPING AND WHILE AWAITING TRIAL INVOLVING A BRUTAL SEX SLAYING OF A WOMAN AT A SKI RESORT. HE SHOULD BE CONSIDERED ARMED, DANGEROUS AND AN ESCAPE RISK.

FBI/DOJ

informação mais valiosa foi a de que Bundy havia visitado Lake Sammamish Park em julho, onde supostamente havia ido praticar esqui aquático. Uma semana depois da estada dele registrada lá, Janice Ott e Denise Naslund foram declaradas desaparecidas.

Lynda Ann Heally | 1952-1974

OUTRAS EVIDÊNCIAS FORAM CORRELACIONADAS, FAZENDO DE BUNDY UM SUSPEITO POTENCIAL:

1ª EVIDÊNCIA Lynda Ann Heally foi ligada a Bundy por intermédio de uma prima dele, amiga em comum, além do fato de terem feito algumas aulas de Psicologia juntos na Universidade de Washington.

2ª EVIDÊNCIA Testemunhas oculares o viram em Lake Sammamish Park quando do desaparecimento de Ott e Naslund e posteriormente o reconheceram por fotografia.

3ª EVIDÊNCIA Ele havia frequentado durante algum tempo as montanhas Taylor, onde os diversos crânios de vítimas de assassinato haviam sido encontrados.

Sem perder tempo, os investigadores cruzaram suas faturas de cartão de crédito com os locais e datas dos crimes e descobriram que ele estava em cada cidade na data certa do desaparecimento de uma estudante.

Também foram verificados registros médicos para confrontar as informações de testemunhas que viram o suspeito engessado em datas específicas, mas nenhuma ocorrência desse tipo foi comprovada.

Apesar de continuar a alegar inocência, Theodore Robert Bundy foi levado a julgamento em 23 de fevereiro de 1976 pelo sequestro de Carol DaRonch e considerado culpado por sequestro com agravantes. Foi sentenciado a 15 anos de prisão, com possibilidade de condicional.

Bundy passou, então, por uma avaliação psicológica. Seu histórico era bastante interessante...

Segredos de família costumam causar danos às pessoas envolvidas, incluindo-se aqui as gerações seguintes. Não foi diferente na história da família Cowell. A filha do casal, Louise, envolveu-se em um relacionamento com um veterano da Força Aérea Americana e, assim como muitas adolescentes mundo afora, engravidou de um homem que jamais veria novamente. Para salvaguardar a "honra" da menina, seus pais assumiram a criação do bebê, nascido em 24 de novembro de 1946, fazendo com que a sociedade local e a própria criança acreditassem que Louise tinha "ganhado um irmãozinho".

A primeira infância do menino Theodore Robert Cowell foi em um lar onde a violência doméstica acontecia de forma contumaz. Ele assistiu às muitas das vezes em que seu "pai" violento espancava a "mãe".

Aos quase 5 anos de idade, a "irmã" Louise casou-se com John Culppeper Bundy, mudou-se para outra cidade e levou o filho biológico, sem lhe contar a verdade. Apesar de o padrasto ter adotado Ted oficialmente e das várias tentativas de aproximar-se dele, isso nunca foi possível. Para Theodore Robert Bundy, seu pai sempre seria o avô e ele jamais perdoaria o casal por tê--lo separado da pessoa que mais amava no mundo.

Ted foi uma criança isolada, tímida e insegura. Cuidava dos quatro irmãos menores e divertia-se mutilando animais. Na escola, era uma criança "diferente" e muitas vezes alvo de brincadeiras e humilhações, mas seu rendimento escolar sempre foi altíssimo. Era educado, elegante e tido como muito inteligente. Passou por várias profissões, mas nunca permanecia durante muito tempo no mesmo emprego; era profissionalmente bastante instável, tanto no tipo de atividade quanto no tempo de serviço.

Em 1967, aos 21 anos, Bundy se apaixonou por uma garota de classe social mais alta que a dele. Esquiavam, viajavam, um namoro como tantos outros. Foi o grande amor da vida de Ted, mas um ano depois ela o dispensou, rejeição da qual ele não se recuperou. Depois de perder o interesse pelos estudos e amargar uma depressão, ainda tentou, de forma obsessiva, manter contato com ela, que já não tinha nenhum interesse no relacionamento.

Para agravar sua precária situação emocional, foi naquele mesmo ano que Ted ficou sabendo o grande segredo de família: sua irmã era sua mãe, seus avós não eram seus pais. Depois da descoberta, tornou-se mais frio e com uma maior necessidade de estar no controle. Sua busca de ser o melhor em tudo parecia interminável. Retomou os estudos e graduou-se em Psicologia com honra ao mérito.

Em 1969, iniciou seu relacionamento com Meg Anders e foi morar com ela, mas continuava seus eventuais contatos com a primeira namorada. Começou a estudar direito, trabalhava em campanhas políticas para o Partido Republicano e chegou a ser condecorado por salvar uma criança vítima de afogamento em Seattle.

Em 1973, durante uma viagem para o Partido Republicano, Ted e a primeira namorada se encontraram novamente, na Califórnia. Fez tudo para reconquistá-la e conseguiu, só para logo depois descartá-la da mesma maneira que ela havia feito com ele no passado. Meg Anders jamais soube do duplo relacionamento e a moça da Califórnia não ouviu mais falar dele até ver seu rosto estampado em todos os jornais como um dos mais prolíficos assassinos dos Estados Unidos.

Segundo o livro de Anne Rule, *The Stranger Beside Me*, no relatório final constava que Bundy era "psicótico, neurótico, vítima de doença cerebral orgânica, alcoólatra, viciado em drogas e sofredor de um tipo de amnésia". Concluíram que ele tinha forte dependência de mulheres e medo de ser humilhado em seus relacionamentos com elas.

Enquanto Bundy estava detido na Prisão Estadual de Utah, os investigadores tentavam coletar provas que o ligassem aos assassinatos de Caryn Campbell e Melissa Smith. Fios de cabelo encontrados em seu carro foram examinados por peritos do FBI, que concluiu que eram similares aos cabelos das vítimas. As marcas de ferimentos deixadas na cabeça de Campbell também combinavam com a alavanca de metal encontrada no carro de Bundy. No fim do ano 1976, ele foi formalmente acusado pelo assassinato de Caryn Campbell, no estado do Colorado.

Em 1977, aproveitando a transferência de penitenciária para o Colorado, onde aguardaria o próximo julgamento, Bundy solicitou licença especial para pesquisar na biblioteca da cidade de Aspen, uma vez que defenderia a si mesmo. Não demorou em elaborar um plano de fuga, que executou com êxito no mês de junho. A alegria durou apenas seis dias, quando foi recapturado.

Seis meses depois do fracasso, conseguiu fugir novamente, dessa vez com um plano mais elaborado. Quando descobriram que o prisioneiro não estava mais em sua cela na Garfield County Jailiand, ele já estava longe!

Em 1978, instalou-se na Flórida sob a identidade de Chris Hagen e alugou um apartamento de apenas um quarto em Tallahassee, onde ninguém sabia nada sobre ele ou seu passado. Sua lista de crimes agora incluía furto e roubo, desde cartões de crédito até comida. Seus dias se resumiam a assistir a aulas como ouvinte na Universidade Estadual da Flórida, onde caçava novas vítimas potenciais.

Foi assim que, na noite do dia 14 de janeiro, chegou à porta da Fraternidade Chi Omega, onde moravam várias estudantes. Lá atacou Karen Chandler, de quem quebrou os dentes, a mandíbula e o crânio, além de esmagar-lhe os dedos e ter provocado vários cortes. Kathy Klein também foi atingida. Estava viva, mas em péssimo estado. Sangue em abundância saía de ferimentos em sua cabeça, havia lacerações e furos por toda a face, seus dentes estavam quebrados, a mandíbula, fraturada em três locais, e tinha a marca de uma chicotada no pescoço.

Quando a polícia chegou ao local, constataram que Lisa Levy e Margaret Bowman, estudantes moradoras da fraternidade, eram vítimas de homicídio; foram atacadas enquanto dormiam. A necropsia revelou que Lisa havia sido espancada na cabeça com um pedaço de pau, estuprada e estrangulada. Sua clavícula esquerda estava fraturada. Encontraram também marcas de mordidas em sua nádega esquerda e no mamilo direito. Na verdade, seu mamilo foi tão mordido que estava praticamente descolado do seio. Dentro da vagina da garota encontraram um frasco de spray para cabelo Clairol. As marcas de mordida foram fotografadas e guardadas como provas.

A necropsia de Margaret Bowman mostrou que ela havia sofrido os mesmos tipos de ferimentos fatais de Lisa, mas não tinha sido estuprada ou mordida e sim estrangulada com uma cinta-liga, encontrada mais tarde no local do crime. Nem Lisa nem Margaret mostravam sinais de luta com seu agressor, ou seja, não reagiram ao ataque que sofreram.

Naquela noite, a polícia trabalhou bastante. Ainda quando estavam atendendo as estudantes da Fraternidade Chi Omega, chegou outro chamado, de local não muito longe dali. Outra moça havia sido atacada, Cheryl Thomas, que sobrevivera mesmo depois de sofrer cinco fraturas no crânio, fratura de mandíbula e deslocamento do ombro esquerdo. Ficou surda permanentemente e jamais conseguiu manter o equilíbrio por causa de danos neurológicos. A única evidência válida que encontraram foi uma máscara de esqui aos pés da cama.

As entrevistas com as sobreviventes não ajudaram nas investigações. Nenhuma das garotas se lembrava de nada, pois estavam dormindo quando as amigas foram atacadas. A única testemunha ocular era outra estudante, Nita Neary, que tinha visto apenas o perfil do criminoso.

A última vítima de Ted Bundy foi Kimberly Leach, 12 anos, que sumiu da porta da escola em que estudava. Seu corpo foi encontrado oito semanas depois, como de hábito em um parque estadual, dessa vez o de Suwannee, na Flórida. Estava em adiantado estado de decomposição.

Bundy logo sentiria novamente a mão do destino em sua vida. Dirigindo uma van roubada, aproximou-se da menina Leslie Parmenter, 14 anos, enquanto ela esperava que o irmão fosse buscá-la na escola. Disse ser do corpo de bombeiros e perguntou se ela estudava na escola ao lado. Leslie era uma garota bem preparada para enfrentar a violência, como Melissa Smith, e teve mais sorte. Filha do chefe dos detetives da polícia de Jacksonville, estranhou o fato de o "bombeiro" estar trabalhando à paisana e não respondeu, mas anotou a placa do carro dele e foi embora com o irmão. Ao chegar à

INTERSTATE FLIGHT - MURDER
WANTED BY FBI
THEODORE ROBERT BUNDY

TOP TEN

FBI No. 251,163 P2
4 1 1R III 1
L 17 U 011

Aliases: Rex Bundy, Ted Bundy, Ted Cowell, Theodore Robert Cowell, Theodore Robert Nelson, Bundy

NCIC: P154081311191205113

  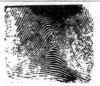 

Photographs taken 1977

DESCRIPTION
- **AGE:** 31, born November 24, 1946, Burlington, Vermont (not supported by birth records)
- **HEIGHT:** 5'11" to 6'
- **WEIGHT:** 145 to 175 pounds
- **HAIR:** dark brown, collar length
- **BUILD:** slender, athletic
- **EYES:** blue
- **COMPLEXION:** pale/sallow
- **RACE:** white
- **NATIONALITY:** American
- **OCCUPATIONS:** bellboy, busboy, cook's helper, dishwasher, janitor, law school student, office worker, political campaign worker, psychiatric social worker, salesman, security guard
- **SCARS AND MARKS:** mole on neck, scar on scalp
- **REMARKS:** occasionally stammers when upset; has worn glasses; false mustache and beard as disguise in past; left-handed; can imitate British accent; reportedly physical fitness and health enthusiast
- **SOCIAL SECURITY NUMBER USED:** 5

CRIMINAL RECORD
Bundy has been convicted of aggravated kidnaping.

CAUTION
BUNDY, A COLLEGE EDUCATED SKI AND TENNIS ENTHUSIAST WITH A PRIOR HISTORY OF ESCAPE, IS BEING SOUGHT AS A PRISON ESCAPEE AFTER BEING CONVICTED OF KIDNAPING AND WHILE AWAITING TRIAL INVOLVING BRUTAL SEX SLAYING OF WOMAN AT SKI RESORT. HE SHOULD BE CONSIDERED ARMED, DANGEROUS AND AN ESCAPE RISK.

A Federal warrant was issued on January 5, 1978, at Denver, Colorado, charging Bundy with unlawful interstate flight to avoid prosecution for the crime of murder (Title 18, U. S. Code, Section...

IF YOU HAVE INFORMATION CONCERNING THIS PERSON, PLEASE CONTACT YOUR LOCAL FBI OFFICE. TELEPHONE NUMBERS AND ADDRESSES OF ALL FBI OFFICES LISTED ON BACK.

Identification Order 4775
February 1, 1978

Clarence M. Kelley
Director
Federal Bureau of Investigation
Washington, D.C. 20535

INTERSTATE FLIGHT - MURDER
WANTED BY FBI
THEODORE ROBERT BUNDY

casa, contou toda a história ao pai, além de entregar a ele suas anotações. Ao checar a placa do veículo, o detetive James Parmenter investigou e descobriu que o carro era roubado e levou os filhos até a delegacia para que vissem álbuns de fotografias de procurados. Os irmãos reconheceram Ted Bundy logo que viram seu retrato.

Nessa altura dos acontecimentos, o criminoso já havia roubado outro carro, dessa vez um Fusca laranja, e rumava para a cidade de Pensacola. Como em Salt Lake anos antes, um patrulheiro local estranhou aquele carro rondando sua vizinhança e resolveu verificar o registro das placas por rádio. Quando soube que se tratava de veículo roubado, perseguiu-o até capturá-lo.

A equipe de investigação encontrou várias provas do envolvimento de Ted Bundy nos assassinatos de Kimberly Leach [*foto*]:

1ª PROVA A van roubada foi recuperada e fibras da roupa do suspeito foram achadas ali.

2ª PROVA Havia sangue do mesmo grupo sanguíneo da vítima no tapete do veículo.

3ª PROVA Na roupa da menina, que havia sido encontrada junto ao corpo, foram constatadas manchas de sêmen do mesmo tipo sanguíneo do suspeito.

4ª PROVA As pegadas que haviam sido moldadas a partir das marcas no solo do local do crime também combinavam perfeitamente com os sapatos que Bundy usava.

Em 31 de julho de 1978, Theodore R. Bundy foi acusado do assassinato de Kimberly Leach. Logo depois, foi acusado também pelas mortes de Lisa Levy e Margaret Bowman, da Fraternidade Chi Omega.

Foram marcados dois julgamentos para Ted Bundy, o primeiro em Miami, pelos crimes cometidos na Fraternidade Chi Omega, e o segundo na cidade de Orlando, pelo assassinato de Kimberly Leach.

Em Miami, Bundy defendeu-se sozinho. Era muito arrogante e autoconfiante em sua habilidade em convencer o júri de sua inocência, mas estava completamente enganado: o testemunho de Nita Neary, que o reconheceu como o homem que descia as escadas da fraternidade armado com um pedaço de pau, e o testemunho técnico do odontologista dr. Richard Souviron destruíram suas mentiras. Enquanto depunha, o dr. Souviron descreveu as marcas de mordida encontradas no corpo de Lisa Levy e mostrou fotografias em escala natural, tiradas na noite do assassinato. As fotos foram comparadas com moldes odontológicos de Bundy e combinavam nos detalhes únicos e individuais que cada ser humano tem. Para ele, não havia nenhuma dúvida de que o autor daquelas mordidas em Lisa Levy era o réu.

O maior problema no processo forense utilizado para provar que as mordidas no corpo da vítima eram de Ted Bundy foi o fato de duas marcas aparecerem no mesmo local: cada uma delas tinha de ser "separada" para uma análise independente, e cada arcada e seus respectivos dentes tinham de ser definidos. No caso em questão, as mordidas não eram concêntricas. Foi utilizado um processo em que as marcas foram fotografadas em duas transparências separadas e sobrepostas. Sobre a primeira delas, por meio de um desenho à mão, foi dado "volume" aos dentes frontais da arcada inferior do agressor. Na segunda transparência, foi desenhada a borda dos dentes dele. Essa prova técnica, apresentada de forma didática ao júri, conectando-o sem sombra de dúvida ao crime, destruiu sua defesa.

Em 23 de julho de 1979, depois de quase sete horas de deliberação, o júri considerou Ted Bundy culpado. O réu ouviu seu veredicto de culpado em todas as acusações sem o menor sinal de emoção. Também foi considerado culpado dos ataques contra Kathy Kleiner e Karen Chandler. Uma semana depois, na audiência para sentenciamento, Louise Bundy foi ouvida e pediu pela vida do filho, mas de nada adiantou. Ele foi condenado à morte em cadeira elétrica.

Em 7 de janeiro de 1980, iniciou-se o último julgamento de Ted Bundy, agora pelo assassinato de Kimberly Leach. Dessa vez ele não se defendeu sozinho. O trabalho foi feito pelos advogados Julius Africano e Lynn Thompson. A estratégia era provar a insanidade do acusado.

A promotoria não esperava dificuldades em condená-lo. Apresentou 65 testemunhas que conectavam o réu à vítima no dia de seu desaparecimento, conexão direta ou indireta.

Theodore Robert Bundy foi mais uma vez considerado culpado e condenado à morte em cadeira elétrica, mas não sem antes surpreender a todos na fase de definição da sentença. Ao entrevistar a testemunha de defesa Carole Ann Boone, os dois trocaram votos de casamento. Na Flórida, todo acordo que se faz verbalmente sob juramento é suficiente para oficializá-lo, e réu e testemunha estavam agora casados legalmente.

Depois de muitas apelações, Ted Bundy foi eletrocutado em 24 de janeiro de 1989, aos 42 anos. Em sua última refeição, comeu um filé, ovos, purê de batatas e bebeu café.

Suas últimas palavras foram dirigidas à sua mãe. Ele desculpou-se por ter infligido a ela aquela dor e disse que um lado seu estava escondido todo o tempo. Do lado de fora, uma multidão gritava "*Frite, Bundy, Frite!*" e "*BBQ Ted*".[2] Em Tallahassee e Jacksonville, os habitantes se levantaram na hora da execução para acender uma vela em comemoração à sentença justa para o homem que matou várias de suas meninas.

Por ironia, foi uma mulher que abaixou a chave que ligou sua cadeira elétrica e deu fim à sua vida.

CASOS NÃO RESOLVIDOS

Os casos de homicídio descritos a seguir são supostamente obra de Ted Bundy, mas ele nunca os confessou. Todos têm muita semelhança com seu *modus operandi* e assinatura. Em muitos, ele estava perto dos locais dos crimes quando aconteceram e sempre em épocas de grande estresse em sua vida pessoal. Coincidência? Ted Bundy levou esse segredo para o túmulo.

ANN MARIE BURR, 9 anos. Desapareceu em agosto de 1961, em Tacoma, Washington. Sua casa ficava a apenas dez quarteirões do garoto Ted Bundy, então com 15 anos, e Ann o seguia por toda parte. A menina acordou certa noite para dizer aos pais que sua irmã não estava se sentindo bem e voltou para a cama. No dia seguinte, tinha desaparecido para sempre. A janela que dava para a frente da casa estava aberta.

LONNIE TRUMBELL, assassinada em 23 de junho de 1966, em Seattle, Washington. Foi espancada com brutalidade juntamente com sua colega de quarto. Não sobreviveu ao ataque.

LISA WICK, atacada em 23 de junho de 1966, em Seattle, Washington. Era aeromoça da United Airlines. Foi atacada de forma feroz e provavelmente só sobreviveu porque dormia com os cabelos enrolados com grandes bóbis de espuma.

2   BBQ = *barbecue*: fazer churrasco.

KILLER DIES WITH A SMILE ON HIS FACE

MONSTER Bundy

● The smirk that haunts families of his victims

● He gave a final nod and a grin to his attorney

THE GHOST of a smile hovers on the lips of mass killer Ted Bundy as he lies on a mortuary slab.

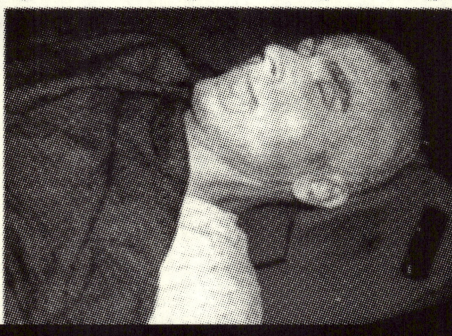

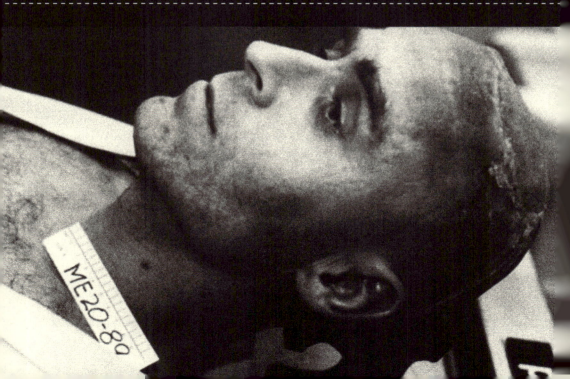

RITA CURRAN, assassinada em 19 de julho de 1971, em Burlington, Vermont. Essa tímida moça tinha longos cabelos escuros, era professora de crianças deficientes e, nas férias, trabalhava como arrumadeira em um hotel vizinho à casa em que Ted Bundy nasceu. Seu corpo nu foi encontrado por sua colega de quarto. Foi gravemente espancada, estrangulada e estuprada.

KATHERINE MERRY DEVINE, tinha 15 anos e foi vista pela última vez em Seattle, Washington, pegando uma carona rumo ao Oregon em 25 de novembro de 1973. Em 6 de dezembro de 1976, um casal que passeava no parque McKenny se deparou com o que parecia ser os restos mortais de uma pessoa. Chamou a polícia. Depois de examinada pelos médicos legistas, Kathy Devine foi identificada. Segundo o relatório da necropsia, morreu logo após iniciar sua jornada. A decomposição do corpo dificultou o estabelecimento da causa da morte, mas evidências sugerem que foi sodomizada e estrangulada. Também é possível que sua garganta tenha sido cortada. Sempre se acreditou que ela tivesse sido mais uma vítima de Ted Bundy.

Em 2002, quase trinta anos depois de seu assassinato e 13 anos após a execução de seu suposto assassino, essa vítima foi oficialmente retirada da lista de pessoas mortas por Bundy. Exames de DNA efetuados em amostras de sêmen guardadas por três décadas ligaram o crime a outro condenado, William E. Cosden Jr., 55 anos. Cosden foi condenado em 1976 e cumpria sentença de 48 anos por estupro, em Washington. Em 1967, já havia sido internado em hospital psiquiátrico depois de ter assassinado outra mulher em Maryland, mas foi liberado alguns anos depois. Principal suspeito nas investigações do caso Devine, foi liberado na época por falta de provas. Theodore Bundy jamais confessou ter assassinado a moça.

Em 31 de julho de 2002, William E. Cosden Jr. foi considerado culpado pelo assassinato de Katherine Merry Devine, com a recomendação do juiz para que nunca seja solto. É mais um caso de assassinato brutal resolvido com evidências irrefutáveis providas por teste de DNA.

7'0"

6'8"

6'6"

6'4"

6'2"

6'0"

5'8"

5'6"

5'4"

5'2"

5'0"

4'8"

4'6"

4'4"

03

RICHARD TRENTON CHASE

3.

Nascimento: 23 de maio de 1950
Local: Santa Clara County, Califórnia, EUA
Morte: 26 de dezembro de 1980
Altura: 1,80 m
Cônjuge: Solteiro

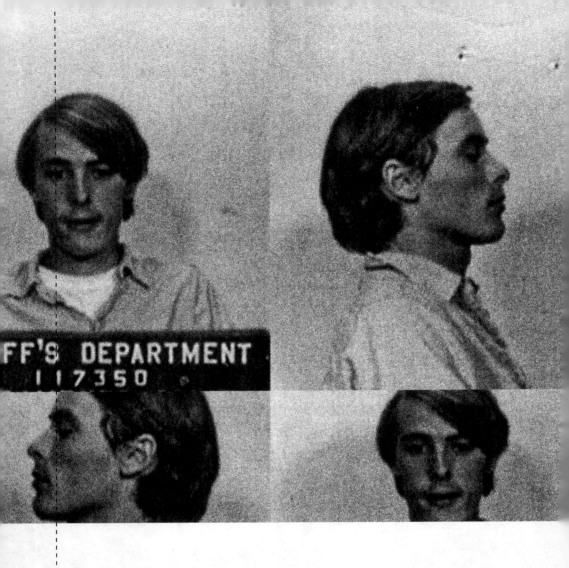

1950

RICHARD TRENTON CHASE

O VAMPIRO DE SACRAMENTO

"As mortes mais bizarras, grotescas, e sem sentido
que eu já vi em 28 anos." – Xerife Duane Low,
sobre os crimes de **Richard Trenton Chase**

Entre dezembro de 1977 e janeiro de 1978, várias ocorrências estranhas e crimes brutais atingiram a cidade de Sacramento, na Califórnia, obrigando a polícia a pedir a ajuda de dois *profilers* do FBI, os agentes Robert Ressler e Russ Vorpagel. Eles desenvolveram, em separado, um perfil do criminoso que estava em ação. Queriam comparar seus trabalhos e ajudar a polícia a estreitar as investigações.

Foram-lhes fornecidas algumas informações; outras surgiram durante a confecção do perfil, que foi sendo atualizado em tempo real. As informações a seguir estão em ordem cronológica dos fatos, mas foram descobertas desordenadamente.

CASO A [27.12.1977]

Uma mulher reportou à polícia que havia sido vítima de tiros vindos da rua. Ela morava a apenas alguns quarteirões da próxima vítima, Ambrose Griffin, e uma busca em sua cozinha resultou em duas balas calibre .22. A balística comprovaria que elas tinham saído da mesma arma que havia matado Griffin, mas a polícia não encontrou pistas para resolver o caso.

CASO GRIFFIN [29.12.1977]

Ambrose Griffin, 51 anos, engenheiro, foi atingido por disparo de arma calibre .22. Socorrido, não sobreviveu. A polícia concluiu que a vítima tinha sido atingida por alguém que estava em um carro em movimento. As investigações começaram pela própria vizinhança da vítima e dois cartuchos de bala foram encontrados no chão, perto da residência deles. Também foram feitos alguns relatos sobre um estranho e suspeito carro que estivera rondando aquele bairro, mas não foi obtida nenhuma descrição clara do fato.

CASO B [30.12.1977]

Um garoto de 12 anos relatou à polícia que havia sido atacado por um homem de cabelos castanhos, com idade por volta de 25 anos, guiando um Pontiac Trans Am marrom. O homem havia atirado em sua direção enquanto ele pedalava sua bicicleta pelo bairro. O garoto não se lembrava da placa do carro.

Sem muitas alternativas, a polícia resolveu chamar um profissional para que hipnotizasse o menino. Em alguns casos, sob hipnose, uma pessoa é capaz de se recordar de detalhes de determinada cena que inconscientemente bloqueia.

A decisão foi acertada: a placa do carro era 219EEP. Fim da trilha... A descoberta não levou os investigadores a nenhum resultado.

ZONA LESTE DE SACRAMENTO [23.1.1978]

Robert e Barbara Edwards chamaram a polícia quando, ao chegar à casa, ouviram barulhos estranhos. Robert entrou para verificar, ainda a tempo de ver alguém pulando a janela do fundo. Ao sair correndo atrás do intruso, conseguiu ver somente que se tratava de um jovem desgrenhado.

Os policiais verificaram que a casa havia sido remexida, como nas tentativas de roubo, mas o que estranharam muito foi que o invasor havia urinado em cima de uma pilha de roupas do bebê do casal Edwards, recém-lavadas, e havia defecado em seu berço.

Ao inquirir a vizinhança, não demoraram a descobrir que logo antes dessa ocorrência talvez o mesmo intruso tivesse sido visto por uma moradora próxima, Jeanne Layton. Ela estava no jardim de sua casa quando percebeu um estranho homem de cabelos longos perambulando em direção à sua porta. Passou reto por ela, testou a porta e encontrou-a trancada. Foi então até as janelas, mas como também estavam fechadas, voltou para a porta, onde Jeanne já o esperava. Ficaram face a face, mas o estranho não se assustou ou demonstrou qualquer emoção. Olhou-a de cima a baixo, deu-lhe as costas, acendeu um cigarro e saiu andando pelo jardim dos fundos. Aturdida, a sra. Layton não entendeu nada.

CASO WALLIN [23.1.1978]

No mesmo bairro da zona leste de Sacramento morava o casal Teresa e David Wallin. A mulher tinha 22 anos e estava grávida de três meses, quando o marido a encontrou morta de forma hedionda.

A polícia encontrou o corpo de Teresa caído de costas, sua malha levantada descobrindo os seios, com a calça e a calcinha abaixadas até os tornozelos. Seus joelhos estavam afastados, indicando um ataque sexual e o claro objetivo de degradar a vítima. Seu mamilo esquerdo havia sido arrancado, seu torso estava aberto do osso esterno para baixo, e seu baço e intestino estavam para fora do corpo. A vítima foi esfaqueada repetidamente nos pulmões, fígado, diafragma e seio esquerdo. Seus rins também foram retirados e recolocados juntos dentro do corpo, embaixo do fígado, e seu pâncreas estava cortado em duas partes. Na opinião do legista, o assassino não tinha habilidade cirúrgica profissional, mas era um amador com experiência no assunto, provavelmente tendo praticado tais atos com animais.

Fezes de animais foram encontradas em sua boca. Em volta do corpo foram detectados círculos de sangue, como se um balde molhado tivesse sido movimentado em volta do cadáver. Pegadas marcadas com sangue também foram fotografadas.

Teresa havia sido baleada três vezes; a primeira, na mão, supunha um claro ferimento de defesa. Esse projétil saiu pelo cotovelo e a atingiu no pescoço. Os outros dois foram encontrados em seu crânio e na têmpora, como em uma execução rápida.

O banheiro estava sujo de sangue e um pote de iogurte jazia sujo e vazio ao lado do corpo, como se tivesse sido utilizado para beber sangue.

A vítima foi atingida a caminho de colocar o lixo para fora de casa; a porta ainda permanecia aberta e o saco de lixo, no chão. Uma trilha de sangue, ou seja, marcas de arrasto mostravam que ela foi levada da sala ao quarto, já morta. O aparelho de som estava ligado.

O marido era o principal suspeito da polícia, o que é comum, mas Vorpagel logo descartou essa possibilidade.

Dois dias depois do terrível assassinato, dois filhotes de cachorro foram encontrados mutilados não muito longe da casa dos Wallin. Nas investigações, descobriu-se que um homem estranho, de cabelos desgrenhados e guiando um carro modelo Ranchero havia comprado dois filhotes de uma família do bairro, os mesmos encontrados mortos e na lata do lixo.

CASO MIROTH [27.1.1978]

A vizinha de Evelyn Miroth, que cuidaria de seu filho Jason naquele dia, ficou preocupada com o atraso da amiga e com a falta de movimentação em sua casa. Depois de tocar a campainha diversas vezes sem obter resposta, resolveu mobilizar alguns outros vizinhos para entrar e verificar o que estava acontecendo. Chamaram a polícia ao ver caído com um ferimento na cabeça, no hall de entrada, o amigo da dona da casa, Dan Meredith. O carro vermelho dele havia sido visto estacionado na frente da casa de Evelyn durante boa parte da manhã, mas todos presumiram que ele havia ido embora quando o veículo sumiu.

Evelyn Miroth, que morava a menos de dois quilômetros de distância de Teresa Wallin, estava em casa com seu filho Jason, de 6 anos. Seu amigo Dan Meredith, 51 anos, foi lhe fazer companhia.

A polícia constatou que o ferimento na cabeça da vítima provavelmente era produzido por arma de fogo. O banheiro estava sujo de sangue e a banheira, cheia de "água avermelhada".

Evelyn estava morta e nua sobre a cama de seu quarto, com as pernas abertas. Ela também tinha um ferimento de bala na cabeça, seu abdome estava cortado e ela estava eviscerada. Duas facas de entalhar, ensanguentadas, estavam próximas ao corpo. A necropsia mostraria que a vítima havia sido sodomizada, pois grande quantidade de esperma foi encontrada em seu reto. Foi esfaqueada, através do ânus até o útero, por pelo menos seis vezes, além de sofrer inúmeros ferimentos em outros órgãos internos. Também foram encontrados cortes em seu pescoço e uma estranha tentativa de extirpar-lhe um dos olhos.

Círculos de sangue no carpete, parecidos com aqueles encontrados na casa dos Wallin, indicavam que mais uma vez o assassino tinha usado algum tipo de recipiente, talvez um balde, para recolher o sangue da vítima.

Do outro lado da cama jazia o corpo de Jason. Ele havia sido baleado duas vezes na cabeça, à queima-roupa. O criminoso havia deixado pegadas ensanguentadas que lembravam as marcas deixadas na casa de Teresa Wallin.

Entrevistando toda a vizinhança, descobriram que uma menina de 11 anos vira um homem rondando a casa por volta das 11 horas daquela manhã. Ele parecia ter 20 anos e, por sua descrição, era conhecido na região por andar ali pedindo revistas velhas para as pessoas.

Sem ser esperada, chegou à cena do crime Karen Ferreira, procurando seu bebê de um ano e dez meses, Michael Ferreira, que havia ficado todo o dia com sua tia, Evelyn. Não havia rastro do menino, mas o prognóstico foi péssimo quando os investigadores encontraram um furo, produzido por um tiro, no travesseiro do berço, além de muito sangue.

Mais tarde, a perícia encontrou partes do cérebro da criança na banheira, onde o assassino deve ter começado a mutilá-la e parou ao ouvir barulho na porta da frente, provavelmente fugindo com o corpo.

O carro de Dan Meredith logo foi localizado, abandonado não muito longe da cena do crime, em um estacionamento perto do complexo de apartamentos da avenida Watt. A porta estava aberta e as chaves, no contato.

O PERFIL

Russ Vorpagel acompanhou a polícia durante os trabalhos na casa dos Miroth e assistiu à necropsia de Teresa Wallin. Robert Ressler trabalhou por meio de relatórios, laudos e fotografias. Os dois chegaram ao mesmo perfil.

O serial killer em ação foi definido como do tipo desorganizado e algumas pistas indicavam a possibilidade de se tratar de pessoa psicótica. Achavam que o assassino tinha 27 anos de idade, porque aprenderam, por intermédio das entrevistas que fizeram durante cinco anos com serial killers de todo o país, que psicóticos desorganizados que cometem crimes brutais, com ataque em blitz e nenhum motivo lógico, começam a mostrar sinais de insanidade no fim da adolescência, mas passam para a ação de fato por volta de dez anos depois.

Definiram-no como homem branco por uma questão estatística em relação a esse tipo de crime.

Era claro que o criminoso não havia planejado seus crimes, além do fato de não ter se preocupado muito em destruir evidências relacionadas com eles. Deixou pegadas e impressões digitais, e provavelmente andara pelas ruas com manchas de sangue na roupa em plena luz do dia. Como é comum no caso de doentes mentais que cometem crimes, parecia não ter entendimento das consequências dos crimes que praticava, nem se importar com sua aparência.

A sujeira e a bagunça que havia deixado nos lugares em que agira indicavam que sua própria casa devia permanecer imunda e desorganizada. Pessoas assim, doentes e capazes de viver em um lugar imundo e malcuidado, em geral moram sozinhas.

Previram que, por doença mental, o suspeito também não teria registros de ter cumprido serviço militar e não conseguiria manter um emprego por muito tempo.

O fato de as cenas dos crimes serem razoavelmente perto umas das outras indicava que o assassino andava a pé, não possuindo automóvel. O carro roubado de uma das casas fez com que os peritos concluíssem que aquele teria sido seu último crime e que ele morava na vizinhança.

Com certeza, evidências dos crimes seriam encontradas em sua casa, e se tivesse um carro lá também seriam encontradas provas de seus atos. Serial killers desorganizados não se preocupam em esconder evidências de seus crimes.

Ressler e Vorpagel tinham certeza de uma coisa: aquele assassino mataria sem parar, até que fosse preso. Tinham de trabalhar com rapidez e precisão.

O perfil criminal do serial killer em questão feito por Ressler indicava que ele era magro e subnutrido. Ele chegou a essa conclusão baseado nos trabalhos dos psiquiatras Kretchmer e Sheldon, que, apesar de antigos, correlacionavam esse tipo de doente mental com aparência física. Essa era a razão científica, mas por dedução Ressler observou que as manchas redondas no carpete dos locais de crime e o copo de iogurte sujo de sangue indicavam que o assassino bebia o sangue de suas vítimas e pessoas que bebem sangue não conseguem ter uma dieta saudável.

A INVESTIGAÇÃO

A polícia de Sacramento trabalhou incansavelmente em cima do perfil criminal, buscando informações que indicassem pessoas que se encaixassem na descrição feita por Vorpagel e Ressler.

Por meio dos relatos de várias testemunhas que conheciam um homem estranho, magro e desgrenhado, que andava por aquela vizinhança usando uma imunda parca laranja, comprando animais de pequeno porte que nunca mais eram vistos, fizeram um retrato falado do suspeito e o divulgaram. No dia 28 de janeiro, a polícia obteve seu melhor resultado. Uma mulher chamada Nancy Holden os procurou, relatando seu estranho encontro com um antigo colega de escola, Richard Trenton Chase. O encontro foi em um shopping, Town and Country Village Shopping Center, não muito longe da avenida Watt, perto da residência dos Wallin.

Richard parecia bastante confuso, magro, agitado, nervoso e usava uma parca laranja, como a descrita no retrato falado. Agora, o procurado tinha um nome.

Ao mesmo tempo, a informação de Nancy foi confirmada pelo registro de todas as armas semiautomáticas vendidas em 1977: havia uma em nome de Richard Chase, residente na avenida Watt. Em 10 de janeiro de 1978, ele voltara à loja e comprara munição.

A sujeira e a bagunça que havia deixado nos lugares
em que agira indicavam que sua própria casa
devia permanecer imunda e desorganizada.

Depois do depoimento de Nancy Holden, a polícia resolveu investigar o passado desse tal indivíduo. Descobriram seu registro de doenças mentais, incluindo uma fuga do hospital, pequenas acusações por porte de arma e drogas, e uma prisão, em agosto de 1977, em Nevada. Combinava perfeitamente com o perfil criminal feito por Ressler e Vorpagel, do FBI. Não foi difícil localizar seu endereço e no mesmo dia a polícia foi fazer-lhe uma "visita".

O gerente do complexo contou aos investigadores que a responsável pelo pagamento do aluguel do suspeito era sua mãe, que havia dito que o filho fora vítima de abuso de LSD. Ela era proibida de entrar em sua casa.

Os detetives bateram na porta da casa de Chase várias vezes, mas ninguém atendia. Fingiram desistir, mas ficaram de tocaia, aguardando, pois em algum momento ele teria de sair dali. Não demorou muito. Chase saiu de casa com uma caixa em seus braços, indo em direção a um carro. Os detetives o abordaram, não antes que ele tentasse escapar deles. Repararam que ele ainda usava a tal parca laranja e que ela estava bastante manchada. Seus sapatos também pareciam estar cobertos de sangue seco.

Richard Chase foi desarmado de sua semiautomática calibre .22, também manchada de sangue. Em seu bolso foi encontrada a carteira de Dan Meredith, juntamente com um par de luvas de látex. O conteúdo da caixa que carregava também era bastante interessante: pedaços de papel e trapos manchados com sangue.

Chase foi levado para a delegacia e interrogado, mas só admitiu matar cachorros e se recusou a falar sobre os assassinatos. Enquanto estava sob custódia, os detetives foram dar uma busca em seu apartamento atrás de novas evidências ou pistas sobre o bebê desaparecido.

Quando entraram, havia um cheiro pútrido insuportável, e o lugar era sinistro. Tudo dentro da casa estava manchado de sangue, inclusie copos. Na cozinha, encontraram vários pedaços de ossos e alguns pratos guardados na geladeira contendo partes humanas. Três processadores estavam imundos de sangue e cheiravam muito mal. Também encontraram mais de uma dúzia de coleiras de cachorro ou gato, mas nenhum animal vivo, apenas a carne deles na geladeira.

Em cima da mesa estava um livro aberto em uma página que mostrava fotografias de órgãos humanos, além de um jornal com vários anúncios de venda de filhotes de cachorro marcados com círculos. Em uma parede, dois quadros coloridos mostravam esquetes do sistema circulatório humano.

Um calendário tinha a inscrição *Today* (hoje) nas datas dos assassinatos de Wallin e Miroth, além de recentes marcas idênticas feitas em 44 datas futuras naquele ano. Um facão com restos de sangue, depois identificados como sendo de Michael Ferreira, estava no escorredor de louça.

O HISTÓRICO DO ASSASSINO

Richard Trenton Chase é o perfil do típico serial killer desorganizado confeccionado pelo FBI, tanto em seu ritual homicida quanto em seu histórico de vida.

Nasceu em 23 de maio de 1950 e desde criança era piromaníaco e cruel com animais. Filho mais velho de um casal que se relacionava muito mal, envolveu-se no uso de drogas quando adolescente e sofria de dificuldades de ereção. Seu pai era muito disciplinador e severo, e se divorciou da mulher. Morando com a mãe, Chase provavelmente desenvolveu psicose por indução das drogas, mas mais tarde foi diagnosticado como esquizofrênico paranoico.

Sofria da rara síndrome de Renfield, ou vampirismo clínico. Quem sofre desse mal é obcecado por beber sangue, animal ou humano. Essa doença se agrava, sendo nítidos quatro estágios:

1º ESTÁGIO Em decorrência de um trauma ou incidente, a criança associa o gosto ou a visão de sangue a algo atraente e excitante. Na adolescência, a correlação com assuntos sexuais será inevitável.

2º ESTÁGIO Passa a beber o próprio sangue (hemofagia), muitas vezes em ferimentos autoprovocados.

3º ESTÁGIO Passa a beber sangue de animais (zoofagia).

4º ESTÁGIO Fase do vampirismo real. Passa a beber sangue humano, que obtém furtando ou roubando de hospitais ou laboratórios. Em casos mais raros, mata para conseguir seu objetivo.

A compulsão por beber sangue tem forte componente sexual associado.

O JULGAMENTO [2.1.1979]

O dr. Farris Salamy, designado defensor de Chase, logo o protegeu de ficar sob interrogatório na delegacia. O promotor do caso Califórnia versus Richard Trenton Chase foi Ronald W. Tochterman, que queria condená-lo à pena de morte pelos seis assassinatos que constavam na acusação: Ambrose Griffin, Teresa Wallin, Daniel Meredith, Evelyn Miroth, Jason Miroth e o bebê Ferreira, que havia sido encontrado em uma igreja. Foi reconhecido pelas roupas que usava no dia de seu desaparecimento e havia sido decapitado. Sua cabeça jazia embaixo do torso, que estava parcialmente mumificado. Um buraco no centro da cabeça indicava que fora morto com um tiro de arma de fogo. Vários ferimentos feitos à faca foram encontrados em seus restos mortais e muitas de suas costelas haviam sido quebradas. Ao lado do corpo estavam as chaves do carro de Dan Meredith.

A defesa alegou inocência por insanidade, mas Tochterman estava determinado a provar que Chase sabia a diferença entre certo e errado, e que não matava compulsivamente. Parte de sua estratégia foram as diversas lendas sobre o conde Drácula, além de rituais de sangue em diversas culturas diferentes, nas quais se acreditava que quem ingerisse sangue humano de outra pessoa se tornaria mais forte. Ele queria demonstrar que, apesar de ser uma crença, não era razão viável para assassinato.

O réu foi avaliado por dúzias de psiquiatras. Não havia evidências de que matava compulsivamente, e sim que acreditava que beber sangue era terapêutico. Um dos psiquiatras o diagnosticou como portador de personalidade antissocial, não esquizofrênico. Para esse profissional, ele sabia o que estava fazendo.

O promotor alegou que Chase tivera escolha, mencionando as várias vezes que havia comprado luvas de borracha e as levado à casa das vítimas com a intenção de matar. A acusação também mostrou 250 provas da autoria dos crimes perpetrados por Richard Chase, entre elas seu revólver e a carteira de Dan Meredith encontrada em seu bolso. A primeira testemunha da acusação foi David Wallin, seguido por quase uma centena de outros depoimentos.

Chase foi chamado a depor em sua própria defesa. Sua aparência era horrível. Havia perdido muitos quilos, seu olhar era vazio e alegou ter ficado inconsciente durante o assassinato de Teresa Wallin. Descreveu em detalhes como havia sido maltratado durante toda a vida.

Admitiu ter bebido o sangue de Teresa, mas não se lembrava muito bem da segunda série de assassinatos. Recordava-se de ter atirado na cabeça de um bebê e o decapitado, deixando sua cabeça em um balde, na esperança de obter maior quantidade de sangue. Chase disse que seus problemas advinham de sua incapacidade de fazer sexo na adolescência e que sentia muito pelos assassinatos.

A defesa pediu um veredicto de homicídio em segundo grau, para salvar Chase da pena de morte, uma vez que ele era, sem dúvida, insano e não havia tido eficiente ajuda médica. Tochterman argumentou que ele era um sádico sexual, um monstro que sabia o que fazia, e não deveria ser salvo de tal destino.

Em maio de 1979, Richard Trenton Chase foi julgado legalmente são depois de apenas uma hora de deliberação. Com mais quatro horas de discussão, os jurados decidiram que ele deveria ser executado na câmara de gás da Penitenciária de San Quentin.

A MORTE DE CHASE [25.12.1980]

Richard Trenton Chase foi encontrado morto em sua cela no Natal de 1980. O Vampiro de Sacramento se autoexecutou depois de juntar comprimidos que tomava todos os dias, um medicamento chamado Sinequan, para tratamento de depressão e alucinações. Aparentemente, guardou grande quantidade deles e tomou-os de uma só vez, morrendo de ingestão tóxica.

Na cela, foi encontrada uma estranha nota de suicídio que fazia menção a pílulas.

Em 1992, um filme chamado *Unspeakable* baseou-se nele como modelo para o assassino da história.

ENTREVISTA PARA RUSS VORPAGEL E ROBERT RESLER

Vorpagel entrevistou Richard Chase ainda na custódia da polícia, logo depois de sua prisão. Ao ser perguntado se era responsável pelos crimes, afirmou que sim, mas que não tinha feito nada de errado. Disse ter agido para salvar a própria vida, porque precisava do sangue daquelas pessoas para repor o seu próprio. Quando Vorpagel perguntou por que o sangue dele precisava de reposição, Chase respondeu que o seu estava virando areia, depois de ter sido envenenado pela mãe pelo fato de ser judeu. O partido nazista teria dito a ela que se não o matasse ela mesma seria morta.

Segundo Chase, seu sangue também estava virando areia depois de ter sido mordido por um coelho contaminado por ácido de bateria.

Robert Ressler também estudou profundamente a personalidade de Richard Chase e escreveu um famoso livro sobre ele, *Whoever Fights Monsters: My Twenty Years Tracking Serial Killers for the FBI*. Ele descreve como, em 1976, Chase passou a creditar que seu sangue estava se tornando pó e a única cura possível seria retirar sangue de outras criaturas para reposição. Apesar disso, os psiquiatras da clínica onde estava internado o soltaram, mesmo sob protesto de alguns funcionários, que o consideravam perigoso.

Sua mente passou por uma progressiva degeneração desde então. Contou ao psiquiatra que seu primeiro assassinato aconteceu depois de sua mãe não permitir que ele a visitasse no Natal. Ele saiu de carro, atirando a esmo pela janela, e acabou acertando Griffin.

Chase disse aos criminalistas do FBI que matou para preservar sua própria vida e estava baseando sua apelação nesse argumento.

Mencionou a Ressler "envenenamento por barra de sabão", explicando que se você levanta o seu sabão de lavar pratos e o lado de baixo está seco, tudo está bem com você. Caso contrário, se estiver grudento, você está envenenado e seu sangue se tornará pó.

Chase também afirmou ser judeu (o que não era) e que estava sendo perseguido por nazistas por ter uma estrela de Davi desenhada na testa (não tinha). Também explicou que os nazistas estavam conectados com objetos voadores não identificados, que o comandaram telepaticamente para matar e repor seu sangue. Os óvnis o seguiam o tempo todo e se o FBI quisesse encontrá-los era só colocar um radar em Chase.

Ressler descobriu que muitos prisioneiros provocavam e ridicularizavam Chase, encorajando-o a suicidar-se. Ninguém queria sua companhia. O ex-agente do FBI, além de outros profissionais de saúde mental da prisão, concluiu que Chase deveria ser transferido para um hospital psiquiátrico, o que ocorreu por um curto período de tempo.

Foi mandado de volta a San Quentin, onde se suicidou.

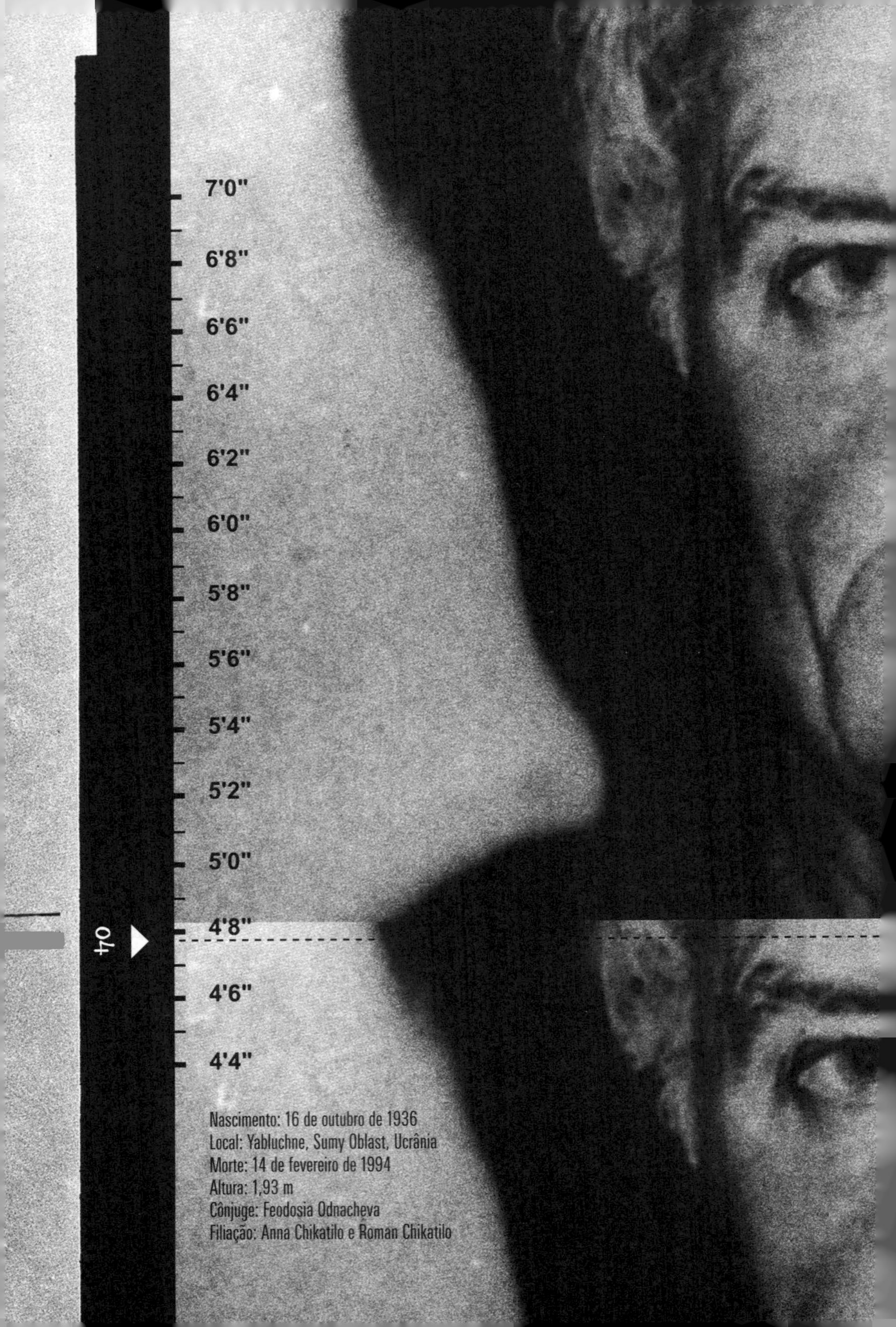

7'0"

6'8"

6'6"

6'4"

6'2"

6'0"

5'8"

5'6"

5'4"

5'2"

5'0"

4'8"

4'6"

4'4"

Nascimento: 16 de outubro de 1936
Local: Yabluchne, Sumy Oblast, Ucrânia
Morte: 14 de fevereiro de 1994
Altura: 1,93 m
Cônjuge: Feodosia Odnacheva
Filiação: Anna Chikatilo e Roman Chikatilo

ANDREI CHIKATILO

4.

1936.

ANDREI CHIKATILO
O "AÇOUGUEIRO" RUSSO

> "Quando eu morrer, quero que meu cérebro seja desmontado pedaço por pedaço, e examinado, de maneira que não haja outros como eu." – **Andrei Chikatilo**

Quando a menina Lena Zakotnova, de 9 anos, chamada carinhosamente por todos de Lenochka,[1] foi sexualmente atacada e assassinada de forma brutal em dezembro de 1978, a polícia logo associou o crime a um notório estuprador que estava em liberdade condicional, Alexander Kravchenko. Ele havia estuprado e matado uma garota de 17 anos em 1970, cumprira seis anos de um total de dez anos de sentença aos quais fora condenado e estava nas ruas outra vez. Bastante conveniente para a polícia, apesar da falta de provas científicas contra ele. Só seu passado corroborava a história.

Uma testemunha do desaparecimento da menina, Svetlana Gurenkova, foi à polícia relatar que a tinha visto conversando com um homem de aproximadamente 40 anos, vestido com um capote preto e usando óculos de muitos graus. Ele oferecia balas à pequena em um ponto de ônibus. Um retrato falado foi feito e distribuído por toda a cidade.

As diferenças entre Kravchenko e o retrato falado eram enormes. Ele tinha apenas 25 anos e não usava óculos. Ao ser entrevistado pela polícia,

---

[1] Diminutivo de Lena, como Leninha.

negou o crime, mas os investigadores queriam solucionar o caso com rapidez e persuadiram a esposa do suspeito a depor contra ele no tribunal. Tinham certeza de que ele era culpado; afinal, com aqueles antecedentes... Apavorado, Kravchenko mudou seu depoimento e assumiu a culpa por um crime que não havia cometido.

Enquanto Kravchenko era questionado pela polícia, o diretor de uma escola local ficou bastante impressionado ao ver o retrato falado que circulava pela cidade. Tratava-se de um sósia de um professor que lecionava em sua escola, Andrei Chikatilo.

Era muito estranho. Parecia inconcebível que pudesse se tratar da mesma pessoa. O diretor da Escola Vocacional 32, em Novoshakhtinsk, voltou a seu escritório, indo diretamente pesquisar na pasta de Chikatilo seu histórico. O professor tinha chegado à cidade de Shakhty naquele ano. Era casado e tinha dois filhos. Diplomado em artes liberais, literatura russa, engenharia e marxismo-leninismo, parecia impossível que fosse um assassino.

Segundo as informações que tinha, Chikatilo era um cidadão acima de qualquer suspeita: casado, pai de família, bom vizinho, membro do Partido Comunista e professor. Mesmo assim, procurou a polícia, mas esta pediu que ele não comentasse com ninguém a identificação positiva.

A investigação continuou. Ao verificarem as ruelas em volta das margens do rio onde o corpo da vítima havia sido encontrado, perceberam um barraco com os degraus da frente sujos de sangue. Também notaram que, dentro do barraco, a luz estava acesa. Ao interrogar a vizinhança, a polícia descobriu que o barracão pertencia a Andrei Chikatilo, que foi imediatamente chamado para depor.

Chikatilo foi liberado em pouco tempo: sua esposa declarou que ele havia passado todo o tempo em questão com ela, em casa. Mesmo com evidências tão fortes contra ele, a polícia achou mais fácil acreditar que Alexander Kravchenko era o culpado. Ele foi julgado e condenado à prisão perpétua, mas, após apelação, imputaram-lhe a pena de morte. Kravchenko foi fuzilado em julho de 1983. Esse engano da polícia russa custaria muitas vidas.

Em 1981, por causa da escassez de recursos da escola em que trabalhava, Chikatilo foi demitido como excedente, mas membros do comitê o recompensaram: foi nomeado gerente de suprimentos de uma fábrica, na área industrial perto de Shakhty.

Agora ele tinha um *modus vivendi* com que sempre sonhara e que permitia que ele finalmente usufruísse seus prazeres. Passava a vida viajando de estação em estação e podia escolher suas vítimas com calma e tranquilidade. Ele seria uma exceção entre os assassinos seriais, ao começar sua trilha de matança aos 42 anos de idade.

Em 1984, dez vítimas de ambos os sexos já haviam sido assassinadas. Na Rússia, os invernos são intensos e longos, e os corpos ficaram cobertos de neve por muito tempo, o que acabou atrasando o entendimento de que um serial killer estava à solta. Por um lado, a polícia demorava a encontrar os corpos, mas, por outro, eles ficavam bem preservados.

Ao verificarem as ruelas em volta das margens do rio onde o corpo da vítima havia sido encontrado, perceberam um barraco com os degraus da frente sujos de sangue.

O ritual de morte utilizado por Andrei Chikatilo desafiava qualquer ficção. Atraía suas vítimas, sem jamais forçá-las a acompanhá-lo, para áreas isoladas, em geral nas cercanias de estações de trens. Ao chegar a esses lugares, onde bosques são comuns, aquele senhor tão quieto e intelectual passava a se comportar como uma fera selvagem. Ele mesmo se descreveu como "lobo enlouquecido". Amarrava suas vítimas com rapidez, golpeava-as, prendendo-as contra o chão, e imediatamente arrancava a língua com mordidas, para evitar que gritassem. Na sequência, as violava e mutilava. A primeira mutilação a que as submetia era a dos olhos: ele os arrancava com a faca, de modo que não pudesse ser observado em sua performance sexual, o que seria sua "assinatura" do crime durante alguns anos. Depois de satisfeito, desmembrava-as ainda vivas, infligindo nelas entre quarenta e cinquenta feridas profundas. Muitas vezes arrancava o órgão sexual de suas vítimas usando como arma a própria boca. Outras vezes, enchia a barriga delas com terra e depois as destrinchava. Fervia e comia os testículos e mamilos arrancados; arrancava nariz e dedos. Muitas das crianças que matou foram mutiladas ainda vivas.

Sua segunda vítima foi a menina Larisa Tkachenko, 17 anos. Ela cabulava aula na cidade de Rostov quando foi seduzida por Chikatilo para ir ao bosque fazer sexo com ele. Cometeu um erro fatal: começou a rir quando a performance dele falhou. Foi estrangulada de imediato. Chikatilo, enfurecido e humilhado, roeu a garganta, os braços e os seios da adolescente. Sorveu um de seus mamilos depois de cortá-lo com os dentes e empalou-a. Com tranquilidade, pegou sua maleta e seguiu viagem.

Em 12 de junho de 1982, persuadiu Lyuba Biryuk a acompanhá-lo. A menina, de apenas 12 anos, foi esfaqueada pelo menos quarenta vezes no silêncio de uma floresta. Seus ferimentos incluíam a mutilação dos olhos. Os restos mortais de Lyuba só foram encontrados um ano depois de seu desaparecimento.

Durante 1983, Chikatilo fez mais três vítimas, incluindo-se aí sua primeira vítima masculina, Oleg Podzhidaev, de 9 anos. O corpo do menino nunca foi encontrado, mas, segundo os depoimentos posteriores do assassino, Oleg foi castrado e seus genitais foram levados por ele, outra assinatura frequente de seus crimes.

Nessas investigações, a polícia suspeitava que dois assassinos diferentes estavam agindo na área, pois serial killer era coisa de país capitalista.

A violência dentro da mente de Chikatilo aumentava em progressão geométrica, incontrolável. Consta que, em 1984, esse assassino matou 15 pessoas. Entre as vítimas estavam Lyuda Kutsyuba (24), Igor Gudkov (7) e Laura Sarkisyan (10).

A polícia estava alarmada com o número de assassinatos de crianças e obteve o reforço do major Mikhail Fetisov e seu time de investigação. Finalmente alguém chegava à conclusão de que aquilo era obra de um único louco.

Como a maioria dos crimes havia ocorrido na área de Rostov, em particular na cidade de Shakhty, Fetisov montou ali um esquadrão como base para as investigações. Para liderar o esquadrão, foi escolhido Viktor Burakov, experiente analista forense, considerado por muitos o mais talentoso investigador de cenas de crime do departamento de polícia. O caso foi oficialmente denominado "*Lesopolosa*",[2] ou "Os assassinatos do estripador da floresta".

A primeira ação do esquadrão foi pesquisar arquivos de hospitais psiquiátricos e similares, porque acreditavam que o criminoso só poderia ser um doente mental. Os arquivos da polícia também foram vasculhados minuciosamente, mas nada parecido com aqueles crimes foi encontrado nos registros.

Apesar da falta de pistas, todas as pessoas que foram suspeitas em crimes similares tiveram uma amostra de sangue recolhida para exame de tipo sanguíneo, pois o sêmen extraído dos restos mortais de algumas vítimas estabelecia o tipo de sangue do agressor como "AB". Andrei Chikatilo estava incluído nessa lista.

As substâncias A, B e H do grupo ABO são secretadas pela saliva, sêmen, leite materno, bile, líquido pleural etc. A quantidade varia entre indivíduos e depende do estado secretor (genes do grupo Se). A substância B, não se sabe o porquê, pode ser secretada em quantidades ínfimas em alguns indivíduos,

---

2   Cinturão retangular plantado pelo homem para proteger os campos do vento e evitar erosão.

o que pode causar a impressão de que alguém que secreta bastante A e não B não tem o tipo de sangue AB, apesar de assim o ser.

Os trabalhos policiais prosseguiram, agora investigando cada motorista que trabalhava naquela área industrial da cidade. Nada foi descoberto. A polícia estava desesperada, porque o número de mortes era cada vez maior. Burakov então pediu para vários psicólogos, psiquiatras e patologistas sexuais do Instituto Médico de Rostov que preparassem um perfil do assassino. Muitos deles se negaram a ajudar, alegando ter poucas informações, mas o dr. Aleksandr Bukhanovsky [*foto*] concordou e forneceu um perfil aos investigadores:

01. O assassino sofria de distúrbios sexuais;

02. Sua altura era de, aproximadamente, 1,67 m;

03. Sua idade estava entre 25 e 50 anos;

04. Calçava número 41 ou acima desse número;

05. Possuía tipo sanguíneo comum;

06. Provavelmente sofrera alguma forma de abuso sexual e brutalizava suas vítimas para "compensar" o fato;

07. Não era retardado ou esquizofrênico;

08. Sofria de dores de cabeça;

09. Agia sozinho;

10. Sádico, sentia-se deprimido até matar;

11. Planejava seus crimes.

Sem muitas informações que o ajudassem, Burakov resolveu tentar a sorte estreitando a vigilância nas estações de ônibus, trens e bondes, conseguindo para tanto pessoal extra que o ajudasse nessa tarefa.

O lugar que recebeu maior atenção da polícia foi a estação de ônibus de Rostov, que era a última localização conhecida das duas vítimas recém-encontradas. A tarefa de vigiar a estação ficou sob a responsabilidade de Aleksandr Zanosovsky, que devia estar atento a qualquer pessoa que agisse de modo suspeito em relação a mulheres e crianças. Ao final do primeiro dia de vigilância, chamou atenção dele um homem de meia-idade que usava óculos de grau. Aquele senhor olhava com insistência para jovens garotas.

O policial se aproximou e pediu para ver os documentos do homem, que parecia muito nervoso por ter sido abordado. Alegou que estava em viagem de negócios, finalmente indo para casa. Zanosovsky examinou todos os documentos do homem, que incluíam um cartão vermelho que o identificava como empregado autônomo de uma das divisões da KGB, o serviço secreto russo. Constatando que tudo estava em ordem, devolveu os documentos e desculpou-se pelo incômodo.

Dias depois, Zanosovsky e um parceiro estavam novamente vigiando a mesma estação quando Andrei Chikatilo foi visto outra vez. O policial ainda se lembrava da estranha maneira de agir daquele senhor. Resolveram segui-lo por algum tempo. A espreita durou várias horas, pois Chikatilo embarcou em vários ônibus e viajou por todo o distrito antes de retornar à estação de Rostov. Durante o percurso, o homem se aproximava de várias mulheres com idades diferentes, sempre tentando entabular uma conversa. Mesmo quando rejeitado, não desistia. Parecia que seu objetivo era conversar com todas as mulheres que cruzassem seu caminho.

Pareceu obter sucesso com uma delas, com quem iniciou carícias, mas depois de algum tempo ela se aborreceu e se levantou, gritando com o homem. Zanosovsky e seu parceiro, sem perda de tempo, interpelaram o sujeito e pediram seus documentos.

Andrei Chikatilo começou a suar profusamente. Com relutância, abriu a valise para que os policiais examinassem seu conteúdo: uma corda, um pote de vaselina e uma afiadíssima faca. Foi levado sob custódia sob a acusação de assédio sexual, crime que dava direito à polícia de detê-lo para averiguações por 15 dias.

Durante esse tempo, foi descoberto um registro criminal anterior de Chikatilo, que havia roubado um linóleo e a bateria de um carro de propriedade de uma fábrica do Estado. Não era muito, mas esse crime dilatava o prazo de detenção por vários meses, dando aos investigadores a chance de examinar seu passado com mais cuidado.

Nos meses que se seguiram, várias descobertas sobre seu histórico foram feitas.

Andrei Romanovich Chikatilo nasceu na Ucrânia, em 16 de outubro de 1936. Acreditou piamente na mãe quando esta lhe contou que seu irmão mais velho, Stephan, tinha sido raptado e canibalizado por aldeões vizinhos, durante a época da grande fome dos anos 1930 na Ucrânia. Apesar da grande emoção e do transtorno da mãe ao contar essa história para os outros filhos, não existem registros de nascimento ou morte de nenhum Stephan Chikatilo ou ocorrências de canibalismo naquela época na Ucrânia.

O pai de Andrei, soldado russo, foi feito prisioneiro ao ser capturado durante a Segunda Guerra Mundial, o que fez com que sua mulher criasse os filhos praticamente sozinha. Segundo o próprio Andrei, esse fato causou nele uma angústia que o acompanhou durante toda a vida.

Chikatilo, que de tão míope era quase cego, também sofria de um distúrbio sexual desde o início da adolescência que o deixava periodicamente impotente. Ele acreditava que havia sido cegado e castrado ao nascer, crença que abasteceu suas mórbidas fantasias de vingança violenta.

Foi um estudante ávido por livros, mas seu jeito estranho e quase afeminado sempre provocava risadas constantes nos colegas. Chikatilo era alvo de ridicularizações intermináveis. Tinha pouquíssimos amigos e só admitiu que precisava de óculos quase aos 20 anos. Sua enurese noturna também era motivo de grande vergonha e segredo.

Na adolescência, parou de ser provocado. Tinha se tornado um rapaz muito alto e forte, impondo algum respeito por causa do tamanho que adquirira. Aos 16 anos, já era o editor do jornal escolar e do escritório de informação política, cargos que lhe davam algum prestígio. Ainda assim, sua vida social era inexistente, em especial no que dizia respeito a mulheres.

Casou-se em 1963 e teve dois filhos: Lyudmilla e Yuri. Em 1973, sua mãe faleceu e naquele ano Chikatilo começou a molestar meninas.

Sua timidez profunda dificultou muito sua vida como professor, no controle dos alunos. Eles sempre o ridicularizavam e o humilhavam. Seus colegas de profissão também riam dele, por achá-lo muito estranho.

Desde o início da carreira, os alunos o interrompiam toda hora com zombarias, apelidando-o de ganso por causa de seu longo pescoço e postura inadequada. Com o passar dos anos, ele passou a molestar sexualmente os estudantes. No princípio, apenas os observava no banheiro. Depois, nos dormitórios. Sentindo-se ameaçado, andava sempre com uma faca. Em suas investigações, a polícia não demorou a descobrir os incidentes sexuais nas escolas em que trabalhou, seus atos de voyeurismo e o ataque a um aluno em um dormitório.

As evidências indicavam que ele poderia ser o assassino tão procurado. Resolveram, então, tirar uma amostra de seu sangue para identificar o tipo sanguíneo: era tipo A. Se naquela altura dos acontecimentos a polícia tivesse colhido amostras de saliva e sêmen, teria descoberto que seu tipo sanguíneo, na verdade, era AB. Mas os antígenos B em seu sangue não estavam presentes de forma suficiente para serem detectados.

A única evidência real que restou para a polícia, e que poderia ligá-lo aos crimes, era o conteúdo de sua pasta. Chikatilo então foi condenado apenas por roubo; cumpriu três meses de uma pena de um ano e foi solto outra vez, ainda em 1984. Os crimes então continuaram.

Em dezembro, Chikatilo já estava empregado em uma fábrica de locomotivas perto de Novocherkassk. Como antes, seu serviço incluía muitas viagens, todas legítimas, a trabalho.

Permaneceu sem matar até agosto de 1985, quando se aproximou de uma jovem de 18 anos com problemas mentais. Ela concordou em segui-lo até uma mata perto da linha do trem e algum tempo depois estava morta, com marcas de trinta e oito facadas pelo corpo.

Ainda em agosto, Chikatilo encontrou uma jovem na estação de ônibus de Shakhty, que disse a ele não ter onde dormir. Oferecendo a ela seu barraco em troca de favores sexuais, guiou-a pelo caminho da floresta. Novamente ele falhou sexualmente. Novamente uma mulher riu de seu pobre desempenho. Foi morta de imediato, sem dó nem piedade.

Foi pedido a Bukhanovsky um novo perfil criminal. O profissional agora estava provido de todas as informações sobre os crimes. Em um trabalho longo e mais preciso, descreveu o assassino em série como alguém que tinha controle de suas ações, narcisista e arrogante. Como muitos criminosos desse tipo, achava-se mais talentoso do que realmente era e desmerecido por seus pares. Segundo o psiquiatra, ele não era criativo, mas seguia um plano prévio de ação. Era heterossexual, sádico e necrófilo. Primeiro atingia a cabeça das vítimas, surpreendendo-as e evitando qualquer reação, iniciando então o processo de atingi-las com inúmeras facadas, que simbolicamente significavam penetrações sexuais. Masturbava-se. Cegava suas vítimas por várias razões, entre elas para impedir que sua imagem permanecesse em seus olhos, crença popular comum. Emasculava os meninos para feminizá-los e quando fazia isso com meninas manifestava seu poder sobre elas. Provavelmente guardava os órgãos sexuais extirpados ou os ingeria.

Uma hipótese interessante foi levantada: o assassino tinha uma relação estranha com as mudanças climáticas, pois antes da maioria dos assassinatos as marcações do barômetro haviam caído. A maioria dos crimes aconteceu entre terça e quinta-feira, dias de trabalho. A idade do criminoso devia estar entre os 45 e 50 anos e ele parava de matar quando achava que corria o risco de ser descoberto.

Para entender melhor a mente desse assassino, Burakov, o analista forense, entrevistou o famoso Anatoly Slivko, molestador e assassino de sete meninos. Achavam que procuravam alguém parecido com ele. Esse condenado foi executado logo após a conversa.

Em 1986, apesar de o esquadrão de investigação ainda estar trabalhando, extraoficialmente o caso foi passado para as mãos de Issa Kostoyev, diretor do Departamento de Crimes Violentos de Moscou. Ele reorganizou os trabalhos em três times: Shakhty, Rostov e Novoshakhtinsk. Decidiu que qualquer pessoa que tivesse sido condenada por qualquer crime com motivo sexual fosse checada novamente. Profundas investigações começaram a ser feitas e talvez por esse motivo Chikatilo, assustado, parou de matar por algum tempo.

Em 1987, Chikatilo assassinou um menino de 13 anos, que concordou em segui-lo atrás de alguma recompensa, durante uma viagem para a cidade de Revda, nos Urais. Seu corpo foi encontrado nas proximidades da estação de trens local. Em julho do mesmo ano, a viagem a Zaporozhye, Ucrânia, resultou na morte de outro garoto que o seguiu floresta adentro. O ataque a esse garoto foi tão brutal que a faca de Chikatilo quebrou na cena do crime, sendo encontrada pela polícia.

Em 1988, matou outra vez no mês de abril. Dessa vez, sua vítima foi uma mulher de 30 anos, na cidade de Krasny-Sulin. Na cena do crime, foi encontrada uma pegada do assassino, tamanho 45.

No ano 1989, mais oito vítimas foram mortas por Chikatilo. Uma delas no apartamento vazio de sua filha, agora divorciada. Ele embebedou Tatyana Ryshova e a seduziu. Depois de esfaqueá-la e estuprá-la, deu-se conta de que não poderia deixar o corpo em local tão óbvio. Utilizando-se de uma faca de cozinha, decapitou-a, amputou as pernas e embrulhou tudo em panos. Amarrou a trouxa no trenó de um vizinho e levou os restos mortais para um local de despejo seguro.

Outro crime foi cometido quando Chikatilo estava indo ao aniversário do pai. Ao ver Yelena Varga, de 9 anos, não pôde se conter: enganou-a para que o seguisse até a floresta e esfaqueou-a. Deixou ali o corpo depois de arrancar o útero e parte da face da menina.

A última vítima de 1989 foi um menino de 10 anos que ele conheceu em uma locadora de vídeo. Foi morto a facadas e enterrado no cemitério de Rostov pelo próprio assassino.

Em 1990, a polícia ainda não havia resolvido os crimes e todos sabiam quanto estava custando o fracasso.

Entre janeiro e novembro do mesmo ano, Chikatilo matou mais nove pessoas. A preferência dele agora se definia por meninos. Uma das vítimas foi Vadim Tishchenko, cujo corpo foi encontrado perto da estação de trens de Leskhoz, em Rostov.

Mais uma vez a polícia começou a montar um enorme esquema de vigilância permanente em todas as estações de trens e ônibus das redondezas, com policiais usando até óculos especiais para visão noturna.

Todos os passageiros que embarcavam diariamente eram observados. Foram utilizadas também iscas humanas, com policiais femininas bonitas vestindo roupas à paisana bastante provocativas. Era o desespero instalado na polícia, que pretendia capturar, por fim, aquele terrível criminoso que já agia havia mais de 12 anos.

Outro esquadrão foi escalado para identificar quem havia vendido a passagem de ônibus que fora encontrada ao lado do corpo do menino. Finalmente, depois de um trabalho exaustivo de entrevistas, um atendente da estação de Shakhty reconheceu a foto do garoto. Contou à polícia que ele havia comprado sua passagem acompanhado de um senhor alto, bem-vestido e grisalho, que usava óculos de muitos graus. O atendente também informou que sua filha já havia visto esse mesmo senhor um ano antes, quando estava em um trem conversando com outro menino e tentando convencê-lo a descer do trem com ele. O garoto se recusou e fugiu. A polícia foi imediatamente conversar com a tal filha, que deu uma descrição detalhada do sujeito. Afirmou que ele era frequentador constante dos trens, sempre tentando descer acompanhado de algum jovem.

Antes que a polícia pudesse chegar a Andrei Chikatilo, mais uma moça foi vítima dele: Svetlana Korostik, 20 anos. Foi surrada, esfaqueada e mutilada. Dessa vez, o assassino arrancou a língua da jovem e ambos os mamilos, antes de cobrir o corpo com galhos e folhas.

A polícia começou, então, a ler todos os relatórios anteriores sobre fatos estranhos que seus investigadores poderiam ter observado nas estações. Ao ler o relatório do sargento Ribakov, o chefe Kostoyev surpreendeu-se. Como aquele relato tinha passado despercebido?

O sargento Igor Ribakov contava que certo dia, trabalhando na estação de trens, reparou em um homem andando pela plataforma, suando profusamente. Ao chegar perto dele para examiná-lo melhor, notou que o senhor em questão tinha manchas de sangue na bochecha e no lóbulo da orelha, além de ter um curativo em um dos dedos da mão. Pediu os documentos do tal homem: Andrei Chikatilo, engenheiro sênior de uma fábrica de locomotivas em Rostov. O policial ia fazer mais perguntas quando um trem chegou e Chikatilo insistiu que tinha de seguir viagem naquele momento. Não havendo nenhuma razão real para segurá-lo ali, Ribakov o deixou seguir seu caminho. Apreensivo, o chefe Kostoyev resolveu checar os registros de viagem desse tal Chikatilo.

Nesse meio-tempo, outro corpo foi encontrado na cidade de Ilovaisk, o da menina Alyosha Voronka. Kostoyev logo descobriu que Chikatilo havia estado naquela cidade a negócios, na mesma data. O esquadrão principal decidiu montar um esquema de vigilância permanente sobre aquele suspeito para tentar pegá-lo em flagrante.

Em 10 de novembro de 1990, Chikatilo resolveu procurar um serviço de raios X para descobrir por que seu dedo, mordido por uma das vítimas, ainda doía tanto. Constatou-se que o dedo estava realmente quebrado. Recebeu tratamento e foi dispensado. Ao chegar à casa, resolveu sair outra vez para comprar cerveja. No caminho, parou para conversar com um garoto, mas afastou-se quando a mãe dele apareceu. Logo adiante, encontrou outro menino e se engajou em outra conversa, até que a mãe dele também o chamou. Foi então que três homens, vestindo jaqueta de couro, aproximaram-se dele e se identificaram como policiais. Chikatilo foi algemado e preso para averiguações, levado para o escritório de Mikhail Fetisov, principal chefe de todos os esquadrões.

Ao verificar a pasta que carregava, constataram que o conteúdo era o mesmo de seis anos antes: uma corda, vaselina e uma faca afiada.

Encontrar mais evidências não foi difícil. Uma busca em seu apartamento revelou 23 outras facas diferentes, um machado e um par de sapatos que combinava com a pegada encontrada ao lado do corpo de uma das vítimas. O difícil para a polícia estava sendo acreditar que aquele gentil e educado senhor de fala mansa fosse o terrível monstro procurado havia tanto tempo pela polícia russa.

Não foi tarefa simples fazer o assassino confessar. Kostoyev jogou a velha isca da doença mental, dizendo que se assim fosse diagnosticado os crimes não seriam sua culpa e ele receberia tratamento. Confrontou o suspeito com as provas circunstanciais que tinha, mas nada fazia Chikatilo falar. Sob pressão pelo tempo hábil que tinha para manter o suspeito preso para averiguações, Kostoyev pediu a ajuda de Bukhanovsky, que, utilizando-se do perfil que havia feito, conquistou o assassino, demonstrando que era capaz de entendê-lo como ninguém.

Ao verificar a pasta que carregava, constataram
que o conteúdo era o mesmo de seis anos antes:
uma corda, vaselina e uma faca afiada.

Apesar de a polícia só ter notícia, até então, de 36 crimes conectados como de mesma autoria, Chikatilo confessou em detalhes 53 crimes, sendo 21 meninos, 14 meninas e 18 jovens mulheres. Sua memória era brilhante. Ele se lembrava de datas, locais e até da roupa que suas vítimas estavam vestindo no momento do crime. Também descreveu o método especial que tinha desenvolvido para matar com facas, de modo que o sangue não espirrasse nele mesmo.

O acusado reconstituiu seus crimes utilizando um manequim, explicando todos os seus métodos de atacar, amarrar, esfaquear, abusar, mutilar e matar. Suas vítimas eram tão severamente mutiladas que, quando as autoridades do Uzbequistão encontraram o corpo de uma jovem no trigal, pensaram que ela tivesse caído sob uma máquina agrícola. Em outros três casos, a polícia achou que tivesse encontrado corpos de meninas, mas depois de examinados constatou-se que se tratava de meninos.

Chikatilo escolhia suas vítimas com cuidado, em estações de ônibus e trens, e entabulava uma conversa convencendo-as a acompanhá-lo a bosques nas proximidades. Então, só restava a elas a esperança de morrer rápido.

Em 1992, Andrei Chikatilo foi enviado ao Instituto Serbsky, em Moscou, para uma avaliação neurológica e psiquiátrica. Constataram que o criminoso tinha danos cerebrais importantes que danificaram seu controle da bexiga e da ejaculação, mas, segundo o laudo, foi considerado mentalmente são e apto para ser julgado.

O julgamento do também chamado "Açougueiro de Rostov" teve início em 14 de abril de 1992. Estavam presentes os parentes das vítimas e a imprensa.

Chikatilo apresentou a si mesmo como uma alma atormentada e enlouquecida por sua impotência sexual. Descreveu em detalhes seus sangrentos crimes e seu comportamento psicótico, causando diversos desmaios na plateia. Durante todo o tempo, foi mantido em uma jaula de metal para sua própria proteção.

Ao final, o juiz declarou, com base no depoimento dos psiquiatras, que aquele assassino estava em seu perfeito juízo mental quando havia cometido os crimes.

Em 15 de outubro de 1992, Andrei Romanovich Chikatilo foi declarado culpado por 52 assassinatos e condenado à morte. Escapou de um de seus crimes por falta de provas.

Quando ouviu sua sentença, declarou: "Quero que meu cérebro seja desmontado pedaço por pedaço e examinado, de modo que não haja outros como eu."

Foi fuzilado com um tiro na nuca em 14 de fevereiro de 1994.

O filme *Cidadão X* (1995), com Donald Sutherland e Stephen Rhea, foi baseado em seus crimes, assim como *Evilenko* (2004), com Malcolm McDowell.

RORY ENRIQUE CONDE

5.

Nascimento: 14 de junho de 1965
Local: Barranquilla, Colômbia
Altura: 1,55 m
Cônjuge: Carla Bodden

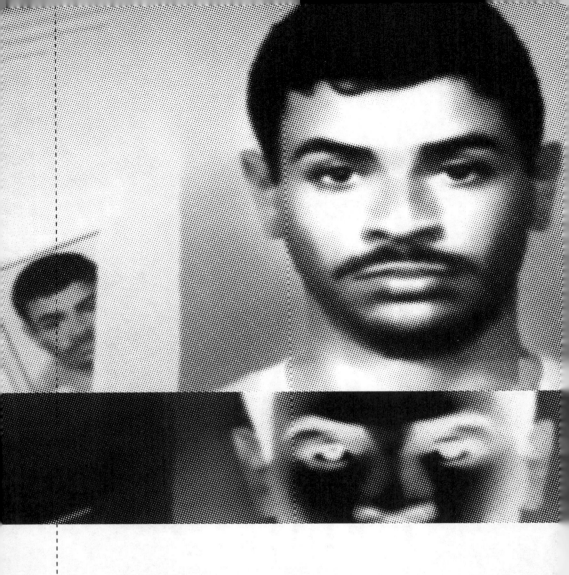

▶ 1965

RORY ENRIQUE CONDE
O MATADOR DE PROSTITUTAS

"TERCEIRA! Eu a chamarei de Dwight Chan 10. [Vejam] se vocês podem me pegar." – **Rory Enrique Conde**

Gustavo Conde, mecânico de aviação, conheceu Nydia, uma belíssima mulher, filha de um eminente médico da cidade de Barranquilla, na Colômbia. A família da moça esperava que ela se casasse com um partido melhor que Gustavo. Enfrentaram a família, casaram-se e tiveram gêmeos: Nelly e Rory, que nasceram em 14 de junho de 1965. Tudo parecia ir muito bem, até que, novamente grávida, seis meses após dar à luz os gêmeos, resolveu se submeter a um aborto. Para a filha de um médico, é irônico que tenha se submetido a procedimento clandestino tão arriscado e contraído tétano, que causou sua morte.

Gustavo, desesperado de dor, imigrou para os Estados Unidos, buscando uma condição de vida melhor. Deixou os filhos com a avó, Maria Kojas, para que os criasse. Apesar de mandar dinheiro todo mês, não era muito e a família vivia bastante mal. Quando Rory tinha três anos, mudaram-se para um bairro de baixa prostituição em Medellín, mas a vida ali também não deu certo. Voltaram para Barranquilla dois anos depois.

Os tios maternos, Carlos e Alfredo, assistindo à difícil vida dos dois sobrinhos, pediram a Gustavo a guarda das crianças, que foi concedida de imediato. Passavam férias com o pai, mas sempre voltavam para a casa dos tios. Assim viveram até 1978, quando o próprio pai resolveu levá-los para viver nos Estados Unidos.

Rory, que, segundo seus colegas, era uma criança estranha e muito calada, sofria abuso sexual dos tios. Sua infância, que aparentemente era ótima, escondia o segredo extremo de humilhação e violência sexual constantes. Achou que, ao imigrar para viver com o pai, todos os seus pesadelos estariam resolvidos, mas estava enganado. Gustavo havia se casado outra vez com uma também imigrante de Barranquilla, má como uma madrasta de histórias infantis. Abusava das crianças psicológica e fisicamente, tanto que várias vezes a polícia foi chamada para deter a violência doméstica.

Quando Rory tinha apenas 19 anos, conheceu a menina Carla Bodden, então com 13 anos. Dois anos depois, com uma necessidade urgente de sair de casa, talvez maior do que o amor que tinham um pelo outro, casaram-se. Tiveram dois filhos, Rory Junior e Lydia, mas separaram-se sete anos depois. Nesses anos, Carla conheceu o lado escuro e secreto da personalidade de Rory. Ele a espancava, ameaçava sua vida, tentava matá-la sufocando-a, era maníaco por limpeza e a humilhava em frente a seus amigos. Levava amantes para casa, a quem filmava, vestidas com as peças íntimas da mulher, em atos de masturbação. Naquela época, Rory foi preso por violência doméstica.

Sua infância, que aparentemente era ótima, escondia o segredo extremo de humilhação e violência sexual constantes.

Quando Lydia nasceu, em 1992, o casal se mudou para um condomínio na Trilha Tamiani, ou rua Oito, como os imigrantes latinos a conheciam. Rory estava cada vez mais irascível, não fazia mais sexo com a esposa e desaparecia durante muitas noites. Quando confrontado, dizia que ia pescar, mas Carla nunca o viu levando um peixe sequer para alimentar a família. Ao flagrá-lo masturbando-se enquanto espiava a vizinha, a esposa deu um ponto final na relação. Mudou-se para a casa dos pais juntamente com os filhos do casal e esse parece ter sido o gatilho emocional que Rory esperava para se tornar o serial killer da Trilha Tamiani.

Um dos motivos para que os serial killers escolham prostitutas como suas vítimas é que podem escolhê-las como se estivessem expostas em uma vitrine; basta que achem aquela que melhor cumpre os requisitos de sua fantasia. Rory Conde culpava as prostitutas pelo fim de seu casamento. Se não fosse por elas, Carla não teria ido embora.

AS VÍTIMAS DE RORY E. CONDE

1. **LAZARO COMESANA**
   Data: 16 de setembro de 1994
   Idade: 27 anos
   Profissão: prostituta (travesti)
   Causa da morte: estrangulamento

2. **ELISA MARTINEZ**
   Data: 8 de outubro de 1994
   Idade: 44 anos
   Profissão: prostituta
   Causa da morte: estrangulamento

3. **CHARITY FAYE NAVA**
   Data: 20 de novembro de 1994
   Idade: 23 anos
   Profissão: prostituta
   Causa da morte: estrangulamento

4. **WANDA COOK CRAWFORD**
   Data: 25 de novembro de 1994
   Idade: 38 anos
   Profissão: prostituta
   Causa da morte: estrangulamento

5. **NECOLE SCHNEIDER**
   Data: 17 de dezembro de 1994
   Idade: 28 anos
   Profissão: prostituta
   Causa da morte: estrangulamento

6. **RHONDA DUNN**
   Data: 13 de janeiro de 1995
   Idade: 21 anos
   Profissão: prostituta
   Causa da morte: estrangulamento

ILANA CASOY LOUCO OU CRUEL?

A primeira vítima foi morta depois que Rory descobriu que a prostituta que contratou era, na realidade, um homem. Seus restos foram jogados perto do novo apartamento em que morava sua ex-esposa, Carla.

Nas costas da terceira vítima, Rory gravou uma mensagem com uma caneta preta de marcar feltro, usando símbolos e com uma escrita rebuscada. A mensagem era a seguinte:

third!
Uma cara feliz pingando o "i".
I will call Dwight Chan 10
Referência ao âncora da emissora de TV WPLG Dwight Lauderdale.
[see] if you can catch me.
Usando dois olhos desenhados em vez da palavra see.
NYR
Assinatura: "N" de Nydia, sua mãe, "Y" como sendo a palavra espanhola para "e" e "R" de Rory.

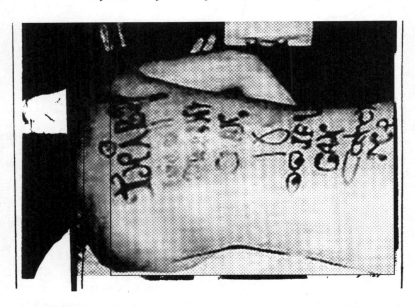

A polícia sabia que tinha em seu caminho um assassino serial que repetia sempre o mesmo padrão: todas as vítimas eram prostitutas que trabalhavam em uma pequena área de "Tamiani Trail" ou "Calle Ocho", um caminho perto do Aeroporto Internacional de Miami. Todas foram estupradas, estranguladas ou asfixiadas e sodomizadas após a morte. Em todas as ocasiões, ele ajoelhou-se ao lado dos corpos mortos ainda quentes e falou-lhes diversas vezes "É tudo sua culpa, sua culpa", pois as culpava pelos problemas de seu casamento. Então ele as vestia completamente, em sinal de respeito, e fazia o sinal da cruz antes de jogá-las nas ruas do condomínio classe média na área residencial ao longo do caminho onde morava. Como era previsível, a mídia apelidou o assassino de "Estrangulador da Trilha Tamiani".

Em dezembro de 1994, a polícia distribuiu um retrato falado e a descrição do suspeito, informações obtidas de uma prostituta que sobreviveu de um ataque parecido com os crimes anteriores. O suspeito foi descrito como "um homem branco hispânico, que teria por volta de 30 anos e que falava inglês com um leve sotaque".

O retrato falado mostrava um homem de rosto estreito, cabelos grossos e longos, e bigode. As autoridades chamavam atenção para o fato de o criminoso ter sido arranhado ou machucado quando do ataque à sua quinta vítima, Necole Christina Schneider. A polícia também conseguiu uma descrição do carro do criminoso: um Toyota vermelho com uma cadeirinha infantil no banco de trás. Isso indicava que, se não se tratasse de um carro emprestado, o criminoso era um pai de família.

A polícia já obteve sucesso ao fazer comandos para verificação de veículos e seus ocupantes no passado, especialmente em áreas de prostituição. Essa estratégia ajudou a capturar criminosos como Peter Sutcliffe, o Estripador de Yorkshire, Inglaterra, Steven Pennell e William Suff, assassino de Highland Park, Califórnia, EUA.

A maioria dos corpos foi encontrada em fins de semana ou depois de feriados. Esses fatos indicavam que o criminoso trabalhava para viver e matava apenas em seu tempo livre. Mas a primeira vítima de 1995 foi encontrada morta em uma quinta-feira, quebrando o padrão. Exceto pelo assassinato do Dia de Ação de Graças, o Estrangulador da Trilha Tamiani matava uma vez por mês.

Ironicamente, em abril de 1995, Conde foi preso por roubar um tênis da marca Reebok na loja Mervyn, no Miami International Mall. Quando uma vendedora da loja o viu furtando, tentou detê-lo, mas ele a golpeou e saiu correndo. Na fuga, deixou cair a carteira no estacionamento, pista que levou a polícia até ele.

Conde foi preso fora de casa e a polícia não fez uma busca em seu apartamento. Se tivesse feito, encontraria várias evidências de que aquele era o matador de prostitutas, mas ele não era ainda suspeito naquela época.

Em 19 de junho de 1995, Conde abordou Gloria Maestre, uma prostituta, perto de Biscayne Boulevard, oferecendo a ela duzentos dólares por uma sessão de sexo oral. Ao chegar a seu apartamento, a prostituta usou o banheiro. Quando saiu, teve seu rosto atingido por gás lacrimogêneo e em seguida foi atirada ao chão e amarrada com as mãos nas costas. Maestre foi violada duas vezes e depois amarrada, mãos e pés, com fita adesiva. O assassino então embrulhou sua cabeça com a mesma fita, como se fosse uma múmia, deixando um pequeno espaço para que a moça respirasse, e prendeu-a no banheiro.

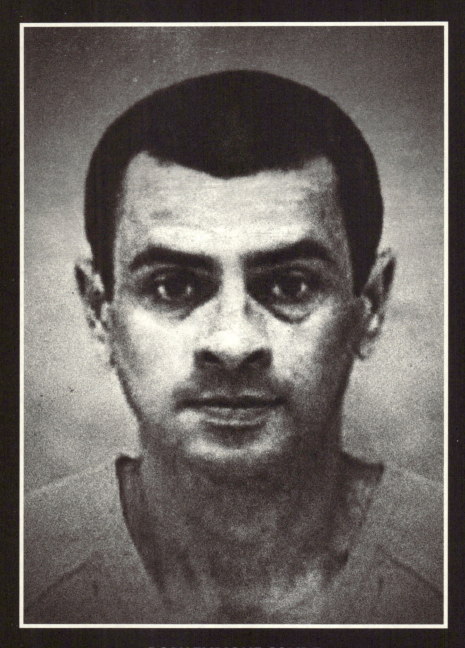

RORY ENRIQUE CONDE
Florida Department of Law Enforcement
Estado da Flórida, EUA

Rory Conde saiu pela manhã, pois tinha uma audiência na Justiça relativa ao furto na loja Mervyn. A prostituta, certa de que não tinha mais nada a perder, conseguiu liberar seus pés e começou a fazer todo barulho possível, inclusive acionando o alarme do apartamento. Os vizinhos, então, resolveram verificar o que estava acontecendo. Ao arrombar o apartamento de Conde, encontraram a moça tão embrulhada em fita adesiva que só se podia ver um olho e parte da boca. Ligaram para a polícia.

A moça foi salva de se transformar na vítima número sete de Rory Enrique Conde. Seu sangue-frio a ajudou, pois a maioria dos assassinos seriais só mata sua vítima quando a leva ao extremo terror.

Ao voltar da audiência, Rory viu o estacionamento de seu apartamento abarrotado de carros de polícia. Fugiu para a casa da avó, em Hialeah, onde foi preso cinco dias depois. A polícia, inicialmente, não percebeu que Conde era o assassino da Trilha Tamiani, mas, quando as provas preliminares de DNA retirado do sêmen deixado no corpo da prostituta se mostraram idênticas àquelas encontradas nos seis corpos de prostitutas assassinadas jogados na mesma trilha, não houve mais dúvidas. Acabava ali a maior investigação já feita na Flórida, ao custo de 1,8 milhão de dólares e com mais de cem agentes de polícia envolvidos. Mais de cinco mil pistas foram seguidas para que o assassino fosse encontrado quase que por acaso. Na busca subsequente no apartamento e no carro de Conde, foram encontradas evidências irrefutáveis: cabelos, fibras e pertences das seis vítimas anteriores.

Em 20 de outubro de 1999, o vendedor de material de construção Rory E. Conde foi condenado pelo assassinato de uma das seis prostitutas de Miami, Rhonda Dunn, com um resultado de nove votos contra três dos jurados. O advogado de Rory Conde não disse que ele não teria matado a prostituta, mas alegou que o crime não foi premeditado e que os traumas de infância do réu o haviam levado àqueles atos. Em 17 de março de 2000, Rory Conde foi sentenciado à morte. Conde não fez nenhuma declaração e parecia sonolento durante os 45 minutos em que o juiz lia sua sentença. Esse seria o primeiro de seis julgamentos, mas, diante do resultado terrível para o réu, Rory fez um acordo em 2001 confessando os outros cinco assassinatos e sendo condenado a cinco penas consecutivas de prisão perpétua pelo juiz Jerald Bagley, de modo que mesmo ganhando a apelação da pena de morte ele jamais sairá da prisão.

Seus advogados apelaram, como é direito de todos aqueles condenados à morte nos Estados Unidos, mas em abril de 2003 suas sentenças foram confirmadas pela Suprema Corte da Flórida.

Em 2004, teve negado, pela Suprema Corte dos Estados Unidos, um pedido de esclarecimento sobre a negação da apelação.

Em 2006, fez uma moção apelatória, referente às novas provas para a Suprema Corte da Flórida, que ainda está pendente. Ele aguarda o fim de seu processo no corredor da morte da Prisão Estadual da Flórida, em Starke, EUA.

MILWAUKEE COUNTY

JEFFREY LIONEL DAHMER

Nascimento: 21 de maio de 1960
Local: Milwaukee, Wisconsin, EUA
Morte: 28 de novembro de 1994
Altura: 1,85 m
Cônjuge: Solteiro

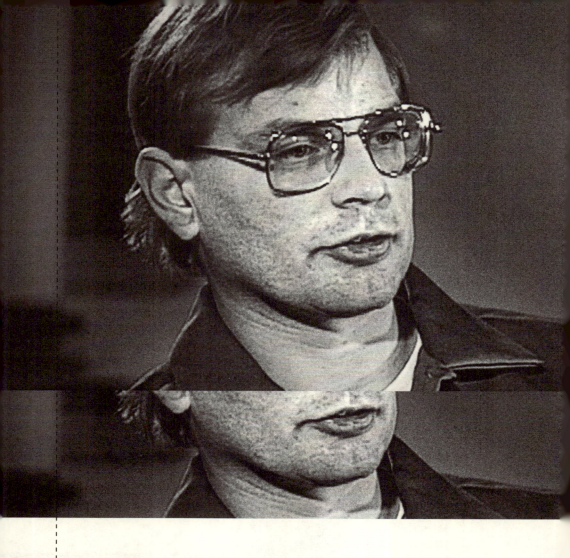

▶ 1960

JEFFREY LIONEL DAHMER

6.

LOBO EM PELE DE CORDEIRO

> "As coisas começaram por volta dos meus 14, 15 anos. Começaram com pensamentos obsessivos sobre violência, sexo e morte. E a partir daí ficaram cada vez piores." – **Jeffrey Lionel Dahmer**

Jeffrey Lionel Dahmer foi um psicopata clássico que no Brasil provavelmente teria sido diagnosticado como portador de transtorno de personalidade antissocial e considerado semi-imputável, ou seja, tem capacidade para entender seus atos, mas não consegue controlar sua vontade.

Nos Estados Unidos, não existe o semi-imputável. O réu é imputável ou inimputável, ou seja, os casos de insanidade são aqueles em que o réu não consegue entender aquilo que faz, não discerne entre o certo e o errado e, portanto, é considerado doente mental, sendo encaminhado para hospitais psiquiátricos. Os indivíduos portadores de transtornos mentais, e não doenças mentais, são considerados aptos ao julgamento e tratados como presos comuns.

O mais famoso canibal americano nasceu em 1960, na cidade de Milwaukee, Wisconsin. Seu pai, Lionel, era químico, e sua mãe, Joyce, instrutora de máquinas de teletipo. Sua gravidez havia sido bastante difícil. O casal brigava muito e Joyce era vista como uma pessoa hipersensível, com a infância marcada pela presença de um pai alcoólatra. O modelo de casamento do casal Dahmer não animava o filho a um dia se casar. A mudança da família para Iowa, onde Lionel concluía seu doutorado na Universidade Estadual,

ILANA CASOY LOUCO OU CRUEL? 159

uniu-os em torno de um novo objetivo. A felicidade só não era completa porque Joyce era uma mulher muito tensa, dificultando ainda mais a adaptação da família ao novo endereço, e Lionel vivia trancado em laboratórios, absorto demais no trabalho e pouco presente nas questões domésticas.

Aos 4 anos, Jeffrey foi submetido a uma cirurgia para extirpar duas hérnias, mas foi enganado quanto ao que ia acontecer, relatando depois que ficou muito assustado ao saber que pessoas estranhas explorariam seu corpo aberto. A operação teria marcado de forma indelével seu subconsciente? Aparentemente ele vai repeti-la em suas vítimas, abrindo seus tórax e "operando" suas vísceras.

Três acontecimentos pontuaram a vida dele aos 6 anos: sua mãe deu à luz um menino, a família mudou-se para Ohio, onde seu pai trabalharia como pesquisador, e ele entrou para a escola. Segundo o relato do pai, naquela época ele se tornou extremamente tímido, inseguro, vulnerável e introvertido. Jamais foi muito próximo do irmão, permanecia longos períodos em silêncio e vivia isolado. Estava aterrorizado em ir para a escola e teve dificuldades de se adaptar.

Dos 10 aos 15 anos, sua personalidade sofreu mudanças drásticas. De menino quieto e tímido passou a ser um jovem tenso, rígido e inflexível. Passava horas trancado em casa sozinho e respondia às pessoas monossilabicamente, de forma quase inaudível. Não se engajava em nada, ficava à parte do mundo à sua volta, vivia perdido em fantasias. Segundo o depoimento de algumas pessoas durante o julgamento, na época Jeffrey tinha fascínio por animais mortos e os recolhia depois de atropelados em estradas para examiná--los melhor. Fazia cruéis experimentos com animais, decapitando roedores, branqueando ossos de galinhas com ácido, empalando cabeças de cachorro e espalhando-as como espantalhos na floresta.

Na vida familiar, as coisas não iam muito bem. As brigas entre Lionel e Joyce aumentaram consideravelmente, até que se separaram e iniciaram uma batalha legal pela custódia do segundo filho, David. Lionel logo se casou de novo, e Shari, a segunda esposa, logo percebeu que o filho mais velho do marido era, de fato, alcoólatra. Tentando resgatar a saúde do rapaz, insistiram para que cursasse a Universidade Estadual de Ohio, mas o plano falhou logo no primeiro semestre, quando Jeffrey repetiu, consequência de ter passado todo o tempo bebendo. Lionel, decepcionado, apresentou ao filho duas opções: arrumar um emprego ou alistar-se no Exército. Jeffrey optou pelo Exército.

Foi naquele ano, antes de ser alocado na Alemanha, que Jeffrey matou sua primeira vítima, Steve Hicks, "trabalhando" seu corpo como se estivesse em um laboratório, desenvolvendo experimentos químicos, desmembrando-o para depois descartá-lo em uma mata atrás de sua casa. Inicia-se então um ritual que esse assassino incrementaria durante os anos em que cometeu os mais atrozes crimes. Estava cruzada a linha entre experimentos mórbidos e homicídio.

Passou dois anos servindo o Exército na Alemanha, mas foi dispensado por alcoolismo. Não há registros de crimes cometidos por ele naquele país.

Ao voltar para os Estados Unidos, foi preso pela primeira vez, por desordem e embriaguez. Seguindo os conselhos do pai, foi morar na casa da avó em West Asslin, Wisconsin.

Como é comum no histórico de serial killers, a violência de Jeffrey Dahmer foi aumentando e seu estado emocional se agravou, assim como o alcoolismo. Em 1986, foi preso e processado pelo que nos Estados Unidos se chama "exposição indecente". Dahmer masturbou-se na frente de dois meninos. Em 1989, foi sentenciado a cinco anos de condicional por molestar crianças; no primeiro ano, ficou dormindo na cadeia, mas podia sair diariamente para trabalhar. Ninguém sabia que ele já era um matador, necrófilo e canibal.

O ritual de Jeffrey Dahmer era sofisticadíssimo, repleto de detalhes e ações *post mortem*. Tinha prazer tanto nas caçadas a suas vítimas, que em geral aconteciam em bares ou saunas gays, quanto nas experiências médicas a que as submetia para obter um "escravo sexual zumbi", na retalhação dos corpos e no preparo de sua própria alimentação.

Atraía homens jovens para seu apartamento, oferecendo dinheiro para que posassem para fotos ou apenas convidando-os para tomar uma cerveja e assistir a um vídeo. Drogava suas vítimas e contou à polícia que algumas delas foram lobotomizadas, recebendo injeções de ácido muriático ou água quente no cérebro na tentativa de que o servissem sexualmente, apesar de a experiência nunca ter dado certo.

Gostava de matar com as próprias mãos, estrangulando os jovens, mas em alguns casos usou uma tira de couro. Passava então a masturbar-se sobre o corpo, copulava com ele e o guardava durante vários dias após o crime, com o objetivo de fazer sexo oral ou anal a qualquer momento que sentisse vontade.

Estripar o cadáver era um processo bastante detalhado e inteiramente fotografado para que pudesse se lembrar de todos os detalhes com precisão, sentindo prazer sexual todas as vezes que revivia a cena. Abria o tórax da vítima e ficava fascinado pelas cores das vísceras e excitado com o calor que o corpo recém-morto podia proporcionar. Segundo seus relatos, a "quentura" do abdome era tão prazerosa que chegava a ter "relações sexuais" com os órgãos.

Depois, iniciava o esquartejamento do cadáver e separava as partes entre úteis e inúteis. Comia seus corações e tripas, e fazia croquete de carne humana; adorava fritar os músculos das vítimas que achava mais atraentes e deliciar-se com a "iguaria". Dahmer dizia comer a carne de suas vítimas porque acreditava que assim elas viveriam novamente através dele. Essas refeições lhe proporcionavam ereções. Também tentou beber sangue, mas não gostou do sabor.

Livrava-se das partes restantes dos corpos experimentando vários produtos químicos e ácidos, que reduziam carne e ossos a um tipo de lama fétida, capaz de escoar pelo ralo ou pela privada. Guardava os crânios e preparava os genitais em conserva. De uma de suas vítimas, Anthony Sears, ferveu a cabeça até remover a pele e fazer de seu crânio um troféu. Pintou-o de cinza para que, caso fosse descoberto, ele se parecesse com um modelo plástico usado por alunos da escola de Medicina. Guardou seu troféu até ser preso. Pretendia transformar seu apartamento em um santuário, com troféus de suas vítimas ladeados por incensos acesos que trariam bons fluidos para melhora de sua vida social e financeira.

Serial killers constroem um verniz social para consumo externo, de modo que ninguém desconfie de quem sejam na realidade. Jeffrey Dahmer não era diferente. Manipulador e evasivo, fisicamente adequado ao padrão americano de beleza, ninguém suspeitaria de suas bizarras e letais preferências sexuais.

Se os policias de Milwaukee, assim como tantos no mundo inteiro, não fossem tão preconceituosos e rígidos na construção de estereótipos de boas e más pessoas, Dahmer teria sido interrompido em sua sanha criminosa antes de cometer muitos de seus crimes.

Em maio de 1991, atenderam um chamado na rua em que ele morava. Ali acontecia uma discussão acalorada entre vizinhos: duas jovens, um homem branco de boa aparência e um rapaz asiático, nu e sangrando. Ao ouvirem os envolvidos, souberam que as meninas, um tanto histéricas, chamaram a polícia para que "salvasse" o garoto, que tinham visto correr visivelmente aterrorizado do vizinho. Os policiais envolveram o rapaz em um cobertor e tentaram colher sua versão da história, mas ele estava apático, murmurava palavras incompreensíveis e parecia estar bêbado ou drogado. Por outro lado, o homem loiro estava bastante calmo e controlado, e sua versão dos fatos era muito convincente: ele e o asiático eram amantes e exageraram um pouco. Não, o namorado não era menor de idade, já tinha 19 anos, foi o que relatou.

Acompanharam o estranho casal até o apartamento indicado pelo homem, sentiram um cheiro estranho, mas era só. As roupas do rapaz nu estavam dobradas sobre o sofá e tudo estava em perfeita ordem. Se a polícia tivesse feito seu trabalho com competência, saberia que o dono do apartamento tinha antecedentes criminais em abuso sexual de menores em 1988; por uma infeliz coincidência, sua vítima no caso anterior era o irmão da atual, que tinha apenas 14 anos. Tratava-se de Konerak Sinthasomphone, laociano, que dias depois teria publicada sua fotografia no jornal como desaparecido. Apesar de a mãe de uma das testemunhas ter entrado imediatamente em contato com a polícia local e com o FBI, ninguém deu ouvidos a ela. Jeffrey Dahmer ainda faria pelo menos mais quatro vítimas.

Em julho do mesmo ano, dois policiais que faziam sua ronda perto da Universidade de Marquette, em Milwaukee, prenderam um homem negro que corria pelas ruas ainda algemado, com a certeza de que se tratava de um fugitivo. Ele contava uma estranha história de que estava em um encontro homossexual quando o parceiro o algemou e tentou matá-lo. Apesar de descrentes e sem nenhuma vontade de se envolver em uma briga de casal, acompanharam o rapaz, que se identificou como Tracy Edwards, 32 anos, ao endereço indicado por ele.

Ao chegarem à casa localizada no número 2.357 da South 57th Street, foram atendidos por um educadíssimo homem que morava no apartamento 213. Confirmou que Edwards estava se encontrando com ele e foi até o quarto buscar as chaves da algema. Policiais e vítima estavam aguardando, quando esta última se lembrou de uma faca que estava no quarto. Um dos policiais, sem demora, seguiu no encalço do dono do apartamento pelo corredor, mas foi pego de surpresa pela decoração das paredes. Eram cobertas de fotografias do tipo polaroide, mas não de paisagens ou pessoas, e sim de cadáveres, vísceras, sangue, cabeças decepadas. Antes que pudesse dar voz de prisão a Jeffrey Dahmer, este tentou enfrentá-lo, mas foi subjugado. As surpresas dentro do apartamento desse canibal estavam prestes a ser descobertas e deixariam muitas pessoas atônitas, perplexas.

Na geladeira, sobre a prateleira central, estava uma cabeça em estado avançado de decomposição. No congelador, foram apreendidas mais três cabeças escalpeladas e acondicionadas em sacos plásticos amarrados com elástico. Também foram encontrados recipientes de metal contendo mãos e pênis decompostos. No armário, estavam guardados frascos com álcool etílico, clorofórmio e formol, juntamente com outros nos quais jaziam genitálias masculinas preservadas. Na pia da cozinha, havia um torso humano rasgado do pescoço até a pélvis. Na tábua de carne ao lado, um pênis fatiado, pronto para ir para a panela. Também foram apreendidos dois tonéis, com capacidade de 189,5 litros, repletos de torsos humanos apodrecendo.

No apartamento de Jeffrey Dahmer foram identificados os restos mortais de 11 vítimas diferentes; 11 crânios, um esqueleto completo, ossos em geral, mãos, genitais embalsamados e pacotes de corações, músculos e outros órgãos mantidos no ácido ou refrigerador.

No total, esse canibal matou 17 pessoas, apesar de ter sido processado apenas por 12 homicídios no processo Estado de Wisconsin versus Jeffrey Lionel Dahmer, no qual respondeu às seguintes acusações na classificação americana de Homicídio Intencional em Primeiro Grau:

01	**ANTHONY SEARS:** em/por volta de 26 de março de 1989, no número 2357 da South 57th Street, cidade de West Allis, na região metropolitana de Milwaukee. Foi identificado a partir de seu crânio, escalpo e pênis, encontrados no apartamento do réu.
02	**RAYMOND SMITH:** também conhecido como Ricky Beeks, na primavera ou verão de 1990, no número 924 da North 25th Street, na cidade de Milwaukee. Foi identificado a partir de seu crânio pintado, encontrado no apartamento do réu.
03	**ERNEST MILLER:** em/por volta de 2 de setembro de 1990, no número 924 da North 25th Street, na cidade de Milwaukee. Foi identificado a partir de seu esqueleto em tamanho natural, encontrado no apartamento do réu.
04	**DAVID THOMAS:** em/por volta de 24 de setembro de 1990, no número 924 da North 25th Street, na cidade de Milwaukee. Foi identificado por sua irmã a partir de fotografias dele e de seu corpo desmembrado, encontradas no apartamento do réu.
05	**CURTIS STRAUGHTER:** em/por volta de 28 de fevereiro de 1991, no número 924 da North 25th Street, na cidade de Milwaukee. Foi identificado com base em seus registros dentários.
06	**ERROL LINDSEY:** em/por volta de 7 de abril de 1991, no número 924 da North 25th Street, na cidade de Milwaukee. Foi identificado com base em seus registros dentários.
07	**TONY ANTHONY HUGHES:** em/por volta de 24 de maio de 1991, no número 924 da North 25th Street, na cidade de Milwaukee. Foi identificado com base em seus registros dentários.
08	**KONERAK SINTHASOMPHONE:** em/por volta de 27 de maio de 1991, no número 924 da North 25th Street, na cidade de Milwaukee.
09	**MATT TURNER:** também conhecido como Donald Montrell, em/por volta de 30 de junho de 1991, no número 924 da North 25th Street, na cidade de Milwaukee. Foi identificado a partir de sua cabeça e órgãos internos, encontrados na geladeira do réu. Seu torso também estava no apartamento.
10	**JEREMIAH WEINBERGER:** em/por volta de 7 de julho de 1991, no número 924 da North 25th Street, na cidade de Milwaukee. Foi identificado a partir de sua cabeça, também acondicionada no congelador do réu. Seu torso estava no apartamento, ao lado dos restos mortais de Matt Turner.
11	**OLIVER LACY:** em/por volta de 15 de julho de 1991, no número 924 da North 25th Street, na cidade de Milwaukee. Foi identificado a partir de sua cabeça, empacotada no congelador do réu, além de seu coração, encontrado na geladeira.
12	**JOSEPH BRADEHOFT:** em/por volta de 19 de julho de 1991, no número 924 da North 25th Street, na cidade de Milwaukee. Sua cabeça também estava no congelador do réu por ocasião de sua prisão.

SUAS OUTRAS VÍTIMAS SERIAM		
01	STEVEN HICKS, 18 ANOS	setembro de 1987
02	STEVEN W. TUOMI, 28 ANOS	junho de 1978
03	JAMES E. DOXATOR, 14 ANOS	janeiro de 1988
04	RICHARD GUERRERO, IDADE DESCONHECIDA	março de 1988
05	EDWARD SMITH, IDADE DESCONHECIDA	junho de 1990

Em julho de 1992, um ano após sua prisão, Jeffrey Dahmer foi levado a julgamento. Presidiria os trabalhos o juiz Laurence C. Gram Jr., acompanhado do promotor Michael McCann, e defendendo o réu o advogado Gerald Boyle, que já havia feito sua defesa anteriormente no processo de abuso infantil.

Desobedecendo à orientação de seu advogado, Dahmer se declarou culpado dos crimes pelos quais era acusado. Só restava para a defesa que ele fosse considerado mentalmente insano.

Enquanto a defesa alegava que só um louco poderia ter cometido crimes hediondos da natureza daqueles descritos ali, a acusação demonstrava a frieza da premeditação e a complexidade do planejamento ali envolvidas.

O advogado de defesa apresentou 45 testemunhas que atestaram o comportamento estranho de Dahmer e suas desordens mentais e sexuais que o impediam de entender a natureza de seus crimes. A acusação demonstrou que ele era perfeitamente capaz de controlar suas vontades, uma vez que não havia matado nenhum soldado no tempo em que servira o Exército ou colega quando frequentara a escola.

Psiquiatras depuseram por ambas as partes. Não se chegava a um consenso; cada um dissertava sobre um ponto de vista diferente. Na psiquiatria e na psicologia, não existem verdades universais, cada caso é um caso. A grande discussão e discordância entre os profissionais envolvidos, se o réu era capaz ou não de controlar suas ações, chegou a confundir o júri.

A defesa alegou que "[...] crânios trancados, canibalismo, ímpetos sexuais, perfurações, fazer zumbis, necrofilia, alcoolismo, tentar criar santuários, lobotomias, decomposição de cadáveres, taxidermia,[1] idas ao cemitério, masturbação [...] este era Jeffrey Dahmer, um trem desgovernado nos trilhos da loucura!".

A acusação disse: "Ele não era um trem desgovernado, ele era engenheiro! Senhoras e senhores, ele enganou muitas pessoas. Por favor, não deixem que esse horrível matador os engane".

O júri deliberou por apenas cinco horas e considerou Jeffrey Dahmer legalmente são, culpado pelas múltiplas acusações de homicídio. Foi sentenciado a 15 prisões perpétuas consecutivas ou um total de 957 anos de reclusão.

Diante da sentença, Dahmer fez a seguinte declaração na corte:

"Meritíssimo,
Agora está terminado. Este nunca foi um caso do qual tentei me libertar. Nunca quis a liberdade. Francamente, eu queria a morte para mim mesmo. Este caso é para dizer ao mundo que eu fiz o que fiz, mas não por razões de ódio. Não odiei ninguém. Eu sabia que era doente, ou perverso, ou ambos. Agora acredito que era doente. Os médicos me explicaram sobre minha doença e agora tenho alguma paz... Sei quanto mal eu causei... Graças a Deus não haverá mais nenhum mal que eu possa fazer. Acredito que somente o Senhor Jesus Cristo pode me salvar de meus pecados... Não estou pedindo nenhuma consideração".

Em 28 de novembro de 1994, Jeffrey Lionel Dahmer foi assassinado por Christopher Scarver, preso por assassinato em primeiro grau e que pensava ser filho de Deus. Dahmer morreu na ambulância, a caminho do hospital.

Após sua morte, foi criada uma grande controvérsia sobre a doação de seu cérebro para estudos da medicina. Depois da necropsia, o cérebro e outras amostras de tecido ficaram sob os cuidados e supervisão do dr. Robert W. Huntington, na University of Wisconsin Medical School.

Joyce Flint, ex-esposa de Lionel Dahmer, tentou contatar o pai de seu filho para submeter esses tecidos a um estudo científico conduzido pelo dr. Jonathan Pincus, da Georgetown University School of Medicine, uma vez que o

---

[1] Arte ou processo de empalhar animais.

dr. Huntington não liberaria o material sem autorização legal. O dr. Pincus escreveu uma carta na qual pedia o cérebro de Jeffrey Dahmer, que representava "uma chance sem paralelos de possivelmente determinar que fatores neurológicos poderiam ter contribuído para seu bizarro comportamento criminal".

O dr. Huntington respondeu que preferia conduzir com extremo cuidado o estudo do cérebro de Jeffrey Dahmer no McLean Hospital, em Boston. Acrescentou que não estava familiarizado com o dr. Pincus e seus estudos, e sua preocupação era relativa aos escrúpulos que seriam exercidos contra qualquer conclusão prematura. Na opinião dele, o cérebro de Dahmer deveria ser comparado com cérebros de pessoas consideradas normais e aquelas que houvessem agido demonstrando severo comportamento antissocial. Analisar esse cérebro de forma única e isolada e concluir algo sobre esse exame poderia ser perigoso e anticientífico. Se o dr. Pincus concordasse com essa condição, o dr. Huntington não veria problemas em encaminhar o material.

Após sua morte, foi criada uma grande
controvérsia sobre a doação de seu
cérebro para estudos da medicina.

O juiz Daniel S. George tinha muitas dúvidas sobre toda essa questão. Jeffrey Lionel Dahmer deixou, por escrito, suas últimas vontades. No testamento estava escrito que seu corpo deveria ser cremado tão cedo quanto possível e que não houvesse nenhuma cerimônia funerária antes ou depois da cremação.

Joyce Flint, representada por advogado, queria autorização judicial para que o dr. Pincus realizasse seus estudos, que trariam benefícios públicos consideráveis, além de respostas para os parentes de Jeffrey. Lionel Dahmer não concordava, queria que a vontade do filho prevalecesse. O advogado de Joyce alegava que ele não parecia tão preocupado em seguir a última vontade do filho quando realizou uma cerimônia após a cremação. Lionel argumentou que a cerimônia foi estritamente familiar, não pública.

Outra preocupação do juiz era como seria tratado cientificamente o assunto e que tipo de exploração os resultados proporcionariam para os que chamou de "pesquisadores pop, psicólogos pop e coisas desse tipo".

Em 12 de dezembro de 1995, o juiz George ordenou que o cérebro de Jeffrey Lionel Dahmer fosse cremado.

JEFFREY LIONEL DAHMER
Anuário Revere High School em 1977
Richfield, Ohio, EUA

7'0"
6'8"
6'6"
6'4"
6'2"
6'0"
5'8"
5'6"
5'4"
5'2"
5'0"
4'8"
4'6"
4'4"

ALBERT HAMILTON FISH

Nascimento: 19 de maio de 1870
Local: Washington, D.C., EUA
Morte: 16 de janeiro de 1936
Altura: 1,67 m
Cônjuge: Primeira esposa (1898/1917);
Estella Wilcox (1930/1930)
Filiação: Randall Fish e Ellen Howell Fish

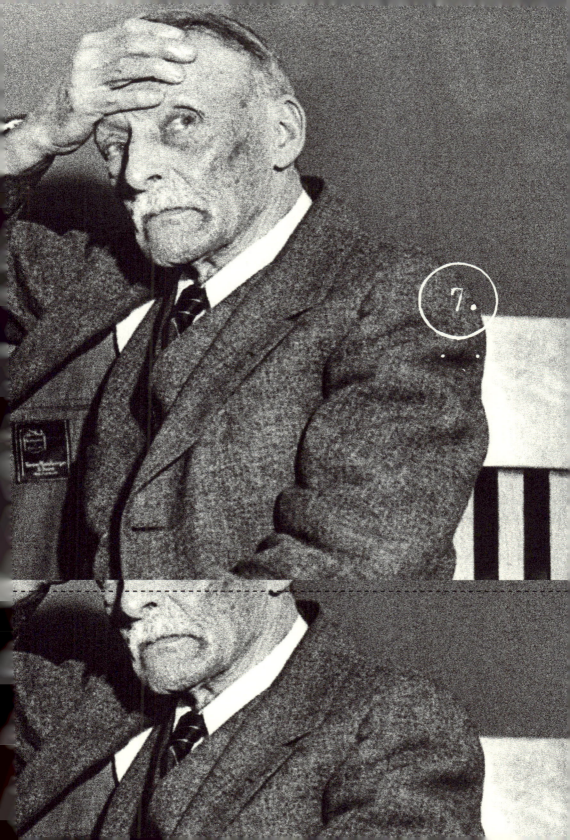

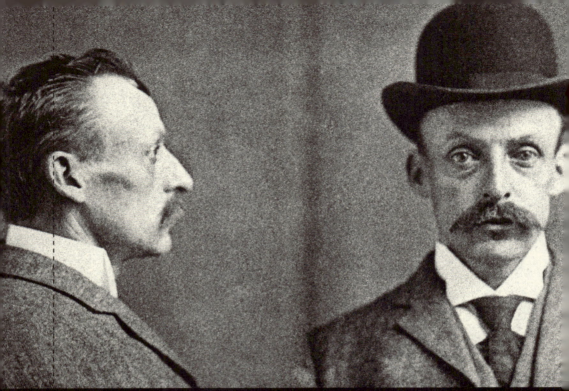

Murderer and Cannibal

human urine and blood; stuffed 27 needles into the genital area of his own body; lit fires of toilet paper in lavatories; prayed all hours of the day; and was once

telegram for to the Budd f
There wa: nature, but a gram on the c

▶ 1870

ALBERT HAMILTON (7.) FISH

O VOVÔ QUE COMIA CRIANCINHAS

"Eu sempre tive o desejo de infligir dor aos outros e que os outros infligissem dor em mim. Eu sempre pareci gostar de tudo que doía." – **Albert Hamilton Fish**

1928 — Albert Hamilton Fish sentia o coração acelerar ao ler o anúncio de jornal que tinha nas mãos. Tratava-se de um jovem, Edward Budd, oferecendo seus serviços. Era a oportunidade que esperava para agir novamente. Havia anos que escolhia as crianças e os jovens que levaria com ele, em cada um dos 23 estados americanos em que havia morado. Sua aparência o ajudava bastante, pois, grisalho desde jovem, era sempre tomado por um senhor já de certa idade, incapaz de alguma maldade. Era o engano que todos cometiam.

Sem perder tempo, contatou o orgulhoso pai do rapaz que colocara o anúncio e marcaram um encontro para uma entrevista. Usou o pseudônimo de Frank Howard e se apresentou como fazendeiro, sem levantar nenhuma suspeita sobre suas reais intenções.

Mal se conteve até o dia marcado para conhecer o "futuro empregado". Entrevistou Edward e mais um colega, Willy, e sem perder tempo contratou logo os dois para trabalhar para ele. Iria buscá-los no fim de semana, quando os garotos já estariam de malas prontas.

No domingo, elegante e tranquilo, foi até o endereço da família Budd cumprir o combinado. Como homem educado que era, levou para a dona da casa um pote de queijo e morangos, conquistando a confiança da mãe do rapaz, Delia Budd. O pai do rapaz, Albert, explodia de orgulho pelo fato de Edward ter procurado emprego para ajudar a família a melhorar de vida. Agora o filho trabalharia ajudando aquele alinhado e frágil senhor a cuidar de suas galinhas e vacas leiteiras, engrossando o parco dinheiro do sustento com dignidade e segurança. Ninguém duvidou que alguém com aquela aparência realmente precisasse de ajuda nos trabalhos pesados que envolviam seus negócios. Ninguém percebeu que o garboso velhinho não conseguia tirar os olhos da caçula da família, Grace Budd, uma menina de apenas 10 anos. Como que tomado por uma paixão súbita, o frágil senhor mudou drasticamente seus planos.

Sua aparência o ajudava bastante, pois, grisalho desde jovem, era sempre tomado por um senhor já de certa idade, incapaz de alguma maldade. Era o engano que todos cometiam.

Sem que ninguém imaginasse sua verdadeira intenção, o novo patrão de Edward Budd contou para Albert e Delia que tinha de ir ao aniversário de uma sobrinha antes de levar seus novos empregados para a fazenda. Assim, com displicência, convidou a linda menina para acompanhá-lo à festa. Seria divertido para Grace e ela seria ótima companhia para sua sobrinha. Os pais da menina titubearam. Ele poderia dizer onde era a festa? "Claro que sim", respondeu Howard, escrevendo o endereço da festa em um pedaço de papel. Sem argumentos para fazer tal desfeita ao novo patrão de seu filho, assistiram quase impotentes enquanto o distinto senhor pegava Grace pela mão e saía pela porta.

Horas depois, já desesperados com o sumiço da filha, chamaram a polícia, que informou à família que o endereço da festa era falso. Nunca mais veriam a menina.

CRIMES OF THE TWENTIETH CENTURY

Albert Fish: Itinerant Child Murderer and Cannibal

The cruel unflinching stare of manic mass murderer Albert Fish

Cannibal Child Murderer Executed

On JANUARY 16, 1936, prison officers brought a little old man with grey hair and a straggly moustache to the electric chair. He looked gentle and meek, although by most estimates he flogged and tortured over a hundred children and killed at least four – possibly 15. He did not look excited, although he once said: "What a thrill that will be, if I have to die in the electric chair. It will be the supreme thrill – the only one I haven't tried."

He did not look mad, although few psychiatrists would suggest that this man was normal: a man who ate human flesh and excrement; drank human urine and blood; stuffed 27 needles into the genital area of his own body; lit fires of toilet paper in lavatories; prayed all hours of the day; and was once observed yelling: "I am Jesus! I am Jesus!" over and over again.

It took two shots of electricity to kill him. It often does. But on this occasion, reporters suggested that the needles in his body shorted the circuit the first time.

Albert Hamilton Fish, at 66 the oldest man ever executed in Sing Sing, and pretty certainly the maddest, is dead.

Trapped by Handwriting After Six Years

Fish was arrested in 1934 for the murder of 11-year-old Grace Budd six years earlier. He was caught because in November that year he suddenly wrote to Mrs Budd telling her how he had killed and eaten her child. It was the work of a sick man who relished reliving his crime and fantasizing about others. Yet he may have intended to give some crude solace in his final obscenity: "I did not fuck her tho' I could of had if I wished. She died a virgin." (Later he would tell a psychiatrist this was untrue.)

New York Missing Persons' Bureau knew this unsigned letter really did come from the mysterious "Frank Howard" who took little Grace "to a party" on May 27, 1928, never to be seen again. Its handwriting matched that of Howard's on a telegram for...
to the Budd f...
There wa...
nature, but a...
gram on the e...
a batch which...
rooming-hou...
New York. A...
there said...
tenant, a Mr...
regularly to...
from his son...
did so, detec...

The Mu... of Grac...

Albert Fish m...
when they a...
ing summer...
18-year-old...
(who planne...
Edward) pr...
"Frank How...
smallholde...
were impre...
manners an...
black three...
agreed that...
with him th...

On the d...
to collect Ed...
saw little G...
change of p...
taking her t...
he said his s...
Columbus A...
stay a coupl...
returned for...

In fact, I...
child by tr...
house in W...
There he ser...
outside whi...
stairs. The...
grabbed her...
at his naked...
her.

He stri...

Sem perder tempo, Fish levou a menina Grace para uma viagem de trem e desceu na estação de Worthington. Excitado ao rever os planos macabros que tinha em mente para ela, quase se esqueceu, no assento em que viajara, da maleta com todos os instrumentos que havia comprado para castrar Edward e Willy, suas vítimas iniciais. Sorrindo para a menina que o havia lembrado de levar seus pertences, rumou em direção a uma casa vazia em Westchester chamada Wisteria Cottage, lugar previamente escolhido por ele para colocar em prática seus desejos perversos.

Grace não desconfiou de nada. Ficou no quintal, como o senhor Howard mandou, colhendo flores. Enquanto a menina se distraía, Fish foi para o quarto no andar superior com suas facas de corte afiado. Experiente, tirou as próprias roupas para não sujá-las de sangue, acenou para Grace da janela, fazendo sinal para que subisse, e se escondeu no armário até que ela adentrasse o quarto o suficiente para que ele a atacasse.

A garotinha gritou, chutou e arranhou seu agressor sem sucesso, enquanto ele arrancava suas roupas e a asfixiava. Não teve a menor chance; o velhinho não era tão fraco quanto aparentava.

1934 — Seis anos depois de Grace Budd desaparecer, o caso ainda estava aberto, mas ninguém mais esperava que ela fosse encontrada, nem mesmo seu raptor. Apenas um homem, o detetive William F. King, continuava a trabalhar incansavelmente. De vez em quando, em conjunto com o jornalista Walter Winchell, plantava uma notícia falsa sobre o andamento das investigações no jornal para que o assunto continuasse em pauta, em uma frágil tentativa de não deixar o caso cair no esquecimento. Assim, foi veiculada a notícia, em novembro, que em breve surpresas seriam reveladas pelo Departamento de Pessoas Desaparecidas.

Dez dias depois, Delia Budd, mãe de Grace, recebeu uma carta. Por sorte e por causa de seu analfabetismo, entregou-a ao filho, Edward Budd. O rapaz, completamente chocado e perturbado com a leitura, apressou-se em entregar a carta ao detetive King:

"Minha querida senhora Budd,

Em 1894, um amigo meu embarcou como trabalhador braçal de convés no navio *Steamer Tacoma*, capitão John Davis. Eles velejaram de São Francisco para Hong Kong, na China. Ao chegarem lá, ele e dois outros foram para terra e ficaram bêbados. Quando voltaram, o navio tinha ido embora. Aqueles eram tempos de fome na China. *Carne de qualquer tipo* custava de um a três dólares a libra. Tão grande era o sofrimento entre os muito pobres que todas as crianças com menos de 12 anos foram vendidas como comida para manter os outros não famintos. Um menino ou menina de menos de 14 anos não estava seguro nas ruas. Você poderia ir a qualquer loja e pedir um bife, cortes de carne ou picadinho. Do corpo nu de um menino ou menina seria trazida exatamente a parte desejada por você, que seria cortada dele.

A parte de trás de meninos ou meninas é a mais doce parte do corpo e era vendida como costela de vitela, pelo preço mais alto.

John ficou lá tanto tempo que adquiriu gosto por carne humana. Quando voltou para Nova York, roubou dois meninos de 7 e 11 anos. Levou-os para sua casa, tirou a roupa dos dois e os amarrou nus no armário. Então queimou tudo deles. Inúmeras vezes, todo dia e toda noite, ele os espancou e os torturou para fazer com que sua carne ficasse boa e tenra.

Primeiro ele matou o menino de 11 anos, porque tinha a bunda mais gorda e, é claro, havia mais carne nela. Cada parte do corpo foi cozida e comida, exceto a cabeça, os ossos e as tripas. Ele foi assado no forno (todo o seu lombo), fervido, grelhado, frito e refogado. O menino pequeno era o próximo e tudo aconteceu da mesma maneira. Naquela época, eu estava morando no número 409 da rua 100. Ele me falava com tanta frequência de como a carne humana era gostosa que eu decidi prová-la.

No domingo 3 de junho de 1928, eu lhes telefonei no número 406 da rua West 15. Levei um pote de queijo e morangos para vocês. Nós almoçamos. Grace sentou no meu colo e me beijou. Eu me convenci a comê-la (naquele momento), com a desculpa de levá-la a uma festa. Você disse sim, ela poderia (ir à festa comigo). Eu a levei a uma casa vazia em Westchester que já tinha escolhido. Quando chegamos lá, eu lhe disse para ficar no quintal. Ela colheu flores selvagens. Subi as escadas e tirei toda a minha roupa. Eu sabia que se não o fizesse ficaria com o sangue dela nas roupas. Quando estava pronto, fui até a janela e a chamei. Então, me escondi no armário até ela entrar no quarto. Quando me viu completamente nu, ela começou a chorar e tentou correr escadas abaixo. Eu a agarrei e ela disse que ia contar para a mãe dela.

Eu tirei a roupa dela, deixando-a nua. Como ela chutou, mordeu e arranhou! Eu a asfixiei até a morte, então a cortei em pequenos pedaços para poder levar a carne para meus aposentos. Cozinhei e comi aquilo. Como era doce e tenro seu pequeno lombo assado no forno. Levei nove dias para comer seu corpo inteiro. Eu não 'fodi ela', e eu poderia, se tivesse desejado. Ela morreu uma virgem."[1]

---

[1] Tradução livre da carta original.

Mais de cinquenta dedos, pernas e outros ossos foram encontrados próximos a casa abandonada em Westchester

Investigadores conferem sapatos femininos e roupas encontrados próximos a casa onde ALBERT FISH assassinou Grace Budd

Ninguém quis acreditar que aquela carta era verdadeira. Todos ficaram chocados com a descrição fria de uma mente perversa, narrando o assassinato da pequena Grace com tantos detalhes. Como se não bastasse, o assassino abominável ainda enviou a receita que utilizou para canibalizar a vítima, relatando seus inimagináveis atos à mãe dela. Aquela pessoa não podia ser normal.

Dotado de uma postura extremamente profissional, apesar do horror com que leu aquelas palavras, o detetive King se ateve a detalhes relatados na carta que só podiam ser do conhecimento do próprio assassino. Era fato que "Frank Howard" havia levado queijo e morangos na visita que fizera aos Budd; a carroça em que os havia comprado foi inclusive localizada pela polícia e ficava no East Harlem, o que direcionou as investigações para aquele bairro.

A caligrafia da carta endereçada a Delia Budd também foi comparada à resposta ao anúncio colocado no jornal por Edward, irmão de Grace, em 1928. O tal "Frank Howard", seis anos antes, havia respondido ao jornal *Wester Union* e com certeza se tratava da caligrafia da mesma pessoa.

"Cozinhei e comi aquilo. Como era doce e
tenro seu pequeno lombo assado no forno.
Levei nove dias para comer seu corpo inteiro."

O envelope que continha a carta também foi examinado como evidência. Ali foi encontrada uma pista crucial: um pequeno emblema hexagonal com as letras N.Y.P.C.B.A., que pertenciam à *New York Private Chauffeur's Benevolent Association* (Associação Beneficente de Motoristas Particulares de Nova York). Com a cooperação do presidente da associação, uma reunião de emergência convocou todos os membros e a caligrafia deles foi examinada e comparada. Como nenhuma delas combinou positivamente com a do assassino, o detetive King contou a todos a história do crime contra Grace. Pediu, então, aos presentes que se alguém tivesse levado da associação algum papel de carta ou envelope timbrado para dá-lo a outra pessoa que, por favor, se apresentasse e relatasse à polícia o acontecido. Um jovem porteiro admitiu que havia pego duas folhas e alguns envelopes e levado para casa. Ao interrogar a senhoria da pensão onde ele morava, a polícia descreveu o suspeito "Frank Howard". A expressão de surpresa da senhoria não deixava dúvidas de que ela sabia de quem se tratava: era a exata descrição do homem idoso que morara ali por dois meses e tinha saído da pensão havia apenas dois dias.

O inquilino chamava-se Albert H. Fish. A senhoria mencionou que ele pedira que guardasse a carta que seu filho mandaria de onde trabalhava, Civilian Conservation Corps, na Carolina do Norte. O filho mandava dinheiro com regularidade para seu velho pai. Finalmente, dias depois, o correio avisou a polícia, que deteve uma carta para Albert Fish. Depois de a carta chegar, nada de ele aparecer. O detetive King estava ficando preocupado, pois poderia ter afugentado o assassino. Por que Fish não mais contatou sua senhoria?

No dia 13 de dezembro de 1934, a senhoria telefonou para o detetive King dizendo que o antigo hóspede estava na pensão procurando a carta.

O velho homem estava sentado tomando uma xícara de chá quando a polícia chegou. Fish ficou em pé e, quando questionado, confirmou para King quem era. De repente, enfiou a mão no bolso e tirou uma lâmina de barbear. Sem perder tempo e já furioso, King agarrou a mão do velho homem e torceu-a rapidamente. "Agora eu te peguei", disse, triunfante.

Vários homens da lei e psiquiatras acompanharam as confissões de Albert Fish. Elas foram censuradas com severidade para a imprensa, por causa de seu conteúdo chocante.

Albert Hamilton Fish nascera em 1870, em uma família respeitosa, mas perdeu o pai aos 5 anos e foi para um orfanato. Lá ficou conhecido como criança-problema por sofrer de enurese noturna até os 11 anos de idade e pelas fugas constantes.

Em 1917, já casado havia alguns anos, foi abandonado pela esposa, que fugiu com outro homem, deixando para trás os seis filhos do casal. Ele, que já não era uma pessoa muito equilibrada, começou a piorar emocionalmente a cada dia. Seus filhos foram os primeiros a perceber as mudanças de atitude.

Suas obsessões agora eram temas religiosos, pecados, sacrifícios e expiação por meio da dor. Forçava seus próprios filhos a vê-lo se autoflagelar até arrancar sangue das próprias nádegas, que surrava com pedaços de madeira. Outros "passatempos" masoquistas de Albert incluíam inserir agulhas na virilha e na região entre o saco escrotal e o ânus, comer matéria fecal humana e colocar algodões embebidos com álcool dentro do ânus e atear fogo.

Aos 55 anos, Albert começou a experimentar alucinações de conteúdo religioso. Tinha visões de Cristo e seus anjos e começou a especular sobre autopurgação de iniquidades e pecados, expiação por autoflagelação, sacrifícios humanos etc. Ele tinha certeza de que, se estivesse agindo errado matando crianças, Deus mandaria um anjo para impedi-lo, assim como impediu Abraão de matar seu filho.

Os antecedentes familiares de Fish também eram bastante preocupantes. Em sua família podiam-se constatar muitas pessoas portadoras de doenças mentais: um tio paterno sofria de psicose religiosa e morreu em um hospital estadual; um meio-irmão também falecera em instituição mental; um irmão mais novo, portador de retardo mental, morrera em decorrência de hidrocefalia; sua mãe, considerada esquisita, era conhecida por ouvir e ver coisas; uma tia paterna era tida como completamente louca; outro irmão sofria de alcoolismo; e uma irmã fora diagnosticada, na época, como portadora de "um tipo de aflição mental".

O que aconteceu na casa de Wisteria Cottage foi o descrito por Albert Fish na carta para a sra. Budd. Ao retornar ao local do crime com a polícia para o resgate dos restos mortais da menina, Albert, sem nenhum traço de emoção, observou o trabalho da polícia, impassível.

Budd pai e filho foram levados à polícia para identificar Fish como sendo a mesma pessoa que se denominava "Frank Howard". Apesar do descontrole dos dois, Fish não se alterou. Aquele estava longe de ser seu único crime.

A ficha criminal de Fish não era nada pequena. Desde 1903, havia registros de prisões por furto, envio de cartas obscenas, crimes de baixo poder ofensivo. Ele estivera internado em instituições mentais mais de uma vez.

Durante o tempo em que toda a burocracia legal se realizava, houve uma surpresa no caso: um maquinista que viu a foto do acusado no jornal foi até a delegacia reconhecê-lo como o homem visto por ele tentando calar o menino Billy Gaffney, em fevereiro de 1927. No pátio de um prédio em Nova York, dois meninos, ambos chamados Billy, 3 e 4 anos, brincavam tranquilamente aos cuidados de um vizinho de 12 anos. Quando a irmã caçula do vizinho acordou chorando em seu berço, ele entrou em casa para atendê-la. Ao retornar ao pátio, os dois Billy não estavam mais lá. O vizinho, desesperado, foi chamar o pai do Billy mais novo, que começou uma frenética busca pelo prédio. Só o encontraram no terraço da cobertura. Quando o pai perguntou a ele onde estava seu amiguinho Billy Gaffney, ele respondeu: "O bicho-papão pegou ele!"

Ninguém ligou muito para o que disse a testemunha de 3 anos, considerando aquele relato apenas fantasia. Iniciaram uma busca nas vizinhanças, imaginando se o garotinho havia entrado em alguma fábrica do bairro ou caído no canal Gowanus, nas cercanias do prédio, mas as buscas não deram em nada. Finalmente, um policial resolveu ouvir a descrição da testemunha sobre o tal bicho-papão: era magro e velho, com cabelo e bigode acinzentados. Apesar da clara descrição, os policiais não conectaram esse caso ao do "homem grisalho", ocorrido alguns anos antes.

Em julho de 1924, o garoto Francis McDonnell, oito anos, brincava com seus amigos em frente à sua casa em Staten Island. A mãe, que sempre estava pajeando o filho, viu algumas vezes um velho homem, de cabelo e bigode grisalhos, observando os garotos que brincavam. Uma tarde o velho chamou Francis, que se afastou com ele, enquanto os outros meninos continuaram a jogar bola. Um vizinho distante diria depois que viu os dois entrando em um matagal, o velho atrás do menino.

O desaparecimento do garoto só foi percebido na hora do jantar. Seu pai, um policial, organizou imediatamente uma busca. O garoto foi encontrado na mata, debaixo de alguns galhos de árvore, agredido com brutalidade. Suas roupas haviam sido arrancadas, estavam despedaçadas, e ele foi estrangulado com os suspensórios que usava. Fora surrado de forma tão violenta que os policiais concluíram que ou o velho frágil não era nem tão velho nem tão frágil, ou tinha um cúmplice.

As investigações se concentraram na descrição feita pela mãe do menino sobre o velho que naquela manhã fora visto em frente à sua casa. Era idoso, esguio e tinha cabelo e bigode grisalhos. Os policiais o apelidaram de "Homem Grisalho".

Outra testemunha importante também compareceu à delegacia, um homem de Staten Island, que identificou Fish como o homem que quis atrair sua filha de 8 anos para um matagal localizado não muito longe de onde Francis McDonnell foi assassinado. A menina teria sido abordada apenas três dias antes do assassinato do menino.

Fish também foi identificado como o homem que matou a menina de 15 anos, Mary O'Connor, em Far Rockaway. Seu corpo foi encontrado em um matagal perto da casa em que Fish estava trabalhando como pintor de paredes.

Depois de reconhecido, Fish confessou coisas impensáveis que teria feito com Billy Gaffney e inclusive forneceu as várias receitas que utilizou para comê-lo. Não foi difícil concluir que estavam lidando com um compulsivo molestador de crianças. Os promotores do caso tinham a convicção de seu envolvimento em ataques a mais de cem crianças, enquanto Albert, em suas confissões, alegava ter molestado mais de quatrocentas. Ele viveu em 23 estados americanos e disse ter matado pelo menos uma criança em cada local em que morou.

O "Homem Grisalho" havia sido encontrado.

Com todas essas evidências contra Albert Fish, a única chance de ele não ser condenado à morte era ser declarado inimputável por psiquiatras forenses.

Os psiquiatras da defesa o diagnosticaram psicótico paranoico. Já os da acusação o consideraram mentalmente são.

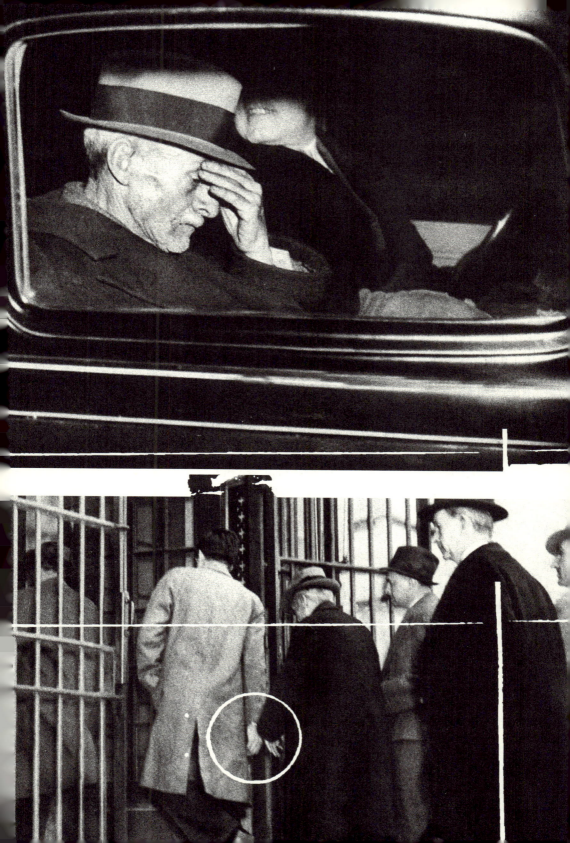

O advogado de defesa, James Dempsey, adotou como estratégia tentar provar a insanidade de seu cliente. Queria demonstrar que ele sofria de uma demência comum em pintores de parede, chamada *lead colic*.[2] Para isso, colocou no banco de testemunhas todos os seis filhos de Fish, que relataram as autoflagelações do pai presenciadas durante toda a sua infância.

Dempsey também chamou para depor pela defesa o psiquiatra dr. Fredric Wertham. O médico disse que no início dos trabalhos com Fish achava que ele estava mentindo e exagerando sobre as histórias que contava, em especial quando revelou que durante anos enfiou agulhas em seu corpo, na região entre o ânus e o escroto. No começo, descreveu como colocava e tirava as agulhas, mas, algumas vezes, ele as enfiava tão profundamente que sua retirada se tornava impossível. Depois dessa história, Wertham resolveu colocar Fish à prova e solicitou um raio X da região pélvica: foram encontradas pelo menos 29 agulhas em seu corpo.

A defesa também argumentou que homens que cozinham e comem criancinhas não podem ser normais. Quando interrogou o pai de Grace, Dempsey teve a coragem de argumentar que, afinal de contas, os próprios pais entregaram a filha para Fish. Na opinião dele, ela não havia sido sequestrada. Depois dessa alegação, a comoção foi tão grande entre os jurados e a plateia que o tribunal quase veio abaixo. O pai de Grace soluçava sem parar.

A estratégia da acusação, por intermédio do promotor Elbert F. Gallagher, foi demonstrar que Albert Fish era mentalmente sadio, apesar de ser um psicopata sexual. Ele tinha clareza do que fazia, premeditou o crime comprando instrumentos para executá-lo e, ao sequestrar e matar Grace Budd, tinha perfeita consciência de que agia errado. Fish, segundo a promotoria, tinha uma memória ótima para sua idade e consciência absoluta de onde estava e com quem. Querer provar que aquele homem não sabia o que fazia na hora do crime, para a acusação, era quase um desaforo.

Gallagher pediu que funcionários da corte trouxessem a caixa com os restos mortais de Grace Budd. Em plenário, abriu-a e retirou o crânio da menina para que todos vissem. A defesa pediu um recesso imediato!

Ao final de julgamento tão controverso, Albert Hamilton Fish foi considerado mentalmente são e culpado por assassinato premeditado. Por ser sadomasoquista, adorou ter sido sentenciado à morte na cadeira elétrica. Foi eletrocutado na prisão de Sing Sing, Nova York, em 16 de janeiro de 1936. Foram necessárias duas descargas elétricas para matá-lo, pois as 29 agulhas alojadas em seu corpo ao longo de toda a vida causaram um curto-circuito na cadeira elétrica.

Sua última frase foi sobre sua eletrocussão: "A emoção suprema, a única que nunca experimentei".

---

2   Intoxicação por chumbo, encontrado em maior quantidade nas tintas antigas.

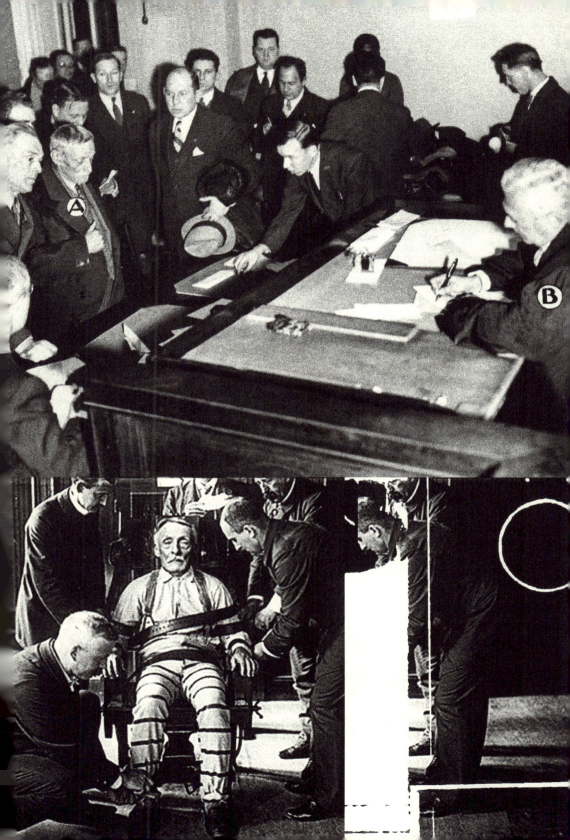

Nascimento: 17 de março de 1942
Local: Chicago, Illinois, EUA
Morte: 10 de maio de 1994
Altura: 1,78 m
Cônjuge: Marlynn Myers (1964/1969);
Carole Hoff (1972/1976)
Filiação: John Stanley Gacy
e Marion Elaine Robinson

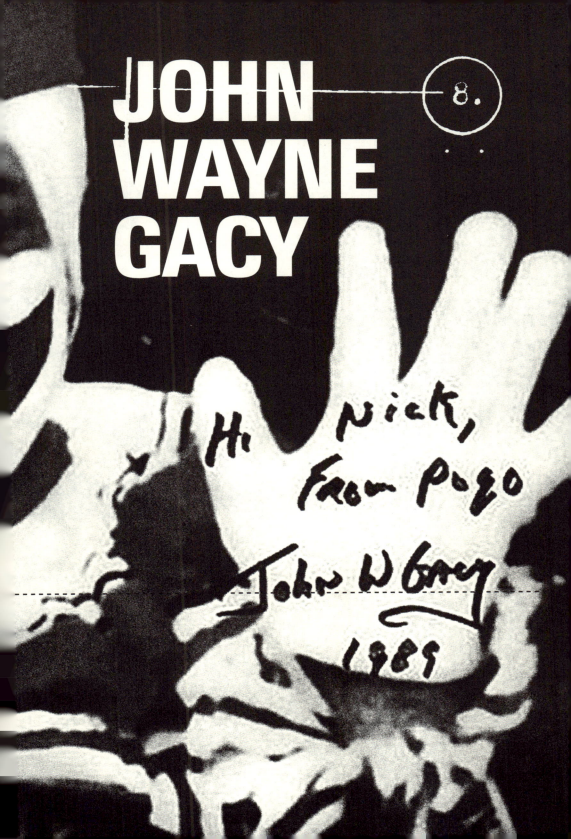

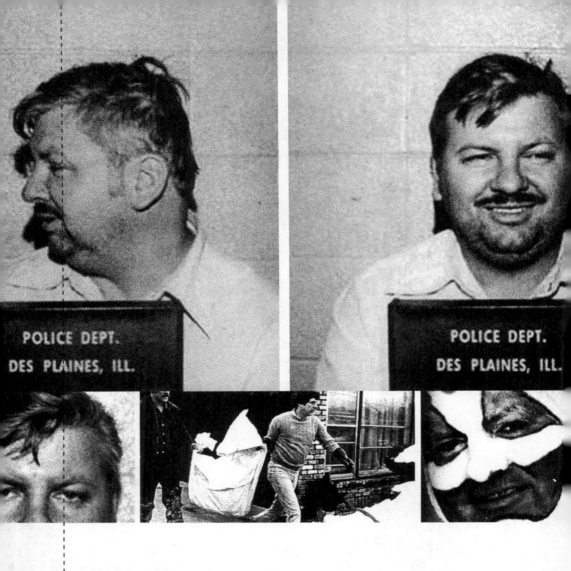

1942

JOHN WAYNE GACY
O PALHAÇO ASSASSINO

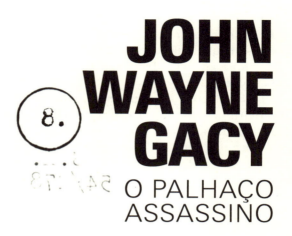

"A única coisa da qual eles podem me acusar é de ter um cemitério em casa sem licença para isso." – **John Wayne Gacy**

---

11 DE DEZEMBRO DE 1978, DES PLAINES, CHICAGO, EUA — Robert Piest, 15 anos, trabalhava em uma farmácia. Sua mãe tinha ido buscá-lo no horário de saída, mas o garoto pediu que ela aguardasse um pouco, pois antes de ir pra casa conversaria com um empreiteiro que lhe estava oferecendo um emprego. A mãe ficou por ali olhando as prateleiras pacientemente, torcendo pelo esforçado filho que tinha. Pediu que ele não demorasse, pois o bolo de seu aniversário o esperava pronto, em casa. O tempo foi passando e ele não voltava. Depois de sair e entrar na farmácia várias vezes sem conseguir encontrar o filho, a mãe do menino resolveu chamar a polícia. Começou a ficar desesperada.

O tenente Joseph Kozenczak respondeu ao chamado. Depois de ser informado que o nome do empreiteiro que havia oferecido emprego a Robert era John Wayne Gacy, resolveu ir até a casa dele para verificar. Havia três horas que o garoto estava desaparecido.

Quem atendeu à porta foi o próprio empreiteiro. O tenente explicou--lhe sobre o garoto desaparecido e pediu que o acompanhasse até a delegacia para prestar depoimento. Gacy disse ao tenente que não podia sair de casa naquele momento, pois havia acontecido uma morte na família e ele precisava atender algumas ligações telefônicas. Assim que pudesse iria até lá.

Horas depois, em seu depoimento para o tenente Kozenczak, o empreiteiro John Wayne Gacy disse nada saber sobre o desaparecimento do tal menino, mas, assim que o homem saiu da delegacia, o policial resolveu checar o passado dele. Surpreendentemente, sua ficha criminal se encaixava com perfeição no caso.

Em 1968, John Gacy fora condenado em Iowa por abuso sexual de um menino. Condenado a dez anos de prisão, foi posto em liberdade condicional por bom comportamento depois de cumprir 18 meses da pena. Em 1971, foi acusado outra vez de atacar um adolescente que trabalhava para ele na franquia do Kentucky Fried Chicken, cujo sogro era proprietário. O caso acabou sendo arquivado quando o garoto não compareceu à audiência. Em 1972, foi acusado de molestar e matar um gay. Alegou que se tratara de um acidente.

Quanto mais pesquisava sobre a vida de Gacy, mais espantado o tenente Kozenczak ficava. Tratava-se de homem de grande prestígio na cidade e ninguém parecia saber de seus antecedentes. Era membro do Conselho Católico Interclubes, membro da Defesa Civil de Illinois, capitão-comandante da Defesa Civil de Chicago, membro da Sociedade dos Nomes Santos, eleito Homem do Ano, Jaycee (membro da Câmara de Comércio Jovem) e tesoureiro do Partido Democrata. Sua foto havia aparecido nos jornais quando fora recebido pela primeira-dama Rosalind Carter. Muitos de seus amigos ouviram boatos sobre sua homossexualidade, mas não deram muita atenção, pois Gacy havia sido casado duas vezes, tinha um casal de filhos...

Também era conhecido como um homem extremamente caridoso, que se fantasiava de Palhaço Pogo e entretinha crianças em festas beneficentes e hospitais.

Era proprietário de uma empreiteira, PDM Contractors, Incorporated, que executava serviços de pintura, decoração e manutenção. Gacy sempre contratava menores de idade, alegando que os custos eram mais baixos.

De posse de todas essas informações, confuso e desconfiado, o tenente Kozenczak obteve um mandado de busca para a casa do suspeito. Ele acreditava que encontraria Robert Piest ali. Encontrou muito mais...

Ao vasculhar a residência do empreiteiro, a polícia se deparou com várias evidências suspeitas:

01ª EVIDÊNCIA: anéis gravados, alguns com iniciais;

02ª EVIDÊNCIA: sete filmes eróticos suecos;

03ª EVIDÊNCIA: vários comprimidos do sedativo Valium e nitrato de amido;[1]

04ª EVIDÊNCIA: fotos coloridas de farmácias;

05ª EVIDÊNCIA: livros sobre homossexualidade;

06ª EVIDÊNCIA: um par de algemas com chaves;

07ª EVIDÊNCIA: uma tábua com dois buracos de cada lado, de uso desconhecido;

08ª EVIDÊNCIA: uma pistola;

09ª EVIDÊNCIA: emblemas da polícia;

10ª EVIDÊNCIA: um pênis de borracha preta;

11ª EVIDÊNCIA: seringas hipodérmicas;

12ª EVIDÊNCIA: roupas muito pequenas para serem de Gacy;

13ª EVIDÊNCIA: um recibo de filme fotográfico da farmácia Nisson (que depois se descobriria ter pertencido a Robert Piest);

14ª EVIDÊNCIA: uma corda de náilon;

15ª EVIDÊNCIA: duas licenças de motorista, não no nome de Gacy;

16ª EVIDÊNCIA: um anel com a inscrição "Maine West High School – class of 1975" e as iniciais J.A.S.;

17ª EVIDÊNCIA: maconha e papéis para enrolar baseados;

18ª EVIDÊNCIA: um canivete;

19ª EVIDÊNCIA: uma mancha no tapete;

20ª EVIDÊNCIA: um livro de endereços.

---

[1] Preparado químico volátil com propriedades vasodilatadoras, que pode ser usado para realçar a sensação sexual.

Três automóveis também foram confiscados. Em um deles, foram encontrados fios de cabelo que depois de examinados por um laboratório forense seriam identificados como de Robert Piest.

Durante todo o tempo em que recolhiam essas evidências, os policiais sentiam odores muito fortes, que pareciam vir de baixo da casa. Era provável que se tratasse de esgoto ou água servida,[2] mas não custava verificar. A casa de Gacy foi construída de forma a ter um espaço entre o chão e a laje do piso, onde uma pessoa só conseguia entrar rastejando. Além do odor, nada chamou atenção.

John Gacy foi intimado a comparecer à delegacia para explicar os objetos encontrados em sua casa. Convocou seu advogado imediatamente. Foi acusado por porte de maconha e do sedativo Valium, mas a polícia não tinha mais nada contra ele. Tiveram de liberá-lo, mas mantiveram vigilância 24 horas sobre o suspeito.

Outras novidades começaram a aparecer no caso de John Gacy.

Em março de 1978, Jeffrey Ringall, na época com 27 anos, pegou uma carona em um Oldsmobile preto. O motorista, homem grande e pesado, era bastante simpático. No meio do trajeto, sem nenhum aviso de que algo ameaçador estava para acontecer, o homem agarrou-o, colocando sobre seu nariz um pano encharcado com clorofórmio. Ringall perdeu a consciência. Durante o caminho, acordou algumas vezes, mas logo era obrigado a cheirar mais clorofórmio e perdia os sentidos.

No dia seguinte, quando recobrou a consciência, estava completamente vestido embaixo de uma estátua, em pleno Lincoln Park. Não fazia a menor ideia de como tinha ido parar ali. Foi até a casa da namorada, sentindo-se muito mal. Ao tirar a roupa, não puderam acreditar no que viam: lacerações na pele, queimaduras, hematomas. Ringall ficou internado no hospital durante seis dias e sofreu estragos permanentes no fígado causados pelo clorofórmio que inalou em grande quantidade. Ao ser interrogado pela polícia, aquela vítima só se lembrava que um homem gordo o havia atraído para seu carro, um Oldsmobile preto. Lembrava-se também de ter sido levado a uma casa, onde foi atacado sexualmente e espancado com um chicote, mas não se recordava da localização. Ficou difícil para a polícia investigar com tão poucos dados.

Já em dezembro do mesmo ano, inconformado com a situação, Ringall jurou encontrar seu abusador. Forçando a memória, lembrou-se de ter visto uma avenida no caminho, em um dos breves momentos em que esteve consciente dentro do carro. Não teve dúvidas: pegou o próprio carro e estacionou-o na avenida por horas, todos os dias, até ver passar um Oldsmobile preto. Seguiu-o até a casa do motorista, obteve o nome do morador e entrou com uma queixa-crime de ataque sexual contra John Wayne Gacy.

---

2   Água utilizada na limpeza dos utensílios domésticos, lavagem de carros, banhos e eliminada pelo sistema de esgoto.

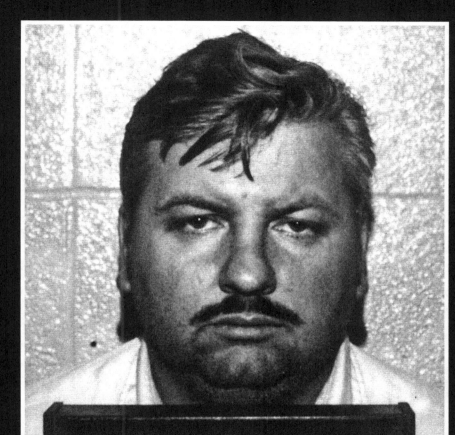

JOHN WAYNE GACY
Departamento de Polícia de
Des Plaines, Illinois, EUA

Os exames forenses nos artigos recolhidos como evidência na casa de Gacy também começavam a frutificar. Um dos anéis encontrados pertencia a John Szyc, desaparecido em janeiro de 1977. Teoricamente, ele havia vendido seu carro para o empreiteiro 18 dias depois de seu desaparecimento. A assinatura no documento do carro era falsa.

Também descobriram, nas investigações, que vários empregados de John Gacy haviam desaparecido:

JOHN BUTKOVICH, 17 anos. Empregou-se na PDM Contractors para financiar sua paixão por carros. Dava-se muito bem com Gacy, até que este se recusou a pagar-lhe duas semanas de serviço. Butkovich foi até a casa do empreiteiro para cobrá-lo, acompanhado de dois amigos. Tiveram uma grande briga. O garoto ameaçou seu empregador, dizendo que procuraria as autoridades competentes para contar que ele sonegava impostos. Gacy ficou furioso. Butkovich e seus amigos deixaram a casa; ele deixou cada colega em sua respectiva casa e desapareceu para nunca mais ser visto.

MICHAEL BONNIN, 17 anos. Gostava de fazer serviços de carpintaria e sempre estava ocupado realizando diversos projetos. Em junho de 1976, no caminho para encontrar o irmão de seu padrasto, desapareceu. Estava restaurando um toca-discos automático para John Wayne Gacy.

BILLY CARROLL, JR., 16 anos. Com vários antecedentes criminais menores, passava a maior parte do tempo nas ruas da área residencial da cidade. Aos 16 anos, fazia dinheiro arrumando encontros entre meninos homossexuais e clientes adultos por uma pequena comissão. Desapareceu em 13 de junho de 1976. John Wayne Gacy era um de seus clientes.

GREGORY GODZIK, 17 anos. Trabalhava na PDM Contractors e restaurava carros. Em 12 de dezembro de 1976, depois de deixar a namorada em casa, disse que iria embora para a sua. No dia seguinte, a polícia encontrou seu Pontiac abandonado. Nunca mais foi visto.

ROBERT GILROY, 18 anos. Desapareceu em 15 de setembro de 1977. Seu pai, um sargento da polícia de Chicago, começou a procurá-lo assim que ele não compareceu a um encontro com colegas para andar a cavalo. Sua busca não resultou em nada. Jamais encontrou o filho.

A polícia também descobriu que o recibo de filme da farmácia Nisson era de um colega de trabalho de Robert Piest, que havia entregado a ele no dia de seu desaparecimento para que fosse revelado. Resolveram investigar de novo a casa de Gacy, que, pressionado, acabou confessando que matara uma pessoa, mas que o crime havia sido em legítima defesa. Fez um mapa para os investigadores, assinalando um local na garagem onde havia enterrado o corpo.

Antes de cavarem o local marcado, acompanhados de um legista, este identificou o cheiro terrível e pediu verificação do espaço embaixo da casa do empreiteiro. Não demoraram para desenterrar três corpos em decomposição. Jamais a polícia imaginou a magnitude do que seria encontrado ali.

Gacy foi o responsável por 33 vítimas de tortura e assassinato. Quando o chão de sua casa foi removido, vários corpos em covas rasas foram encontrados. Para evitar a decomposição, Gacy os havia coberto com cal. Acabou fazendo um meticuloso mapa para a polícia, indicando com precisão 27 corpos ali enterrados. Outros dois cadáveres foram encontrados embaixo do chão da garagem. No rio Des Plaines, em Illinois, foram encontradas mais vítimas, pois Gacy explicou à polícia que começou a jogá-las ali por não ter mais local disponível para enterrá-las em sua casa. Também justificou que sofria de constante dor nas costas, que o impedia de cavar tanto!

O corpo de Robert Piest só foi encontrado em 1979, no rio Illinois. Em sua necropsia, ficou comprovado que ele morrera sufocado com toalhas de papel, cujos restos ainda foram encontrados em sua garganta. A família do garoto processou Gacy, o Departamento Condicional do Estado de Iowa, o Departamento Correcional e o Departamento Policial de Chicago para obter uma indenização de 85 milhões de dólares por procedimento negligente.

Apesar de todos os esforços e métodos utilizados para a identificação das vítimas, apenas nove corpos foram identificados, de um total de 33 encontrados. Hoje, com a possibilidade de exames de DNA, tudo seria mais fácil.

John Wayne Gacy nasceu em 1942, único filho entre duas irmãs. O pai alcoólatra moldaria seu caráter. Na vida adulta, assumiria várias características dele, tornando-os cada vez mais parecidos.

John Wayne Gacy Senior, o pai, era guiado pelo medo de não ser bom o bastante (deficiência de percepção), sempre achava que os outros eram melhores do que ele e o ultrapassavam na carreira profissional. Tinha um profundo desprezo por homossexuais e políticos. Para corrigir sua deficiência de percepção, o pai tinha de ser melhor que todos à sua volta, especialmente melhor que seu filho.

John Wayne Gacy Junior, o filho, no futuro adotaria essas crenças como John, mas seu alter ego Jack seguiria o padrão de comportamento oposto ao do pai.

Para justificar os abusos que Gacy, o pai, cometia contra o filho, sua mãe explicava a ele que o pai tinha um tumor crescendo no cérebro e que, quando se descontrolava, não devia ser enfrentado. Se ficasse muito nervoso, o tumor poderia se romper e causar-lhe a morte. Todas as refeições na casa da família Gacy eram regadas a briga. Após esse "delicioso" encontro, o pai descia para o porão, onde se embebedava.

Muito cedo, acusou o filho de ser homossexual e o ridicularizava e diminuía por isso. Gacy filho era punido por qualquer coisa que o pai considerasse "um erro". Nada do que fazia parecia ser suficiente para agradá-lo. Sua relação com a mãe e as irmãs, por outro lado, era bastante forte. A mãe também apanhava do marido e dividia com o filho as dores e humilhações causadas pelas surras.

Apesar de ter como pai uma pessoa tão desagradável, o filho o amava profundamente e desejava conseguir sua aprovação e devoção a qualquer preço. Jamais conseguiu ter intimidade ou proximidade com ele, problema que o perseguiria por toda a vida e causaria as insônias incuráveis de que sofria.

Esse assassino também tinha problemas físicos: aos 11 anos, em consequência de uma batida na cabeça, originou-se um coágulo que só seria descoberto cinco anos depois. Aos 16 anos, depois de vários desmaios e hospitalizações decorrentes do que pareciam ser ataques epilépticos, o coágulo foi descoberto e tratado com medicamentos. Jamais os médicos conseguiram convencer o pai de Gacy de que ele desmaiava de verdade e não apenas fingia para chamar atenção dos adultos.

Aos 17 anos, foi diagnosticado portador de uma desconhecida doença cardíaca, o que causaria várias internações de Gacy durante a vida, mas as dores que sentia jamais foram explicadas. Nunca sofreu um ataque cardíaco.

Na escola, mantinha relacionamento normal com os amigos, e seus professores gostavam bastante dele. Deixou os estudos depois do ensino médio e viajou para Las Vegas, onde peregrinou por diversos tipos de emprego, inclusive de zelador de funerária.

Casou-se em 1964 e teve dois filhos. Entre 1965 e 1967, John W. Gacy Junior era um modelo de cidadão, ao mesmo tempo que colecionava jovens vítimas que adorava punir. Divorciou-se em 1968, depois das primeiras acusações de molestar meninos.

Casou-se novamente em 1972, mas, apesar da vida social intensa, problemas de interesse sexual pela esposa causaram mais um divórcio em 1976. Sua vida política ia de vento em popa, mas novas acusações por molestar um menor acabaram com seus sonhos de ascensão no Partido Democrata americano. Naquele ano, começou a matar.

Gacy atraía as vítimas para sua casa com promessas de emprego em construção civil ou pagamento em troca de sexo. Uma vez ali, eram algemadas para a demonstração de um truque: a pessoa não podia mais se soltar!

A maioria de suas vítimas sofria ataque sexual e era torturada e estrangulada com uma corda apertada vagarosamente por intermédio de uma machadinha, no estilo garrote. Gostava de ler passagens bíblicas enquanto fazia isso. Quase todos os garotos morreram entre 15h e 18h. Algumas vezes, Gacy se vestia como seu alter ego, o Palhaço Pogo, enquanto torturava suas vítimas. Para abafar os gritos, colocava uma meia ou cueca na boca delas. Esta era sua assinatura: todas as vítimas tinham as roupas de baixo na boca ou na garganta. Em certas ocasiões, chegou a matar mais de uma vítima no mesmo dia.

Também contou à polícia que guardava o corpo da vítima sob sua cama ou no porão antes de enterrá-lo embaixo da casa. Segundo ele, seus crimes eram cometidos por sua outra personalidade, que ele mesmo chamava de Jack Hanson. Esse argumento nunca ficou comprovado pelos 13 psiquiatras que testemunharam em seu julgamento.

Em seus depoimentos para a polícia, John Gacy alegou que havia quatro Johns: o empreiteiro, o palhaço, o político e o assassino (denominado por ele Jack Hanson). Muitas vezes, durante seu depoimento, ao ser questionado sobre algum detalhe dos crimes, ele respondia: "Você tem de perguntar isso para o Jack." Ao terminar o diagrama do local onde estavam enterrados os corpos, embaixo de sua casa, Gacy dramaticamente desfaleceu. Ao acordar, disse que Jack havia feito o diagrama.

Declarou lembrar-se, e de forma incompleta, de apenas cinco dos assassinatos que cometera. Alegava que mesmo essas memórias não pareciam ser dele, e sim de outra pessoa. Ele era apenas uma testemunha. A grande maioria dos assassinos hediondos alega ter múltiplas personalidades como meio de escapar da pena de morte. Por essa razão, essas alegações são vistas com ceticismo pelos médicos, advogados e policiais.

Nos testes psicológicos a que foi submetido pelo dr. Thomas Eliseo, ele se negou com veemência a desenhar um corpo humano do pescoço para baixo, como se fosse algo ruim ou do qual devesse se manter longe.

Quando examinado pelo dr. Robert Traisman, Gacy foi mais cooperativo e desenhou o corpo todo. Em sua análise, achou significativo o fato de o paciente desenhar a mão esquerda cheia de detalhes e a mão direita muito pequena, coberta com uma luva. Sua explicação para isso no tribunal foi que o lado direito era seu lado masculino, enquanto o esquerdo simbolizava o feminino. Interpretou esse desequilíbrio como se Gacy tivesse dificuldade em sua identidade sexual. Ao desenhar uma figura feminina para o mesmo psicólogo, esta foi considerada "maciça, com aparência masculina e braços de jogador de futebol americano". A figura feminina usava um cinto de duas voltas, as pontas caindo sobre sua área genital, o que o dr. Traisman considerou "um óbvio símbolo fálico, sugerindo forte ansiedade sexual".

Quando solicitado a desenhar qualquer coisa de sua escolha, Gacy desenhou sua própria casa, com os tijolos detalhados em excesso, tudo reproduzido fielmente. Para o dr. Traisman, isso refletia uma "tremenda compulsão e perfeccionismo".

Todos os sete psiquiatras que examinaram Gacy para seu julgamento concordaram que ele era inconsistente e contraditório, mas nenhum deles o diagnosticou como portador de múltiplas personalidades. Nenhum deles achou que ele era incapaz para ser julgado.

O dr. Lawrence Freedman diagnosticou-o como um pseudoneurótico esquizofrênico paranoico. Disse que Gacy era um homem que não tinha certeza de quem era e que de tempos em tempos manifestava diferentes aspectos de sua personalidade.

O dr. Richard Rapport o descreveu como portador de uma personalidade fronteiriça e que, invariavelmente, tudo que dizia apresentava dois lados.

O dr. Eugene Gauron diagnosticou Gacy como um sociopata.

O dr. Robert Reifman o considerou narcisista e mentiroso patológico.

O julgamento de John Wayne Gacy teve início em 6 de fevereiro de 1980 em Chicago, Illinois.

Mais uma vez, em um caso envolvendo crime em série, a defesa do assassino alegou insanidade e a acusação, sanidade, maldade e premeditação.

A acusação iniciou os trabalhos por intermédio do promotor Robert Egan. Foram ouvidas sessenta testemunhas sobre sua sanidade mental. Muitos psiquiatras também testemunharam sobre a sanidade do réu durante os ataques mortais. Todos concluíram que ele estava na total posse de suas faculdades mentais quando de seus atos e que sabia muito bem diferenciar o certo do errado.

A primeira testemunha de defesa, composta pelos advogados Motta e Amirante, chamada para depor, para surpresa de todos, foi Jeffrey Ringall. Esperava-se que ele fosse testemunha da acusação, não da defesa. Seu testemunho foi curto. A acusação queria que ele dissesse ao júri que achava que Gacy não tinha o menor controle sobre suas próprias ações. Enquanto contava os detalhes do ataque sexual e tortura que sofrera, Ringall começou a vomitar de modo incessante e a chorar histericamente. Seu depoimento foi interrompido; ele não tinha condições emocionais de continuar.

Para provar a insanidade de Gacy, seus advogados chamaram amigos e família para depor. Sua mãe contou como ele havia sofrido abusos físicos e verbais do pai. Suas irmãs disseram ter presenciado as inúmeras vezes em que foi abusado e humilhado. Outros que testemunharam em sua defesa contaram ao júri como ele era generoso e bom, ajudava os necessitados e sempre tinha um sorriso para todos. Alguns depoimentos acabaram atrapalhando a defesa de Gacy, pois seus amigos se negaram a declarar que o achavam insano, mas sim um homem dotado de uma inteligência brilhante.

Outros psiquiatras foram chamados para dar seu próprio diagnóstico. Todos declararam que Gacy era esquizofrênico e sofria de múltiplas personalidades e comportamento antissocial. Declararam que sua doença mental o impedia de perceber a magnitude de seus crimes.

Demorou apenas duas horas de deliberação para que o júri decidisse em quem acreditar: John Wayne Gacy foi considerado culpado da morte de 33 jovens e recebeu a pena de morte por injeção letal.

Foi mandado para o Menard Correctional Center, em Chester, Illinois, onde, depois de anos de apelações, foi executado.

OS ANOS NA PRISÃO

Durante os 14 anos em que ficou preso, Gacy teve a mesma rotina: acordava às 7h, esfregava o chão de sua cela de 1,80 m × 2,5 m, olhava sua correspondência volumosa e trabalhava em suas pinturas. Ao ir para a cama, às 3h da manhã, já tinha anotado cada ligação telefônica, visitante (mais de quatrocentos) e carta recebida (27 mil), assim como cada pedaço de comida que havia ingerido. Essas anotações haviam se tornado uma obsessão.

Na prisão, dedicou-se em demasia à pintura artística. Seu tema principal eram palhaços, e muitas pessoas pagaram caro para obter algumas de suas telas. Seus quadros foram exibidos em galerias por toda a nação americana. Gacy pintou vários autorretratos e palhaços, bem como as figuras de Jesus e Hitler, chegando a vender cada tela por cem dólares, alcançando até 20 mil. Pintava também artistas pop, como Elvis Presley, e personagens da Disney, como Roger Rabbit e a Branca de Neve e os Sete Anões. Criminosos notórios também foram retratados, como Charles Manson, Al Capone e John Dillinger. Chegou a ganhar perto de 140 mil dólares com sua arte macabra. Ficou tão conhecido que foi habilitado a instalar um número de telefone 0900, no qual era possível ouvir mensagens gravadas com sua voz clamando por sua inocência, pagando-se 1,99 dólares o minuto. Acredite, muitas pessoas ligavam para ouvir aquelas mensagens e pagavam pelo serviço!

Com o decorrer dos anos, aguardando as apelações que seus advogados faziam, Gacy divorciou-se, fez psicoterapia, tentou suicídio e se tornou alcoólatra.

Sua última vítima foi seu filho Rob, que na época da execução (1994) estava com 15 anos. Ele teve de suportar a tragédia de ter um pai como Gacy e vê-lo executado. A herança que Gacy deixou para a família não apagou as marcas deixadas neles por seus crimes.

Em seu último dia de vida, 10 de maio de 1994, Gacy recebeu a visita de sua família e amigos na penitenciária Stateville, em Joliet, Illinois.

A última refeição, escolhida por ele, foi frango frito (do Kentucky Fried Chicken), camarão frito, batatas fritas e morangos frescos.

Às 21h, foi pedido que todos os familiares e amigos se retirassem, mas Gacy poderia ficar até às 23h em companhia de um ministro religioso, se assim fosse sua vontade. Nesse horário foram iniciados os preparativos finais.

Foi oferecido a Gacy um sedativo. Exatamente às 00h01 ele foi retirado de sua cela, amarrado a uma maca e recebeu uma solução salínica intravenosa no braço. Foi dada a ele, então, a chance de pronunciar suas últimas palavras: "*Kiss my ass!*" (Beije minha bunda!).

A identidade dos executores sempre é mantida em sigilo e é um trabalho voluntário. Todas as testemunhas da execução, através de uma janela, observaram ser ministrada no condenado uma primeira dose de solução salínica, seguida por outra de sódio tiopental, um anestésico que o faria dormir pela última vez.

Em seguida, o brometo de pancuronium começou a entrar nas veias, para que seu aparelho respiratório fosse paralisado. Na sequência, o cloreto de potássio pararia seu coração. O processo todo não deveria demorar mais do que cinco minutos...

John Wayne Gacy levou 18 minutos para morrer. O tubo pelo qual o soro estava sendo ministrado entupiu. Gacy bufou! Tão logo isso aconteceu, os atendentes da câmara da morte fecharam as cortinas em volta dele e começaram a lutar para desentupir o tubo. Trocaram por outro. Os olhos do prisioneiro se abriram pela última vez.

Finalmente, as duas últimas drogas encontraram caminho livre para dentro do corpo de Gacy. O monstro estava morto...

Se pudesse ter assistido ao que se passava do lado de fora, o Palhaço Pogo teria adorado o circo que se instalou. Todas as redes de rádio e televisão estavam no local, além de espectadores em geral. Quanto mais o relógio se aproximava da meia-noite, mais o povo presente cantava, brindava e se comportava como se estivesse em um show de rock. Pouquíssimas pessoas estavam lá para protestar contra a pena de morte.

Adolescentes vestiam camisetas com inscrições criativas, como "Meus pais vieram à execução de Gacy e tudo o que consegui foi esta estúpida camiseta" ou "Nenhuma lágrima para o palhaço".

Minutos depois da meia-noite, todos começaram a brindar e a cantar mais alto. Garotas subiam nos ombros dos namorados segurando lanternas.

Nada disso diminuiu a tristeza dos pais que perderam os filhos para sempre... Morria, naquela data, o misterioso assassino que se escondia atrás da máscara de um palhaço. Morria um louco com uma mortal necessidade de jovens vítimas — e com ele o segredo da identidade de várias delas.

Em 1998, vinte anos após os crimes de Gacy, novas buscas foram feitas em um local perto de onde a mãe dele morava. Vários investigadores acreditam que Gacy matou muito mais gente do que o número de corpos encontrados, porém nenhum corpo além dos 33 anteriores jamais apareceu.

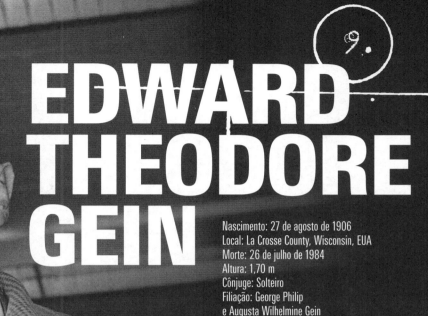

EDWARD THEODORE GEIN

Nascimento: 27 de agosto de 1906
Local: La Crosse County, Wisconsin, EUA
Morte: 26 de julho de 1984
Altura: 1,70 m
Cônjuge: Solteiro
Filiação: George Philip
e Augusta Wilhelmine Gein

▶ 1906.

EDWARD THEODORE GEIN
UMA INSPIRAÇÃO PARA HITCHCOCK

"Eu gosto desse hospital psiquiátrico, todo mundo me trata bem, embora alguns deles sejam doidos." – **Edward Theodore Gein**

Eddie, nascido Edward Theodore Gein em 27 de agosto de 1906, limpava com cuidado o quarto da mãe, como fazia frequentemente desde sua morte, em 1945, depois de uma série de acidentes vasculares cerebrais. Que saudade sentia de Augusta! Jamais existiu mulher igual a ela, correta, religiosa, crente em Deus, pura como uma santa. O mínimo que podia fazer era deixar seus locais prediletos da casa intocados, eternizados, do mesmo jeito que ela havia deixado quando partiu. Lá do Céu, onde com certeza estava, ela veria sua dedicação em preservar tudo o que gostava.

Enquanto Eddie tirava o pó da velha cadeira de balanço, sua mente vagava no passado. Não conseguia deixar de sentir certa raiva do pai, George, aquele fraco inútil. Alcoólatra, fracassado, seu único medo era ficar igual a ele. A mãe desprezava o pai, com razão. Não fosse por ela, a família jamais teria comprado a pequena propriedade rural em Plainfield, Wisconsin. Como ainda lembrava as corridas pela grama com seu irmão Henry! Tinha apenas 8 anos e ficou deliciado. Formavam uma boa dupla, os dois, apesar da diferença de idade entre eles não ser pequena, mas Henry sempre o criticava por não ver nenhum defeito na mãe. Não, não queria pensar em Henry agora. Queria guardar a lembrança por mais um momento da felicidade estampada no rosto de Augusta ao entrar na casa da fazenda como proprietária, realizando finalmente o desejo em manter os filhos a salvo dos pecadores e das más influências femininas. Ali, isolados de tudo e de todos, os filhos não corriam o risco de serem conspurcados pela maldade humana.

Eddie entendia a mãe como ninguém. Ela era perfeita, isenta de pecados. Tudo o que fazia era pelo bem dos filhos, para poupá-los do fogo do Inferno. Henry não percebia isso e vivia discordando e criticando a cumplicidade entre eles. Não gostou de saber como Augusta atrapalhava as tentativas de Eddie de fazer amigos na escola, gritando com ele na frente de todos. Não entendia que ela o estava apenas protegendo daqueles meninos maus, que pelas costas riam dele, chamando-o de nomes e dizendo que ele mais parecia uma menina. Eddie ficava vermelho, arrasado, mas não reagia, porque simplesmente morria de vergonha. Sua timidez era tanta que sentia até um calor subindo pelo pescoço. E, quando quase caía na tentação mundana de se aproximar de um daqueles colegas endemoniados, graças ao Senhor a mãe o salvava de contaminar-se com eles. Henry não aceitava a verdadeira comunhão entre mãe e filho. Sentia ciúme? Será que o tinha perdoado por roubar o amor daquele que por sete anos fora objeto único dos cuidados de Augusta?

Henry, Henry, de novo pensava nele. Jamais se esqueceria do irmão, único companheiro, sempre, naquele isolamento em que viviam. Ficava chocado com os comentários que o irmão fazia sobre a mãe, mas o amava demais, apesar de em vários momentos, ao perceber que a atenção de Augusta se dividia entre os filhos, sentir uma raiva quase incontrolável. Lembrar com ódio de Henry rindo dele, zombando do "filhinho da mamãe" como naquele dia do incêndio, ainda o enchia de culpa. No meio da discussão, os dois viram o bosque perigosamente próximo à fazenda pegando fogo e cada um saiu para um lado, em uma tentativa desesperada de apagá-lo. Na cabeça de Eddie, Henry havia sido engolido pelas chamas do Inferno naquele dia. Castigo divino? Bem merecido! Já era noite e nenhuma notícia dele, deixando-o com sentimentos confusos: não seria bom se desaparecesse de fato? E se demorasse um pouco mais para chamar a polícia? E se desse uma mãozinha para o destino? Batendo no peito, Eddie tratou de afastar os pensamentos dolorosos de sua mente. Precisava acabar a faxina na casa antes do anoitecer.

Depois de trancar a chave o quarto da mãe, Eddie desceu para o andar de baixo da casa, onde morava desde a morte dela. Aquele lugar cheirava mal, o lixo se espalhava por todo lado, mas ele não se importava consigo mesmo.

Já estava acostumado com a bagunça na cozinha e na saleta contígua em que vivia e não tinha mais tempo a perder com arrumações inúteis. Só a mãe importava, já que o observava dia e noite, de onde estivesse.

Procurou durante alguns instantes uma leitura interessante. Desde que vivia sozinho, sem ninguém para controlá-lo, desenvolveu um profundo interesse pelo corpo feminino. Estudava o assunto em enciclopédias médicas, livros de anatomia, romances de horror e revistas pornográficas. Quando se cansava, lia sobre as atrocidades cometidas pelos nazistas durante a Segunda Guerra Mundial; estudava experimentos impingidos aos judeus nos campos de concentração. Também gostava de pesquisar os caçadores de cabeça dos Mares do Sul e seus métodos para encolhê-las, além dos naufrágios, claro.

Ultimamente, sobrava bastante tempo para seus passatempos. Depois da morte do pai, Eddie tinha cuidado da fazenda com o irmão durante alguns anos, já que a mãe nunca havia se casado de novo. Com a morte da família, sozinho no mundo, conseguiu subsídios federais, parou de cultivar as terras e passou a prestar pequenos serviços para a vizinhança. Abandonou seus afazeres pegando serviços extras para os residentes de Plainfield, conseguindo ganhar, assim, algum dinheiro. Era inclusive babá de crianças, para quem contava as fantásticas histórias que lia.

Era em momentos como esse, depois de todos os afazeres domésticos, que Eddie se entregava a seu maior prazer. Pegava o jornal do dia e lia com atenção a sessão de obituários, escolhendo com cautela que corpo "fresco" de mulher desenterraria com a ajuda de seu único amigo, Gus. A mãe não se importaria, porque, no conceito dela, mulher boa era mulher morta! Essas não fariam Eddie pecar, mesmo que fizesse sexo com elas. Não separariam a família e não trairiam o amor que ele lhes oferecia.

Estava cada vez mais obcecado pela anatomia do sexo oposto. Logo passou a necessitar de corpos reais para aquietar sua curiosidade, fazendo Gus acreditar que ele fazia "estudos científicos" ao desenterrar cadáveres recém-sepultados no cemitério de Wisconsin.

Levava os corpos para casa, dissecava-os e guardava algumas partes, como cabeças, órgãos sexuais, fígados, corações e intestinos. Os corpos que utilizava eram sempre de mulheres com a idade aproximada de sua mãe na data do falecimento dela.

Em certo momento, na progressão de sua insanidade, passou a retirar a pele dos corpos que roubava e a costurar "roupas", em volta de um velho manequim de alfaiate que ficava em um canto de seu quarto. Certas noites, vestia essas "roupas" e fazia um estranho ritual ao redor de sua casa, dançando, pulando e dando cambalhotas esquisitas. Tinha especial fascinação pela genitália feminina, brincando e afagando as partes íntimas das mulheres que desenterrava, além de rechear "calças femininas" com elas para poder sentir-se mulher quando as vestia. Assim que juntasse algum dinheiro, quem sabe poderia finalmente fazer aquela operação para mudar de sexo, em uma última comunhão com a amada mãe.

Eddie não se importava de ficar cada vez mais isolado. Desencorajava qualquer visitante de entrar em seu casulo e já não ligava mais para a quase abandonada fazenda. Seus dias eram preenchidos com sonhos e planos cada vez mais próximos de se transformar em realidade. Naquela época, os vizinhos já o chamavam de "o estranho velho Eddie".

Andando pela noite enluarada, voltando de uma fracassada visita ao cemitério, Eddie se perguntava o que faria agora que seu amigo Gus havia sido internado pela família em um asilo para idosos. Desenterrar corpos já não era tão fácil, conseguia poucas partes para satisfazer-se, e a vontade de sentir como seria o cadáver imediatamente após a morte foi crescendo dentro dele de forma incontrolável.

Logo se lembrou de Mary Hogan, uma divorciada de 54 anos que gerenciava a taverna Hogan.

8 DE DEZEMBRO DE 1954 — O coração de Eddie batia forte quando entrou na taverna. Tinha esperado que Mary ficasse sozinha para dar início à sua empreitada. Rápida e sorrateiramente, sem nenhum alarde, atirou na cabeça dela com uma arma calibre .32 e colocou o corpo em sua caminhonete.

Agiu com rapidez; jamais foi visto.

Ao pegá-la nos braços, pôde ainda sentir o sangue correndo pelas veias com pouca intensidade, o calor que ainda emanava do corpo quase sem vida. Ao recortá-la, já em casa, não cansava de admirar as cores que ainda desenhavam seu rosto. Como era parecida com sua mãe! Fechou os olhos e abraçou-a, quase sentindo o perfume de Augusta espalhando-se pelo ar. Recortou as partes que precisaria para sua vestimenta e, com delicadeza, as guardou. Aquele seria seu traje especial e sentiria toda a sua feminilidade quando o vestisse. Recortou a genitália de Mary, guardando-a em uma caixa de sapatos juntamente com tantas outras. Ali brilhava a vagina da mãe, pintada de prata, destacando-se em sua superioridade anatômica. É, as "partes" de Augusta mereceram tratamento especial.

Mais tarde, separaria alguns ossos, que utilizaria na confecção de móveis úteis para sua casa, e daria terapêutica diferente para a pele, com a qual mudaria o assento de algumas cadeiras. Podia pensar nisso mais tarde. Recolhendo alguns "miúdos", foi preparar o jantar.

Foi um cliente que, encontrando a taverna vazia, notificou a polícia do desaparecimento de Mary Hogan. Uma grande poça de sangue manchava o chão, e um cartucho calibre .32 jazia ali perto. As manchas de sangue seguiam pela porta dos fundos em direção ao estacionamento até chegar às marcas de pneu no chão, que pareciam ser de uma caminhonete. Apesar de concluir que a vítima havia sido baleada e levada dali, a polícia foi incapaz de encontrar qualquer pista sobre o desaparecimento da mulher. Ninguém percebeu que, fisicamente, Mary Hogan se parecia muito com Augusta Gein. Na verdade, ninguém pensava em Ed Gein, ele era um sujeito inofensivo e irrelevante, quanto mais associá-lo a algum crime. Impensável.

16 DE NOVEMBRO DE 1957, SÁBADO — Frank Worden, xerife substituto da cidade, voltava para casa depois de uma caçada havia muito planejada. Morava com a mãe, Bernice, 59 anos, que ficara cuidando da loja de ferragens da família. Ao aproximar-se da loja, estranhou ver tudo apagado e fechado. Chamou pela mãe, mas o silêncio era absoluto. Passou os olhos experientes pelo local e rapidamente percebeu que a máquina registradora havia sido levada e poças de sangue manchavam o chão. Correu até o balcão e verificou as notas de venda daquele dia, até se deparar com um recibo de um galão de líquido anticongelante feito com a letra de sua mãe, em nome de Ed Gein. Um frio terrível percorreu-lhe a espinha. Como em um jogo de "ligue os pontos", lembrou-se de como Eddie, que vivia isolado da comunidade, havia se aproximado dele no decorrer daquele ano, puxando conversa de um jeito tímido, quase infantil. Não dera muita atenção ao fato, mas naquele momento lembrou-se de como contara ao "novo amigo" seus planos de ir caçar naquele dia.

Saiu apressadamente pela porta, inquirindo um atendente de uma garagem local, que disse ter visto uma caminhonete indo embora da loja de Bernice às 9h daquela manhã. Frank chamou o xerife Schley, relatou suas preocupações e os dois resolveram ir até a fazenda de Eddie, nem que fosse só para uma verificação de rotina.

Ao chegar à fazenda, espantaram-se com a degeneração do local. O dono não foi encontrado e tudo estava trancado. Seguiram, então, pelas redondezas à procura dele, até que tiveram sucesso em sua busca em uma quitanda próxima, onde Ed jantava com os proprietários do local e já estava para sair.

O xerife Schley o abordou e pediu que entrasse no carro da polícia, onde responderia a algumas perguntas. Edward Gein reagiu mal, respondendo ao xerife como alguém poderia querer culpá-lo pelo assassinato de Bernice Worden. Foi preso na hora: ninguém havia mencionado ainda a morte de Bernice, mesmo porque ainda não sabiam seu destino, nem sequer a haviam encontrado.

Frank e o xerife conduziram o preso até sua casa para fazer uma revista. Jamais imaginaram a cena de horror que encontrariam e as bizarras provas de que Ed Gein havia se tornado um assassino. Bernice Worden jazia nua, pendurada de cabeça para baixo em um gancho de carne como os de açougue, cortada de cima a baixo frontalmente. Sua cabeça e intestinos foram encontrados em uma caixa; seu coração, em um prato sobre a mesa da sala de jantar; além de outras partes que cozinhavam em uma panela sobre o fogão.

Na mais horrível busca de provas que os policiais de Plainfield enfrentaram em suas vidas, foram apreendidos os seguintes itens:

- uma poltrona feita de pele humana;
- genitália feminina preservada em uma caixa de sapatos;
- um cinto feito de mamilos;
- uma cabeça humana;
- quatro narizes;
- um coração humano;
- um terno masculino feito inteiramente de pele humana;
- uma mesa escorada com ossos de canela humana;
- nove máscaras mortuárias feitas com faces de mulheres mortas, que decoravam seu quarto;
- pulseiras de pele humana;
- uma bolsa feita de pele humana;
- dez cabeças de mulheres cortadas acima das sobrancelhas;
- uma bainha para faca de pela humana;
- um par de calças de pele humana;
- quatro cadeiras cuja palha foi substituída por pele entrelaçada;
- uma caixa de sapatos contendo nove vaginas salgadas, sendo a de Augusta Gein pintada de cor prata;
- uma cabeça humana dependurada em um cabide;
- uma "camisa feminina" feita de pele humana;
- várias cabeças humanas encolhidas;
- dois crânios enfeitando os pés da cama de Ed Gein;
- dois lábios humanos dependurados em um barbante;
- uma coroa de um crânio transformado em prato de sopa;
- uma geladeira com órgãos humanos;
- cúpulas de abajures de pele humana;
- cabeças recheadas com jornal e expostas como troféus;
- Sutiã feito com o torso de uma mulher.

Calcula-se que foram encontradas partes de 15 corpos humanos na fazenda de Ed Gein, mas ele nunca conseguiu lembrar-se de quantos assassinatos de fato cometeu. Foi processado apenas pelas mortes de Mary Hogan e Bernice Worden.

Após passar dez anos internado em um hospital psiquiátrico, foi considerado apto para ir a julgamento e culpado pelos crimes, mas mentalmente insano e enviado ao Hospital Estadual Central de Waupon. Em 1978, foi removido para o Instituto de Saúde Mental de Mendota, onde morreu "de velhice" em 1984, aos 77 anos. Sempre foi considerado um prisioneiro-modelo: gentil, polido e discreto.

Edward Theodore Gein é suspeito de ter cometido pelo menos mais cinco assassinatos, mas nada jamais foi provado. Declarou à polícia que nunca teve relações sexuais com os cadáveres que obtinha, mas gostava de tirar a pele deles e vestir-se com ela.

As suspeitas sem provas que pairavam sobre Eddie eram várias. Contava-se na cidade que ele teria sido convidado para ir à casa de seus vizinhos mais próximos, os Bankse, em certa ocasião. Havia uma parente da família que usava short, e Eddie não tirava os olhos dela. Tarde da noite, um intruso arrombou a casa e pegou o filho pequeno da tal parente pela garganta, perguntando por sua mãe. O intruso se assustou com algum barulho e fugiu antes que o garoto pudesse responder. Ele achou que reconheceu Ed Gein.

O xerife pediu que entrasse no carro da polícia.
Gein reagiu mal, respondendo como alguém poderia
querer culpá-lo pelo assassinato. Foi preso na hora:
ninguém havia mencionado ainda a morte de Bernice.

Georgia Weckler, 8 anos, desapareceu voltando da escola para casa em 1º de maio de 1947. A única pista que a polícia tinha sobre o caso eram marcas de pneu de um carro da marca Ford. O caso foi reaberto depois da prisão de Gein, pois ele tinha um veículo dessa marca.

Evelyn Hartley, 15 anos, desapareceu no caminho de sua casa, situada em La Crosse, Wisconsin. O pai dela, depois de ligar insistentemente do trabalho para casa sem obter resposta, resolveu voltar mais cedo e verificar o que estava acontecendo. Como ninguém atendia a campainha, olhou pela janela e viu um dos sapatos e os óculos da filha no chão da sala. Tentou entrar na casa, mas todas as portas e janelas estavam trancadas, exceto uma: a do porão. Marcas de sangue manchavam a janela e dentro da casa foram detectados sinais de luta. Chamou a polícia, que encontrou outras evidências, como uma planta amassada com manchas de sangue, uma marca de mão ensanguentada em uma casa vizinha, pegadas e o outro pé do sapato de Evelyn. Suas roupas manchadas de sangue foram encontradas alguns dias depois em uma estrada perto de La Crosse, mas seu corpo nunca foi localizado.

Eddie Gein inspirou vários filmes e livros. Robert Bloch se inspirou nele para escrever a história de seu personagem Norman Bates em *Psicose* (1959), publicado pela DarkSide® Books em 2013. O filme de Hitchcock, *Psicose* (1960), baseia-se nele.

Em 1974, o filme clássico de Tobe Hooper, *O Massacre da Serra Elétrica* (1974), também tinha toques de Gein (a DarkSide® Books publicou *O Massacre da Serra Elétrica [Arquivos Sangrentos]* (2013), que conta a história da franquia).

No livro de Thomas Harris, que originou o filme *O Silêncio dos Inocentes*, o assassino Buffalo Bill também costurava roupas com pele humana e as vestia, como Eddie, usando-as em estranhos e insanos rituais.

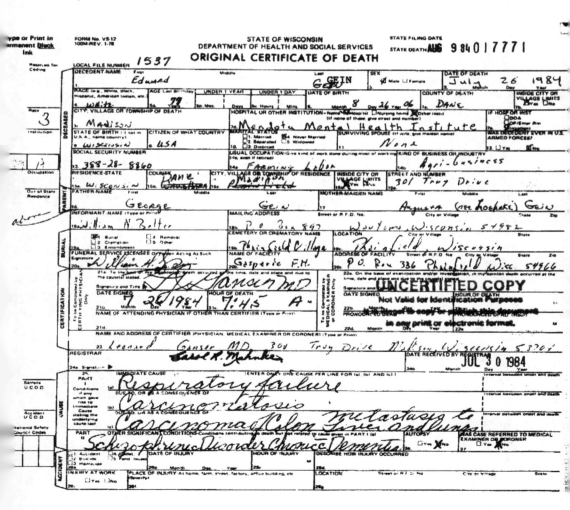

10.

EDMUND EMIL KEMPER III

Nascimento: 18 de dezembro de 1948
Local: Burbank, Califórnia, EUA
Altura: 2,06 m
Cônjuge: Solteiro
Filiação: Edmund Emil Kemper
e Clarnell Stage

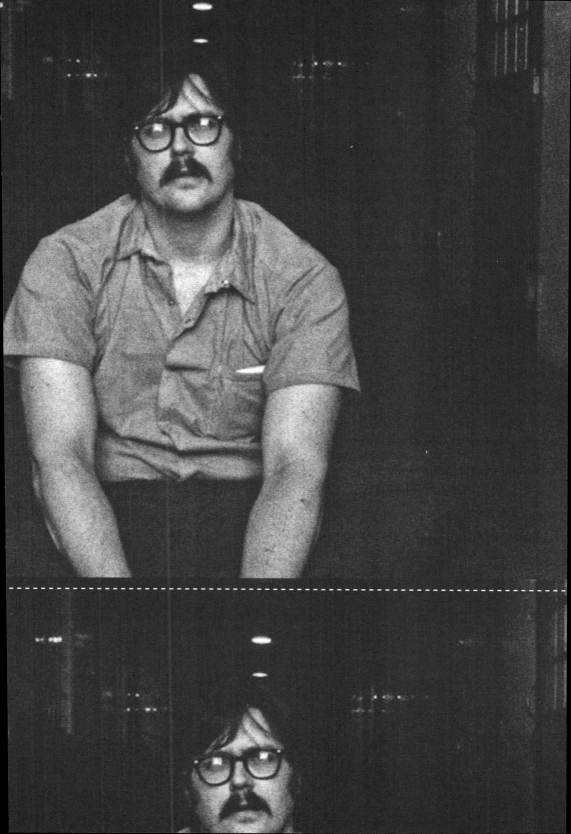

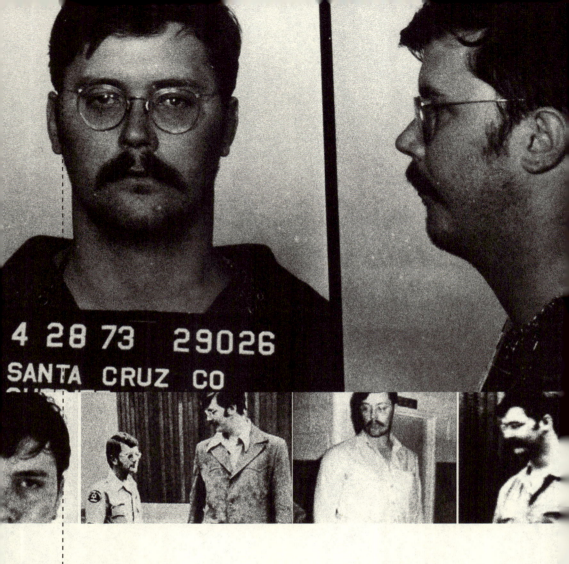

1948

EDMUND EMIL KEMPER III

O ASSASSINO DE COLEGIAIS

"A maior parte da minha vida eu vivi como uma pessoa comum, até mesmo quando eu vivia outra vida paralela e cada vez mais violenta." – **Edmund Emil Kemper III**

Edmund estava sentado no sofá da sala de sua casa, sozinho, como sempre. Preferia aquela hora do dia para ficar em casa... Quando a mãe dormia. Pelo menos ela não estava gritando, os dois não estavam naquela batalha verbal permanente que parecia ter durado toda a sua vida. Não era à toa que o pai havia se separado da mãe quando ele tinha 9 anos. Ai, que saudade Ed sempre sentiu do pai ausente. E que sucessão de padrastos teve de aturar!

A vida naquela casa não era nada fácil. Era sempre menosprezado pelas mulheres que viviam ali! Ed podia sentir a raiva crescendo dentro dele, mas dessa vez não iria bloquear seus pensamentos. Iria lembrar-se de tudo, mesmo que causasse tamanha dor em si mesmo.

Jamais esqueceria o dia que chegou da escola, aos 10 anos, e foi levado direto para o porão. Que injustiça! Mudar seu quarto para o porão sem janelas só porque as irmãs tinham medo do tamanho dele. Só porque ele gostava de brincar de ser executado na câmara de gás. Por acaso tinha culpa de ter ficado tão alto assim? E brincar, fazer teatro, qual o problema? Se ele gostava de fingir que morria, ninguém tinha nada com isso. Além do mais, brincar com a irmã de morrer na câmara de gás era interessantíssimo. Não uma morte normal, qualquer. Não o cotidiano, o comum. Por que todos achavam isso tão estranho? Diante de alguns comentários seus, a irmã mais velha o olhava como se fosse louco. Foi assim quando, apaixonado pela professora, comentou com a irmã que para beijá-la teria de matá-la primeiro. Arrependeu-se de ter contado como se sentia assim que as palavras saíram de sua boca. Sentia-se um pária em sua própria família.

Na escola, a vida não era melhor. Apesar de ser grande para sua idade, Ed morria de medo de apanhar dos colegas. Nunca conseguiu ter um amigo por muito tempo; também não podia explicar para nenhum deles que ficava trancado o resto do dia em um porão escuro, que ninguém poderia brincar com ele em casa, que sua mãe gritava com ele o tempo todo. Os gritos, os gritos... Ed tampou as orelhas, mas continuava escutando a mãe gritar. Era como se ela gritasse dentro de sua cabeça! Quantas vezes se perdeu em fantasias só para o tempo passar mais rápido, para esquecer a solidão do dia e o inferno da noite!

Aquela vadia... No campus universitário, era a mulher nota dez, a Senhora Maravilha. Tudo estava sob controle. Bastava chegar à casa e a fada madrinha se transformava em bruxa terrível! Não cuidava de nada nem de ninguém, aquela egoísta filha da mãe. Ainda bateu nele só porque desmembrou seus dois gatos. Bem-feito: naquele dia, por alguns minutos, sentiu-se vingado.

O divórcio dos pais não ajudou em nada. Sentia cada vez mais a falta do pai.

Os tempos em que passou na casa da avó não foram nada melhores. Mandá-lo aos 15 anos para aquela fazenda isolada, morar com dois velhos idiotas, afastado de tudo e de todos. North Fork, Califórnia. O fim do mundo. Ed tentou, tentou muito se distrair da raiva que crescia dentro dele. Saía com seu rifle, presente do avô, acompanhado de seu fiel cachorro, caçava e caçava coelhos e esquilos, mas tinha de voltar e conviver com aqueles velhos estúpidos. Sua avó, toda nervosa, tensa. Era engraçado vê-la andando armada com uma pistola, de um dia para o outro. Ficava reclamando que seu olhar a deixava nervosa, que parasse de fitá-la. Nem olhar a velha ele podia. Que inferno! A mulher o irritava profundamente. Precisava encontrar um jeito de sair dali.

Um dia, sentado junto com a avó na cozinha, olhando enquanto ela escrevia mais uma daquelas suas idiotas histórias infantis, ela o tirou do sério quando mandou que ele virasse para o outro lado. Aquela vaca ia aprender... Ed pegou o rifle, chamou o cachorro e disse que sairia para caçar antes que fizesse uma besteira. A avó, metida como sempre, não podia ficar sem dar a última palavra: "Não atire em passarinhos, hein".

Ed parou onde estava. Ficou observando aquela velha nojenta enquanto ela continuava escrevendo e escrevendo. De repente, ergueu o rifle e... BOOOM... Atirou na cabeça da avó! Ela despencou sobre a mesa da cozinha, enquanto Ed ainda atirava mais uma vez em suas costas. Correu para dentro de casa, pegou uma toalha e enrolou-a na cabeça dela, para que pudesse levar o corpo para o quarto do casal. Pelo menos ela não encheria mais o saco dele.

Depois de ajeitá-la, sua única preocupação era o que diria ao avô. Foi para fora pensar com calma. Até que gostava dele, mas contar o que acabara de fazer, não sei não, era capaz de o avô sofrer um enfarte na hora. Ed não teve muito tempo para pensar no assunto. Logo viu o carro do avô estacionando, chegando com as compras que tinha ido fazer na cidade. Todas as suas dúvidas se dissiparam ao vê-lo descendo do caminhão, cheio de sacolas nos braços. Ergueu outra vez o rifle, fez pontaria e o matou com um só tiro.

E agora? O que fazer? Todos saberiam que foi ele. Resolveu telefonar para a mãe. Pelo menos teria o gostinho de contar a ela...

Na hora, parecia a coisa certa, mas relembrando... Tinha sido aquela desgraçada que o fizera chamar o xerife e se entregar. Não fosse por ela, não teria ido parar naquele terrível hospital psiquiátrico de Atascadero. Mesmo explicando ao xerife que tinha matado a avó só para ver como era e o avô para poupá-lo de ver sua mulher morta e ter um ataque cardíaco, foi levado preso, diagnosticado psicótico e paranoico! Isso não fazia muito sentido. Ninguém conseguia entendê-lo, exceto seus colegas do hospital.

Foram seus tempos mais felizes. Atascadero estava longe de ser uma prisão. Não tinha guardas nas torres e o grande objetivo ali era tratar e recuperar doentes mentais que haviam cometido crimes, não os punir.

Ed demorou longo tempo para entender seus crimes, mas os amigos internados foram rápidos. Jamais assumiu a culpa por ter matado seu avós, foi algo além de seu controle, mas estava tão bem que tinha ficado orgulhoso ao ser escalado para trabalhar de auxiliar no laboratório de psicologia e ajudar a aplicar testes em outros pacientes. Ele se esforçava o máximo. E, todo dia, esperava com ansiedade as horas vagas. Naqueles momentos os outros criminosos contavam a ele as histórias de seus crimes com todos os detalhes. As que mais o interessavam eram as dos estupradores seriais, isso sim o deixava excitado! O melhor de ouvir histórias e contar suas fantasias era que naquele ambiente comportamento violento e fantasias perversas não eram "coisa de louco". Os outros internos o consideravam totalmente normal.

Quanto mais tempo passava internado, mais suas fantasias sexuais se tornavam intrincadas e intensas. Não via a hora de poder colocar em prática todos os seus sonhos... Ed sempre achou que seus amigos estupradores haviam sido presos porque não tinham sido espertos o suficiente: deixavam atrás de si muitas testemunhas e evidências. Atacavam mulheres que os conheciam e em locais públicos. Já ele tinha guardado com muito cuidado todos os detalhes e informações de que pudesse precisar um dia e jamais dividiu com seus médicos as violentas fantasias de assassinar incognitamente. Quando realizasse seus desejos, jamais descobririam sua identidade secreta. Não deixaria pistas nunca!

Para todos, Ed Kemper era um trabalhador esforçado e comportado, adolescente religioso que havia muito tinha se arrependido de seus atos e se regenerado. Tinha boa aparência, era inteligentíssimo e caseiro; procurava na Bíblia cada referência religiosa que ouvia nas conversas dali. Não demorou muito para que sua alta médica começasse a ser encaminhada e começou a frequentar uma escola perto do hospital, ainda sob supervisão. Ficava meio deslocado no meio de gente "normal", que considerava tão estranha. Seus colegas de classe eram hippies com longos cabelos, que desvalorizavam o que Ed mais admirava: a autoridade em geral. Ele era diferente dos outros, mais conservador, tinha cabelos curtos, usava bigodinho bem-aparado e seu maior desejo era ser um oficial da lei. Não conseguiu, novamente por causa de sua altura. Dá para acreditar que na polícia existia um limite máximo para a altura? Ed era maior do que o permitido. Media 2,10 m e pesava 136 kg. Era revoltante que isso o impedisse de realizar seu grande sonho.

Foi nessa época que, para se consolar, comprou uma motocicleta. Pelo menos assim podia fingir que era um "tira". Também começou a colecionar armas e facas.

Com sua inteligência, não foi nada difícil sair-se bem na escola. Em três meses, foi libertado em condicional por 18 meses. Apesar dos conselhos dos médicos de Atascadero de que ele não devia morar com a mãe, foi para lá que voltou. Adorou. Apesar de tudo, amava aquela mulher proibida.

Foi naquela época que a mãe tinha acabado de se mudar para Santa Cruz e trabalhava no campus da Universidade da Califórnia. Com a oficialização do divórcio, havia mudado seu nome de volta para Clarnell Strandberg. Desde que Ed tinha sido internado, a megera parecia estar cada vez mais feliz e tranquila. Não tinha problema, Ed logo daria um jeito nisso...

Não demorou muito para que as batalhas verbais entre mãe e filho começassem outra vez. Discutiam tão alto que todos os vizinhos tinham conhecimento delas. Ed não se conformava. Para sua mãe, todos os problemas eram culpa dele. Seus momentos de lazer aconteciam quando ia ao bar Jury Room,[1] onde encontrava seus únicos amigos, os policiais da cidade. Que fascínio pelas histórias de polícia! Jamais perdoaria a vida por ter lhe negado o emprego sonhado. Ed adorava tudo o que dizia respeito à polícia e passava horas conversando com eles sobre armas e munições. Lá estava gente que o respeitava de verdade; até o apelidaram carinhosamente de "Big Ed".

---

[1] Sala do Júri (*Jury Room*): bar frequentado por vários policiais nos dias de folga.

Ele também não via a hora de se livrar da mãe. Trabalhou em vários empregos até se estabilizar na Divisão de Estradas, ganhando dinheiro suficiente para alugar um apartamento e dividir as despesas com um colega. Agora sim ia conseguir se dar bem com a mãe e conquistar seu respeito.

Mas, apesar da mudança, as coisas não correram como Ed esperava. A mãe continuou a menosprezá-lo. Ficava tão perturbado quando a encontrava que em duas ocasiões caiu de sua moto, tendo até de ficar de licença para recuperar-se dos ferimentos na cabeça. Tudo por culpa daquela desgraçada!

Quando se recuperou, vendeu a moto e com o dinheiro da indenização que recebeu pelos acidentes comprou um carro muito parecido com o da polícia. Enfim, realizava uma grande vontade que tinha desde a infância. Equipou o carro com um radiotransmissor, microfone e antena (assim podia ouvir os chamados da polícia) e logo começou a dar caronas na estrada para lindas meninas. Carona só para mulheres, é claro!

Sua grande diversão era observar como as mocinhas reagiam a ele. Tinha "pós-graduação" em fazer as pessoas confiarem nele e as levava em segurança a seu destino enquanto aprendia a melhorar seus métodos de persuasão. Ao chegar à casa, fantasiava em como seria mantê-las cativas sem ser descoberto. Devagar, foi planejando como realizaria suas fantasias sexuais. Quando já tinha todos os detalhes na cabeça, passou à ação: tirou a antena do carro, ajeitou a porta do passageiro de modo que não abrisse por dentro, armazenou plásticos, facas, revólveres e cobertores no porta-malas e, finalmente, sentiu-se mais do que pronto.

Em 7 de maio de 1972, sua vida começou a ficar mais interessante; perto do campus, duas garotas estavam no acostamento pedindo carona.

Mary Ann Pesce e Anita Luchese, estudantes do Colégio Estadual de Fresno, mal acreditaram na sorte quando um carro parou para pegá-las. Pretendiam passar os feriados em Berkeley. Entraram no veículo, felizes da vida, mas a felicidade durou pouco tempo: logo ficaram alarmadas ao se darem conta de que aquele simpático motorista estava enveredando por um caminho deserto. Quando começaram a questioná-lo, já assustadas, ele com tranquilidade tirou uma arma de baixo do banco e mandou que ficassem quietas. Ed prendeu Anita no porta-malas. A menina chorava sem parar, mas logo o som ficou abafado.

Conduziu Mary Ann até o banco de trás do carro, deitou-a de bruços, algemada, colocou um saco plástico em sua cabeça e começou a estrangulá-la com uma tira de tecido. A menina, apavorada, lutava pela vida. Ed estava adorando a luta. Quanto mais ela lutava, mais excitado ficava. Até que a garota furou o plástico e quase estragou seus planos! Filha da mãe! Frustrado, tirou do bolso sua faca e esfaqueou-a repetidas vezes, até que parasse de se mexer. Por fim, cortou sua garganta. Era hora de dar atenção a Anita.

Ed tirou a menina do porta-malas e começou a esfaqueá-la com uma faca maior ainda, matando-a rapidamente. Que sensação maravilhosa olhar para a cara dela enquanto fazia isso! Já tinha planejado todos os passos seguintes que executaria. Levou os dois corpos sem vida para sua casa, onde havia uma mesa para dissecação, comprada por ele, e começou seu trabalho com Mary Ann. Dissecou-a inteirinha, matando todas as suas curiosidades. Tirou fotos de todo o processo, depois enfiou os restos na sacola plástica usada para tentar sufocar Mary Ann e enterrou-a. As cabeças... Não, não se livraria delas tão já. Nem do corpo tão lindo de Anita. Primeiro desfrutaria do prazer de tê-las com ele, depois... Bem, talvez as jogasse em alguma ravina por aí.[2]

Missão cumprida. Jamais a polícia suspeitaria de Ed Kemper. Então, poderia agir quantas vezes quisesse.

Na noite de 14 de setembro de 1972, Ed avistou Aiko Koo em um ponto de ônibus. Parou o carro e ofereceu carona para a garota, que prontamente aceitou. Ela estava cansada de esperar o ônibus e atrasada para sua aula de dança. Em uma curva, Aiko viu a arma de Ed. Entrou em pânico e tentou sair do carro. A porta não abria. Ed, com voz incisa e profunda, explicou que a garota não tinha nada a temer. A arma era para que ele se suicidasse e se ela não fizesse nenhum sinal para a polícia ou pedestres nada iria acontecer. Aiko, em silêncio, tremia de maneira incontrolável.

Ed dirigiu seu carro em direção às montanhas. Saiu da estrada principal, parou o carro e avançou para cima da garota. Tentou sufocá-la tapando sua boca e enfiando o polegar e o indicador nas narinas dela até provocar um desmaio. Quando ela despertou, Ed começou a sufocá-la outra vez. Deliciava-se observando todas as expressões e esperou que ela parasse de respirar. Tirou-a do carro, deitou-a no chão e estuprou seu corpo ainda quente. Isso é que era prazer! Depois, para ter certeza de que estava morta, estrangulou-a uma vez mais, dessa vez com o próprio lenço da menina. Quando estava totalmente seguro de sua morte, colocou o corpo no porta-malas do carro e saiu da cena do crime. Ed havia acabado de se mudar para os fundos da casa da mãe e, no caminho para lá, parou em um bar local e tomou umas cervejas. Toda hora parava o carro e admirava sua conquista. Tarde da noite, levou Aiko para sua cama e divertiu-se mais um pouco. Depois, dissecou-a do mesmo modo que havia feito com Mary Ann e Anita e saiu para jogar fora os

---

2   O corpo sem cabeça de Mary Ann Pesce foi encontrado e identificado em agosto daquele ano. Jamais a cabeça e o corpo de Anita Luchese foram encontrados.

restos mortais da vítima. Jogou as mãos e a cabeça de sua vítima em locais diferentes do resto do corpo.

Em suas conversas com policiais no Jury Room, adorava ouvir os detalhes das investigações de seus crimes, entre uma cerveja e outra. Quase se sentia um deles, ao ser incluído na conversa e saber segredos que não saíam nos jornais. Adorou ouvir de seus amigos que nunca relacionaram o desaparecimento de Aiko com o de suas primeiras vítimas. Por enquanto, tudo certo. Nos quatro meses seguintes, vítimas de outros assassinos tiveram seus corpos encontrados na mesma área, mas jamais Ed Kemper foi considerado um suspeito pela polícia. Em 8 de janeiro de 1973, sentindo-se mais confiante, comprou uma arma calibre .22. Sua única preocupação era ser pego com o rifle, porque com seus antecedentes criminais não tinha autorização para andar armado.

Sua próxima vítima foi Cindy Schall. Levou-a para as colinas de Watsonville, onde a matou com sua nova arma. A bala alojou-se no crânio dela. Ed levou o corpo para seu quarto na casa de sua mãe e esperou até que a mãe saísse para trabalhar. Então, teve todo o tempo do mundo para fazer sexo com a garota sem correr o risco de ser descoberto.

Sem a mesa de dissecação, que tinha em seu velho apartamento para trabalhar os corpos, pois a mãe acharia uma mobília muito estranha, Ed ajeitou Cindy na banheira e dissecou-a. Teve muito cuidado para deixar tudo limpo, sem nenhuma pista. Removeu a bala do crânio da garota no quintal da mãe, acondicionou os pedaços esquartejados em vários sacos plásticos e jogou-os de um penhasco perto de Carmel. Dessa vez, o corpo seria descoberto em menos de 24 horas, mas esse fato não causou nenhuma preocupação a Ed. Ele havia sido cuidadoso ao extremo.

Na noite de 5 de fevereiro de 1973, Ed teve uma briga descomunal com a mãe. Ficou muito perturbado, pois sua vontade era esmurrá-la sem parar. Ah, se ela fosse um homem... Trancou seu apartamento nos fundos e saiu para a rua a esmo, pronto para caçar outra vítima.

A primeira caronista que entrou em seu carro foi Rosalind Thorpe. Conversavam animadamente quando Ed parou para dar carona a outra moça, Alice Liu. Nenhuma delas teve o mínimo receio de entrar em um carro com o adesivo-passe da Universidade de Santa Cruz, que Clarnell achava ter perdido. Rodaram por algum tempo e dessa vez Ed sequer parou o carro para matá-las. Chamou atenção de Rosalind para a bela vista na janela do passageiro, enquanto sacou seu .22 e atirou na cabeça da moça. Sem perder tempo, virou a arma em direção à perplexa Alice, atirando várias vezes. Diferente de Rosalind, Alice não morreu na hora. Teve de atirar nela de novo quando saíram da cidade, terminando o serviço. Parou o carro em um beco sem saída e transferiu os dois corpos para o porta-malas. Ao chegar à casa, tirou os corpos do carro, decepou suas cabeças e guardou tudo no porta-malas. Na manhã seguinte, já na segurança de seu quarto, fez sexo com o corpo sem rosto de Alice. Também levou para dentro a cabeça de Rosalind, para extrair a bala alojada em seu crânio e eliminar qualquer pista. Jogou as partes esquartejadas dos corpos longe de Santa Cruz e dirigiu para longe, livrando-se das mãos e cabeças das vítimas.

Ed adorava passar as noites no Jury Room, onde constatava quão longe seus amigos estavam da verdade. Todas as conversas giravam em torno do que seria chamado de "Co-Ed Killer".[3] Ninguém imaginava que ele entrava no campus, para escolher suas vítimas, com o adesivo-passe da mãe, que nada sabia.

Apesar de usar métodos variados para matar, ou seja, atirava, esfaqueava ou sufocava, sempre levava suas vítimas para casa. Seus atos com os corpos progrediam, como fazer sexo com eles.

Um dos dias em que Ed mais se divertiu foi quando foi à consulta com seu psiquiatra levando as cabeças das vítimas no porta-malas de seu carro. Adorava testar sua habilidade em fazê-lo acreditar que tudo estava bem, uma vez que já tinha aprendido a se comportar como uma pessoa "normal". Ao longo de tantos tratamentos, sabia o que os profissionais de saúde mental esperavam que dissesse e descrevia seu dia a dia exatamente como eles queriam ouvir.

A mãe nem desconfiava da depravação de Ed. Se descobrisse, Ed não conseguia imaginar o que causaria a ela. Os gritos, os gritos... Ele a ouvia dentro de sua cabeça sem cessar. Pensou que lembrar de tudo isso só tinha feito sua raiva por ela aumentar. A mãe, tão amada, tão odiada, tão desejável! Nenhuma de suas vítimas chegava perto do prazer que sentia quando fantasiava sexo com sua mãe...

Ed levantou-se do sofá. Foi até o lado de fora e pegou um martelo-unha. Subiu vagarosamente as escadas em direção ao quarto da mãe. Silêncio, precisava de silêncio, mas não parava de ouvir os gritos. Como seria a cara de sua mãe na hora da morte? Seria diferente dos seres humanos mortais? Seria ela mortal?

Ed abriu com cuidado a porta do quarto da mãe. Lá estava Clarnell, dormindo em paz, mesmo depois de tantas crueldades que dissera ao filho. Ed se aproximou e ajoelhou-se ao lado da cama. Observou-a por um tempo, lembrando mais um pouco o quanto a tinha amado e o quanto fora rejeitado por ela. Queria tanto que ela tivesse sido mais maternal, não tão manipuladora... Levantou os lençóis e observou seu corpo... Não, não podia ter aqueles pensamentos novamente, não aguentava a culpa de desejá-la tanto! Apertou a própria cabeça, tentando fazer com que os pensamentos incestuosos desaparecessem... Mas nada, nada conseguia parar o processo de desejá-la. Desesperado, Ed ficou de pé. Pegou o martelo com as duas mãos e tirou a vida da mãe antes de decapitá-la com um só golpe. Clarnell jamais

3   Co-Ed: é o termo usado nos Estados Unidos para designar a escola educacional mista. Como só matou colegiais, nenhuma alcunha era mais adequada do que essa, dando duplo sentido ao apelido.

soube quem a atacou. Pelo menos foi rápido e ela não sentiu nada, mas era incrível ver como ela era humana e vulnerável como as outras!

Ed então, em um ritual enlouquecido, deu vazão a seus desejos. Estuprou o corpo sem cabeça da mãe até saciar-se por completo. Agora sim estava aliviado.

Mas, como sempre, os gritos dentro de sua cabeça voltaram. Ed ainda ouvia os gritos da mãe por todo lado. Meu Deus, ela já não estava morta? Precisava acabar com aquilo. Desceu até a cozinha e pegou uma faca afiada. Subiu as escadas de dois em dois degraus, rápido, com pressa, antes que os gritos o enlouquecessem. Pegou desajeitadamente a cabeça da mãe no colo e arrancou de maneira rápida todas as cordas vocais. Enfim os gritos pararam de atormentá-lo.

Levantou-se e ajeitou o que sobrou da cabeça da mãe em cima da prateleira. Olhou para ela e, por fim, falou tudo o que tinha vontade sem ser interrompido. Depois, foi até seu quarto, pegou seus dardos e ficou por muito tempo acertando aquele alvo perfeito. Essa prática começou a fazer com que raciocinasse com clareza.

A polícia encontraria logo o corpo de sua mãe e as suspeitas não demorariam a recair sobre ele. Precisava disfarçar o acontecido sem perda de tempo. E se a polícia pensasse ser aquele o trabalho de um desconhecido, um doido qualquer? Mas só o corpo da mãe, ali, sem nenhuma explicação...

De repente, uma ideia começou a formar-se em sua mente. Desceu correndo as escadas, pegou o telefone e discou para a casa de Sarah Hallet, a melhor amiga de sua mãe. Convidou-a para um jantar íntimo naquele dia, uma surpresa para Clarnell. Sem perda de tempo, arrumou a mesa para as duas.

Ao entrar, Sarah não teve tempo nem de pensar. Levou uma pancada na cabeça e foi agarrada por aquele enorme homem que a estrangulou com as mãos até a morte. Ainda inseguro do resultado, Ed utilizou o lenço de Aiko para estrangulá-la mais um pouco. Finalmente, deu-se por satisfeito.

Na manhã seguinte, ao acordar do transe em que tinha estado, ficou extremamente perturbado com a cena que encontrou. Era domingo de Páscoa. Ed entrou no carro de Sarah, deu a partida e começou a viajar sem rumo. Depois de um tempo, abandonou-o em um posto, alegando que precisava de reparos. Trocou de carro várias vezes, alugando várias marcas e modelos, com medo de ser pego. Mesmo sem saber para onde estava indo, começou a alimentar a expectativa de ficar famoso por causa de seus crimes. Finalmente o mundo saberia o quanto era inteligente...

Ed percorreu todo o caminho até Pueblo, Colorado. Parava para comprar jornais e assistir ao noticiário, esperando ouvir as notícias sobre sua façanha. Mas algo dera errado. Ed não estava se tornando famoso como esperava, nem sequer era suspeito de ter matado Clarnell e Sarah.

Sem perder mais tempo, alugou um quarto em um motel e ligou para a polícia de Santa Cruz, dizendo-se responsável por oito crimes. Ninguém na polícia acreditou: 'Pare de brincar, Big Ed, esta não é hora para trotes! Você não assiste à televisão? Não sabe o quanto estamos ocupados tentando pegar o assassino de sua mãe? Onde você se meteu, afinal?"

Para a polícia, Ed era só um moço que queria ser "tira" e vivia na delegacia perguntando detalhes sobre crimes. Ed teve de fazer diversas ligações para que acreditassem nele. Deu detalhes sobre os crimes que só o assassino conheceria e informou sua localização. A polícia atravessou três estados para prendê-lo. Ele sentou e esperou.

SOBRE OS CRIMES

Em seus depoimentos, Kemper admitiu guardar cabelo, dentes e pele de algumas vítimas como troféus. Também admitiu praticar canibalismo, dizendo preferir a carne da coxa de suas vítimas para fazer à caçarola com macarrão. Comia suas vítimas para que fizessem parte dele.

Várias cabeças de vítimas foram enterradas no jardim de sua casa, viradas de frente para o quarto de sua mãe, já que ela adorava "ser vista" por todos.

O JULGAMENTO

Ed Kemper levou os policiais de Santa Cruz a todos os lugares que utilizava para se livrar dos corpos. James Jackson foi designado pela corte para ser seu advogado de defesa e a ele só restou alegar que seu cliente não estava de posse das plenas faculdades mentais no momento dos crimes.

Várias testemunhas foram trazidas para depor e tentar estabelecer a insanidade de Kemper, mas o promotor destruiu o depoimento de cada uma. O dr. Joel Fort, testemunha da acusação, foi quem fez o maior estrago na estratégia da defesa: afirmou que o réu não era paranoico esquizofrênico. Para tanto, utilizou-se de todos os registros referentes ao assassino desde o hospital psiquiátrico Atascadero, além de entrevistas com o réu. Afirmou que Ed era obcecado por sexo e violência, tão carente de atenção que, durante o julgamento, tinha tentado suicídio cortando os pulsos com uma caneta esferográfica, mas de forma nenhuma insano. Fort também afirmou que, se Ed Kemper fosse solto, mataria outra vez o mesmo tipo de vítima.

Durante as três semanas que durou o julgamento, nenhuma testemunha, incluindo suas irmãs e médicos de Atascadero, conseguiram convencer o júri de sua insanidade. Quando perguntado a que pena deveria ser submetido para pagar por seus crimes, respondeu: "Pena de morte por tortura".

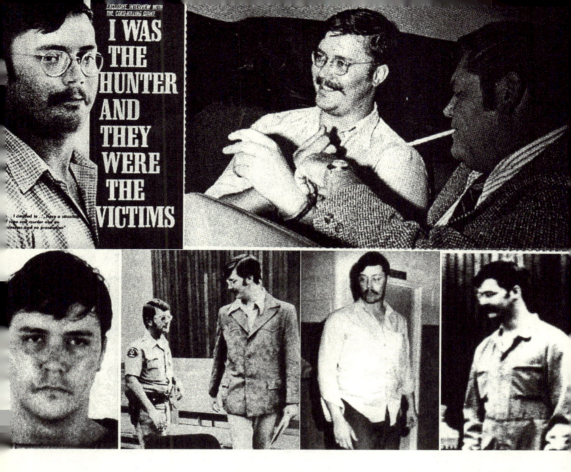

Os jurados deliberaram por cinco horas. Consideraram Edmund Kemper culpado de assassinato em primeiro grau nos oito crimes. Foi condenado à prisão perpétua sem possibilidade de condicional. Só escapou da pena de morte porque na época tinha sido abolida no estado da Califórnia.

Após uma rápida passagem pelo Vacaville Medical Facility, Kemper foi encarcerado na prisão de segurança máxima de Folsom pelo resto de sua vida. Ele ainda está atrás das grades. Deu extensas entrevistas a Robert Ressler, na época trabalhando como agente do FBI, para ajudar na elaboração de perfis criminais de serial killers.

Em 1988, participou, juntamente com o assassino em série John Wayne Gacy, de um programa via satélite em que cada um discutiu seus crimes. Como sempre, foi loquaz e explícito.

Na prisão, é considerado um "serial killer genial", pois sem sua própria ajuda jamais seria preso e condenado. Seu quociente de inteligência (QI) é de 145.

Hoje é considerado um preso-modelo com um coração de ouro!

Utiliza seu tempo livre traduzindo livros para o braile.

IVAN ROBERT MARKO MILAT

7'0"
6'8"
6'6"
6'4"
6'2"
6'0"
5'8"
5'6"
5'4"
5'2"
5'0"
4'8"
4'6"
4'4"

Nascimento: 27 de dezembro de 1944
Local: Guildford, New South Wales, Austrália
Altura: 1,73 m
Filiação: Stephen Milat e Margaret Milat

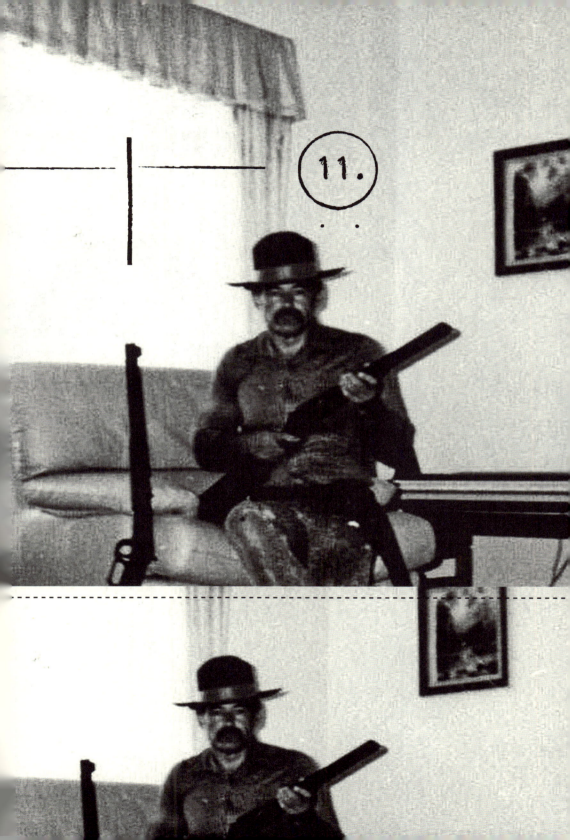

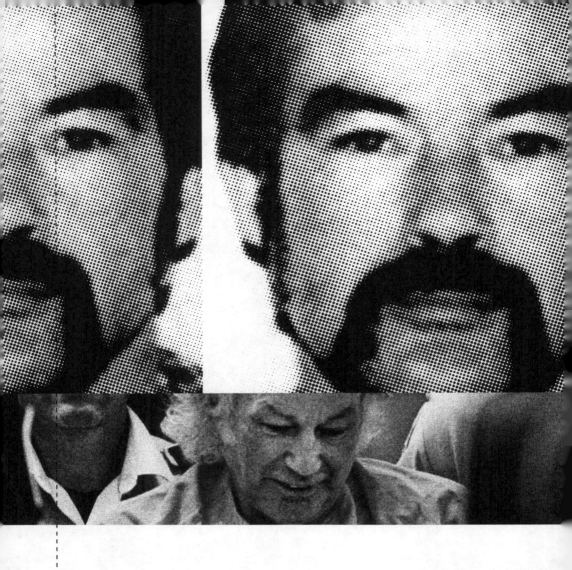

▶ 1944

IVAN ROBERT MARKO MILAT

O ASSASSINO DE MOCHILEIROS

"Sou inocente! Eles não podem me dar algumas evidências, fatos, fatos honestos? Não é justo. Essas pessoas não estão me dando uma chance justa." – **Ivan Robert Marko Milat**

Rod Milton acordou naquela manhã com a mesma sensação que sentia ao entrar em cada caso nos últimos vinte anos. Em sua longa carreira de psiquiatra forense, havia se especializado como *profiler* e tinha a difícil tarefa de fornecer para a polícia o perfil psicológico e comportamental de criminosos, identificados ou não. A cada possibilidade de tratar-se de crimes em série, era chamado pela equipe de investigação responsável e, munido de toda e qualquer informação oficial, conectava os crimes de uma mesma autoria, entrava na mente de assassinos, funcionando como eles, pensando como eles, até reconstruir os crimes e afunilar a busca da polícia, fornecendo dados sobre o procurado. Outras vezes, com o criminoso já preso, fazia um estudo de sua personalidade e orientava os interrogatórios, montando estratégias para obter a confissão do culpado. Quando o interrogado era inocente, ou seja, sua personalidade não combinava com os atos cometidos pelo criminoso em questão, evitava as falsas confissões informando a polícia que deveriam buscar mais provas.

Dessa vez não era diferente. A antecipação de "entrar" em mente tão perturbada fazia com que seu sangue corresse acelerado nas veias, fazia seu coração bater mais rápido. Procurou as chaves do carro, apressado, e saiu em direção à floresta de Belangalo, Austrália, onde os crimes haviam ocorrido. No caminho, fez uma revisão mental dos dados aos quais teve acesso, estudados à exaustão até que soubesse tudo de cor. Na hora certa, sabia que os dados se encaixariam em seu raciocínio e conseguiria fazer um retrato bem-aproximado daquele assassino que tirara a vida de vários mochileiros na Austrália.

Nesse trabalho, contaria com a ajuda de seu colega dr. Richard Basham para construir o perfil criminal do assassino. Eram sete os jovens desaparecidos de que se tinha notícia até então: Deborah Phyllis Everist e James Harold Gibson, vistos pela última vez em 1989; Simone Loretta Schmidl, desaparecida em 1991; o casal de namorados Gabor Kurt Neugebauer e Anja Habschied, também desaparecidos em dezembro de 1991. A lista terminava em Joanne Lesley Walters e Caroline Jane Clarke, que tiveram seus corpos encontrados em 16 de setembro de 1992 por dois parceiros de motocross que apostavam uma corrida na floresta de Belangalo. A polícia de Bowral foi avisada da descoberta de cadáveres e iniciou-se então a maior investigação criminal da história australiana.

AS VÍTIMAS

1989 | DEBORAH PHYLLIS EVERIST E JAMES HAROLD GIBSON

O casal de amigos desapareceu em 1989. Seus corpos foram encontrados em outubro de 1993, na floresta de Belangalo, por um morador local. Os dois esqueletos estavam incompletos, provavelmente como resultado da ação de animais.

O esqueleto de Deborah Everist estava em péssimo estado de conservação. Ela ainda usava sua corrente de prata com crucifixo e um bracelete de pedras semipreciosas. Nas proximidades, jazia um par de sandálias.

Além das várias marcas de fratura na parte posterior de seu crânio, havia quatro cortes não letais na linha do cabelo. Os restos da mandíbula também estavam quebrados e na região lombar foram observados sinais de uma facada.

Mais bem conservado, o esqueleto de James Gibson trouxe mais informações. Ele ainda vestia calça jeans, com o zíper aberto e o botão fechado, e calçava tênis ainda amarrados. Seu chapéu de feltro preto também foi encontrado e ajudaria em sua identificação.

Ferimentos à faca, quando são profundos, deixam marcas nos ossos que podem ser nitidizadas com soluções químicas especiais. Gibson sofreu pelo menos sete ferimentos com instrumento cortante: dois deles nas costelas, dois na parte mais alta das costas, um de cada lado do peito e um no meio da coluna vertebral, seccionando três vértebras, o que o paralisou.

1991 | SIMONE LORETTA SCHMIDL, GABOR KURT NEUGEBAUER E ANJA HABSCHIED

Simone Schmidl era alemã da cidade de Regensburg e desapareceu ao sair de Sydney em janeiro de 1991. Seu corpo foi encontrado na mesma floresta, em novembro de 1993, parcialmente vestido. A camisa e o sutiã estavam levantados até o pescoço e ela vestia short, que estava com os cordões desamarrados. Em volta da cabeça pendia uma bandana roxa. "Simi", como era chamada em família, ainda usava suas joias. Foi reconhecida, de imediato, pela bandana idêntica àquela da fotografia entregue para a polícia quando de seu desaparecimento. O exame da arcada dentária tornaria oficial a identificação do corpo.

Na necropsia, o legista pôde confirmar que se tratava da ação do mesmo assassino pela similaridade dos ferimentos de Simone com o das outras vítimas: apesar de não haver nenhuma fratura no crânio, ela sofreu inúmeras facadas no peito e nas costas, inclusive com secção da coluna vertebral idêntica à de Gibson.

Gabor Kurt Neugebauer e Anja Habschied eram namorados e desapareceram em dezembro de 1991. Seus corpos também foram encontrados em novembro de 1993, durante a exaustiva busca que a polícia realizou de novas vítimas do mesmo perfil – jovens mochileiros que se aventuravam na floresta de Belangalo, Austrália.

O corpo de Gabor estava embaixo de uma pilha de folhas e coberto por um tronco de árvore. O esqueleto estava completo e ele ainda estava vestido com sua calça jeans, com zíper aberto e botão fechado. Em volta da cabeça havia duas mordaças, uma dentro e outra fora da boca, com nós similares, porém diferentes.

Como o osso hioide do rapaz estava fraturado, concluiu-se que ele fora estrangulado. Sua mandíbula mostrava várias fraturas e o exame do crânio mostrou seis entradas de projéteis, três pelo lado posterior esquerdo e três por baixo. Quatro projéteis foram recuperados ainda dentro do crânio da vítima. Caixas vazias de munição e noventa cápsulas deflagradas que estavam no local também foram recolhidas para exame balístico.

A perícia concluiu que Gabor Neugebauer não tinha sido morto no mesmo local em que seu corpo foi encontrado.

O corpo de Anja tinha a blusa levantada até a altura dos ombros. Sua calça jeans e seu sutiã, cortado na lateral, foram encontrados longe dali. No esqueleto faltava o crânio e as primeiras duas vértebras. O médico-legista concluiria em seu laudo que a moça fora decapitada com instrumento afiado, machado ou espada, e pelo ângulo do corte estaria de joelhos e com a cabeça abaixada no momento do golpe fatal, como em uma decapitação ritual. Sua cabeça nunca foi encontrada.

1992 | JOANNE LESLEY WALTERS E CAROLINE JANE CLARKE

As amigas Joanne e Caroline desapareceram cinco meses antes de serem encontradas por dois motoqueiros durante uma competição de motocross, em setembro de 1992.

Os restos mortais de Joanne Walters estavam parcialmente cobertos por folhas secas e um tronco de árvore. Ela estava vestida com sua calça jeans, com o zíper aberto e o botão fechado. Sua camiseta continha inúmeras marcas de facadas na altura do coração; ainda calçava sapatos e usava suas joias. Apesar de estar usando calças, sua calcinha nunca foi encontrada.

Seu corpo estava em adiantado estado de decomposição. De suas roupas e mãos foram recolhidos fios de cabelo escuro, que foram armazenados para comparação futura com possíveis suspeitos do crime. Sua cabeça estava envolta com uma espécie de mordaça e outros pedaços de tecido foram encontrados em sua garganta, sugerindo asfixia.

Havia cinco ferimentos de facada no peito da moça e mais nove em suas costas, perfazendo um total de 14 cortes, cinco propositalmente na espinha dorsal, que havia sido seccionada, paralisando a vítima.

Por causa do adiantado estado de decomposição, não foi possível afirmar se houve ou não penetração vaginal ou anal, mas o material foi recolhido em lâminas como prova. Não havia ferimentos de defesa, mostrando que o assassino estava no completo controle da situação. O exame meticuloso dos cortes levou o legista a concluir que a arma do crime era uma faca do tipo "Bowie" ou similar.

Caroline Clarke, além de ter sido esfaqueada, também foi vítima de dez tiros no crânio, de onde ainda foram recuperados quatro projéteis calibre .22. Seus braços estavam posicionados estendidos acima da cabeça, envolta em um pano vermelho perfurado no local dos tiros, mostrando sem sombra de dúvida que fora vendada antes de ser morta. Ela ainda havia sido esfaqueada na base do pescoço, como sua amiga Joanne.

Os testes balísticos demonstraram que os tiros foram dados de três direções diferentes, tendo a cabeça da moça como alvo. A crueldade estava explícita.

Nas proximidades do local onde o corpo de Caroline foi encontrado, a perícia recolheu seis baganas de uma mesma marca de cigarro, cartuchos de arma calibre .22 e um pedaço de plástico verde do tamanho de uma moeda. Os restos de uma fogueira feita de pedras jaziam a 35 metros do local.

A CENA DO CRIME E SUAS DEDUÇÕES

A floresta de Belangalo é composta de pinheiros plantados pelo homem e localizada entre as cidades de Sydney e Canberra, Austrália. Os corpos de Caroline Clarke e Joanne Walters, duas mochileiras inglesas que faziam turismo, foram os primeiros a ser encontrados e com base nos dados científicos desses crimes é que foi construído o primeiro perfil do criminoso pelo dr. Rod Milton. Mais tarde ele contaria com a ajuda do dr. Richard Basham para completar os trabalhos, já de posse dos relatórios forenses relativos a cada vítima. Os dois *profilers*, aos estudarem todos os dados, não podiam descartar as inúmeras coincidências de *modus operandi* e assinatura do crime. Sem dúvida, tratava-se de um serial killer, o que na época da descoberta do cadáver das duas primeiras vítimas não se podia afirmar.

Todas as vítimas foram encontradas em local afastado e ermo, indicando que o criminoso estava familiarizado com a área. Parecia ser um crime premeditado, no qual o assassino escolheu o local com cuidado para correr baixo risco de ser interrompido ou flagrado.

O corpo de Caroline estava em mais adiantado estado de decomposição que o de sua amiga Joanne. Sua cabeça foi envolvida em um pano vermelho e três cartuchos foram encontrados embaixo dela. Quando um assassino cobre o rosto de sua vítima, em geral sua intenção é despersonalizá-la, transformá-la em objeto. Ela estava vestida e suas roupas, alinhadas, exceto pelo fecho frontal do sutiã, que estava aberto. Não havia nenhum indício de ataque sexual. Aquele parecia ter sido o palco de um crime de execução. Os braços da moça estavam posicionados acima da cabeça, e Milton concluiu que o assassino seguiu seu script prévio. Arrepiou-se ao imaginar a jovem suplicando pela vida até finalmente ser morta.

Distante quase quatro metros do corpo de Caroline, os detetives haviam encontrado seis baganas de cigarro, todas da mesma marca, corroborando a tese de que o assassino tinha passado bastante tempo com a vítima até assassiná-la. Não muito longe, localizaram o cartucho deflagrado de uma arma calibre .22 e um plástico verde do tamanho de uma moeda. Depois de a área ser explorada com detector de metais por peritos da balística, outros nove cartuchos da mesma arma foram recolhidos distantes menos de quatro metros do corpo.

O pensamento dos *profilers* se voltou para a cena do crime de Joanne. Tudo indicava caos em contrapartida à organização do local do assassinato de Caroline. O assassino parecia ter estado em um transe enlouquecido, agindo com muito mais emoção. A vítima estava amordaçada e suas roupas estavam em completo desalinho. Sua camiseta e sutiã, que permanecia abotoado, estavam levantados, deixando os seios à mostra. O zíper da calça da jovem estava aberto, mas curiosamente o botão da calça estava fechado. Ela ainda calçava sapatos pretos, que permaneciam amarrados, indicando que a calça foi, no máximo, abaixada para permitir a violência sexual em vida ou pós-morte. A calcinha não foi encontrada e poderia ter sido levada pelo criminoso como um troféu. Nenhuma joia da moça foi levada. O corpo estava parcialmente coberto por um tronco de árvore sobre um tapete de folhas secas. Restos de uma fogueira construída com pedras foram encontrados. Teriam passado a noite ali?

Caroline e Joanne estavam quarenta metros distantes uma da outra. O assassino, um ou mais, tinha se dedicado em separado a cada uma, e era sofrido imaginar o que passaram as duas amigas até que, por fim, descansaram.

Ao colocarmos em perspectiva os achados de local de crime e médico-legais (aqueles a que tivemos acesso), encontramos várias similaridades desses dois crimes com os outros cinco. As evidências encontradas no caso mais recente, que seria o assassinato de Joanne e Caroline, são mais precisas e em maior número. Mas, analisando os outros achados, podemos concluir que, apesar da falta de evidências concretas, o ritual do assassino para com suas vítimas era o mesmo, e provas se perderam por ação do tempo ou de animais da floresta. Veja no quadro a seguir:

RITUAIS	VÍTIMAS						
	EVERIST	GIBSON	SCHMIDL	NEUGEBAUER	HABSCHIED	WALTERS	CLARKE
JOIAS	•		•			•	
FRATURA MANDÍBULA/CRÂNIO	•			•			
BOTÃO DA CALÇA FECHADO		•		•		•	
ZÍPER DA CALÇA ABERTO		•		•		•	
CALÇADOS INTACTOS		•	•	•		•	
PARALISIA PROVOCADA		•	•			•	?
BLUSA LEVANTADA			•		•		
CABEÇA COBERTA (MORDAÇA/VENDA)			•	•		•	•
PILHA DE FOLHAS						•	
TRONCO DE ÁRVORE				•		•	
TIRO NA CABEÇA				•			•
DECAPITAÇÃO					•		
VÍTIMA DE JOELHOS					•		•

Os achados do médico-legista tinham ajudado os *profilers* a reconstruir cada passo do crime cometido. Nunca se acostumariam com a brutalidade e crueldade dos assassinos que estudavam.

O PERFIL CRIMINAL

Depois de reconstruir passo a passo as ações envolvidas no crime, concluiu-se que era possível que ele tivesse sido executado por duas pessoas, que poderiam ser dois irmãos, um mais velho e dominante, o outro submisso, mas não menos sádico. A dupla teria o mesmo interesse por armas de fogo e caça e prováveis antecedentes criminais de motivação sexual, crimes cometidos juntos ou em separado.

Tratava-se de morador de periferia em área semirrural; estaria empregado em trabalho de média habilidade, provavelmente externo, para que suas saídas fossem legitimadas; estaria envolvido em uma instável e insatisfatória relação com cônjuge; poderia ser homossexual ou bissexual, teria histórico de agressão às autoridades; sua idade ficaria na faixa entre 30 e 40 anos.

Foi de posse de todos esses dados que a polícia iniciou uma investigação detalhada de crimes parecidos com o assassinato de Joanne Walters e Caroline Clarke. Os resultados não demoraram a aparecer.

Ao colocarmos em perspectiva os achados de local de crime e médico-legais, encontramos várias similaridades desses dois crimes com os outros cinco.

Com a investigação mais adiantada trazendo inúmeros detalhes importantes e já trabalhando em parceria com o sociólogo e analista de dados Robert Young, outras características dos criminosos foram incorporadas ao perfil. O uso de silenciador, por exemplo, comprovado pelos exames de balística, fez os *profilers* concluírem que o assassino vivia em um mundo de fantasias e poderia ir com frequência até a floresta para praticar tiro ao alvo em latas e garrafas. Também inferiram que o suspeito seria proprietário de uma motocicleta e se considerava acima da lei.

O assassino não necessariamente moraria na floresta de Belangalo, mas era certo que fazia frequentes visitas ao local e poderia inclusive ser proprietário ou inquilino de alguma área próxima. Havia grande possibilidade que morasse na região norte, pois todas as vítimas haviam sido vistas perto de Liverpool e todos os corpos foram encontrados no mesmo local, em Belangalo.

Também foram examinados todos os depoimentos já colhidos pela polícia e um deles chamou atenção: tratava-se do relato de um homem de nome Alex Milat.

A INVESTIGAÇÃO

Para chefiar os trabalhos da força-tarefa criada pela polícia para investigar esses crimes em série, foi designado Clive Small, que nomeou Rod Lynch seu auxiliar. Sabiam que então se iniciava a caçada a um assassino brutal: ele espancava, estrangulava, atirava, esfaqueava e decapitava suas vítimas. Era muito provável também que os sete jovens tivessem sido molestados sexualmente de alguma maneira e a violência do assassino estava em ascendência; a cada vítima o número de ferimentos era maior e o tempo gasto no ritual de morte também aumentava. Assassinos em série, enquanto ainda não descobertos, escalam na violência, sentindo-se cada vez mais confortáveis e com a autoconfiança estimulada a cada dia que passam sem ser suspeitos.

Um levantamento acurado em busca de evidências foi feito em uma grande área da floresta de Belangalo, utilizando-se o método de dividi-la em partes numeradas para que nenhum detalhe fosse perdido. Cada achado foi mapeado, fotografado e recolhido. Também foram utilizados cães do tipo farejador, na tentativa de encontrar novas vítimas.

As cápsulas deflagradas que foram encontradas demonstravam que se tratava de uma "Ruger" de repetição e, em razão do enorme número de armas daquele tipo utilizadas no país, a equipe policial contatou membros de um clube local de tiro para colher seus testemunhos. Um deles lembrou-se de um amigo, Alex Milat, que contou ter visto algo suspeito, e a polícia foi interrogá-lo.

A testemunha descreveu o que viu na ocasião em que estava na floresta: um veículo Ford Sedan e outro com tração nas quatro rodas percorrendo uma trilha. No banco da frente do primeiro carro, apenas o motorista; no banco de trás, outros dois homens sentados e entre eles uma mulher com um pano envolvendo-lhe a cabeça, como uma múmia. No segundo carro, além do motorista, um casal no banco de trás. A mulher estava amordaçada da mesma maneira. A testemunha deu uma descrição tão detalhada aos policiais que incluía até as roupas vestidas pelos ocupantes dos carros e ainda declarou que na época havia anotado as placas dos veículos, mas que já não as tinha mais.

A força-tarefa muitas vezes deixou passar dados importantes e não fez conexões de informações aparentemente óbvias, mas em 1994 os trabalhos começaram a engatar. Trinta e sete investigadores começaram a rever todos os depoimentos já coletados pela polícia e logo destacaram algumas informações que direcionariam a uma nova estratégia de investigação:

01. Uma mulher havia telefonado para a polícia denunciando o antigo patrão de seu namorado, Ivan Milat, que ela descrevia como homem estranho, dono de propriedade nas proximidades da floresta Belangalo e de um veículo com tração nas quatro rodas. Era colecionador de armas.

02. Joanne Berry, moradora local, ligou para a polícia relatando a existência de um boletim de ocorrência feito em 1990 por ela e um cidadão inglês que passava férias na Austrália, Paul Onions. Ali estava descrito como ela havia parado na estrada para ajudar esse jovem que havia escapado de um assaltante. Paul pegara carona com um sujeito bem-apessoado, divorciado, descendente de iugoslavos e proprietário de terras na área de Liverpool. No caminho, mesmo ameaçado com uma arma de fogo, conseguira fugir. Infelizmente essa informação ficou perdida no meio de toda a papelada da investigação até abril de 1994.

03. O nível de detalhamento do depoimento de Alex Milat.

Com o nome Milat aparecendo aqui e ali, a força-tarefa resolveu investigar essa família. Tratava-se de uma viúva, mãe de 14 filhos, homens e mulheres. O pai era imigrante croata e lutara na guerra pelo Exército britânico, experiência que alimentaria o modelo de educação que havia utilizado com a família, sempre rígido e disciplinador.

Todos os integrantes da família Milat era familiarizados com armas de fogo desde a mais tenra infância e as colecionavam. Muitos dos irmãos moravam em áreas próximas de onde as vítimas tinham sido vistas pela última vez. Dois dos irmãos, Ivan e Richard, haviam trabalhado juntos na mesma empresa à época dos crimes e a polícia requisitou o livro de ponto da empresa. Ali puderam constatar que Richard tinha álibi para todos os desaparecimentos, mas Ivan folgou em todos os dias que o comprometeriam. Tornou-se, de imediato, suspeito.

Ao comparar seu suspeito com o perfil criminal fornecido para a força-tarefa pelos *profilers*, a combinação era próxima à perfeição. Caçador, trabalhador de estradas e com vários antecedentes criminais, inclusive com condenações. Mas o que chamou atenção do detetive Wayne Gordon, responsável pela investigação da família Milat, foi um crime pelo qual Ivan Milat havia sido absolvido: em 1971, dera carona a duas mochileiras, de Liverpool para Melbourne, e fora acusado de estuprar uma delas. Em seu depoimento, as garotas testemunharam que ele usara uma faca.

A partir desse ponto, quatro policiais foram destacados para manter sob vigilância o suspeito número um da força-tarefa.

Ao investigar os carros da família, localizaram um Nissan Patrol 4×4, que havia pertencido a Ivan, com um novo dono, que entregou à polícia um projétil calibre .22 encontrado embaixo do banco do motorista, consistente com as caixas de munição encontradas nos locais do crime.

Uma pesquisa no órgão de registro de imóveis logo resultou na informação de que Ivan Milat tinha uma pequena propriedade há apenas 37 quilômetros da floresta Belangalo. Também possuía uma motocicleta.

O detetive Gordon precisava agora colocar Ivan Milat com seu Nissan no local dos crimes. Passou um pente-fino em todos os trabalhos realizados e se deparou com o telefonema de Joanne Berry e o boletim de ocorrência de Paul Onions. Gordon e Clive Small, seu chefe, furiosos com essa falha enorme na investigação, contataram Paul pedindo que ele fosse a Sydney e fizesse um reconhecimento fotográfico do homem que o atacara. Como os irmãos Milat eram muito parecidos, usaram a foto de Ivan, pois Richard trabalhara naquele dia, enquanto o irmão folgara. A vítima não demorou muito para identificá-lo, provendo fundamentos para que fosse pedido um mandado de busca para a casa de Ivan Milat e outro para a casa de sua mãe e irmãos, uma vez que havia a suspeita forte de que a ação criminosa era executada por mais de uma pessoa.

A execução dos mandados foi planejada com cuidado para que fossem concomitantes e envolveu trezentos oficiais da polícia. O dr. Rod Milton também proveu o detetive Gordon de informações sobre o perfil de Milat que o ajudariam a negociar uma rendição pacífica. A operação foi um sucesso, e no dia 22 de maio de 1994 Ivan Robert Milat se entregou para a polícia.

BUSCA E APREENSÃO

Na casa de Ivan, foram encontrados dois sacos de dormir, depois identificados como pertencentes a Simone Schmidl e Deborah Everist; uma faca Bowie, com 12 polegadas de comprimento; um manual técnico para uso de uma Ruger calibre .22; uma fotografia do suspeito com uma Colt calibre .45 (como a descrita por Paul Onions); uma fotografia de sua namorada vestindo um top Benetton idêntico ao de Caroline Clarke; uma bandana roxa idêntica à que estava amarrada na cabeça de Simone Schmidl; várias faixas de tecido similares àquelas com que as vítimas foram amarradas (uma manchada com o sangue de Caroline Clarke); e um rifle Ruger calibre .22 desmontado. Não restavam muitas dúvidas de que ele era o assassino.

Outros itens também foram apreendidos, tanto na casa de Ivan como nas de outros membros da família — entre eles cordas azuis e amarelas, como aquelas encontradas em um dos locais de crime, mais partes de rifles Ruger calibre .22, equipamentos de camping, cozinha e o cantil de Schmidl, a câmera fotográfica de Clarke, uma arma automática Browning, outros rifles e revólveres, facas e farta munição. Os irmãos Walter e Richard Milat alegaram que esconderam coisas em suas casas a mando de Ivan e a mochila de uma das vítimas foi encontrada na casa do primeiro.

Na casa de Margaret Milat, mãe de Ivan, foi encontrada uma espada curva de cavalaria, a provável arma utilizada para decapitar Anja Habschied.

Ivan negou seu envolvimento e não reconheceu nenhum dos objetos encontrados e apreendidos, mas a balística comprovou que os projéteis extraídos dos corpos das vítimas foram disparados por seu rifle.

O JULGAMENTO

O julgamento demorou mais de 15 semanas. Só pela acusação, 145 testemunhas foram ouvidas e 356 evidências foram apresentadas. Para a promotoria, Ivan caçava suas vítimas antes de matá-las.

A defesa tentou provar que os verdadeiros Milat assassinos eram Richard e Walter, que teriam plantado provas na casa do irmão Ivan para incriminá-lo.

Em 27 de julho de 1995, Ivan Milat foi considerado culpado pela unanimidade do júri. Sua pena pelo ataque a Paul Onions foi de seis anos e recebeu uma sentença de prisão perpétua por cada um dos sete assassinatos que cometeu. O assassino ouviu passivamente, em silêncio, sem demonstrar nenhuma emoção. Foi levado para a prisão de segurança máxima em Maitland, sudoeste de Sydney, permanecendo ali até 1997, quando foi transferido para a prisão de Goulburn após uma tentativa de fuga.

Até hoje ele alega ser inocente e formou um grupo que luta por sua soltura junto ao governo australiano. Ivan Milat sempre declarou que fugirá na primeira oportunidade que tiver. A polícia ainda investiga se a família de Ivan estava envolvida na tentativa de fuga do irmão.

OBSERVAÇÕES FINAIS

Muitos mochileiros, de diversas nacionalidades, desapareceram na mesma região da Austrália nos últimos anos. Diane Pennacchio, 29 anos, desaparecida depois de sair de um bar em Canberra, teve seu corpo encontrado em 1991. A forma como estava disposto era exatamente igual à de todas as vítimas de Ivan Milat: esfaqueado, de bruços ao lado de um tronco de árvore caído, com as mãos atrás das costas. Um dossel triangular de gravetos foi construído sobre seu corpo e, sobre ele, folhas de samambaia. Perto do corpo foram encontrados restos de uma fogueira feita de pedras, formando um círculo perfeito.

Muitos acreditam que Ivan Milat não agia sozinho. O próprio pai de Gabor Neugebauer declarou para a imprensa que achava impossível que apenas um homem conseguisse dominar seu filho ao mesmo tempo que dominava Anja. Ele era bastante forte e bom de briga.

Outro irmão de Ivan, Bóris, que se afastou dos Milat, declarou para a mídia que ninguém podia imaginar a violência que ocorria na família. Ele acredita que tenham matado pelo menos 28 mochileiros, mas não tem fatos nem provas para fundamentar suas suspeitas. Segundo ele, onde quer que seu irmão tenha trabalhado, pessoas desapareceram nas proximidades.

A polícia australiana ainda tenta obter provas que comprometam Walter ou Richard Milat. Os seis fios de cabelo encontrados nas mãos de Joanne Walters foram examinados por laboratórios forenses, na tentativa de extrair seu DNA e confrontá-lo com os do suspeito. Quatro fios foram danificados nessas tentativas e agora a polícia espera que novas técnicas sejam desenvolvidas para testar os dois fios restantes sem o risco de ficar sem provas.

Ivan Robert Marko Milat continua preso na Penitenciária de Segurança Máxima em Goulburn, Austrália.

Em 27 de julho de 1995, Ivan Milat foi considerado culpado pela unanimidade do júri. Sua pena pelo ataque a Paul Onions foi de seis anos e recebeu uma sentença de prisão perpétua por cada um dos sete assassinatos que cometeu.

Em fevereiro de 2001, foi levado às pressas para o hospital da penitenciária, depois de ter informado às autoridades que havia ingerido lâminas de barbear, grampos para papel e uma pequena corrente que unia dois cortadores de unha.

Em maio do mesmo ano, engoliu uma mola da descarga da privada de sua cela. Segundo Milat, esses atos de automutilação fazem parte de uma campanha para que sua apelação seja ouvida pela Corte Superior da Austrália. Já as autoridades da Penitenciária Supermax de Goulburn acham que seu objetivo é ser transferido para um hospital ou outra penitenciária, o que facilitaria sua fuga. Essa teoria ganhou peso quando os médicos descobriram que Milat havia embrulhado as lâminas de barbear com plástico adesivo antes de engoli-las e por isso não sofreu danos em seu trato digestivo.

Durante as audiências para conseguir seu direito de apelação, Milat foi questionado sobre o desaparecimento de Leanne Goodall (20), Robyn Hickie (17) e Amanda Robinson (14), entre 1978 e 1979. Ele trabalhava na mesma área em que as garotas sumiram, mas negou qualquer envolvimento. Não foi formalmente acusado por esses crimes.

Em novembro de 2002, processou o Estado por desrespeito à sua privacidade ao permitir a publicação das fotos dos raios X a que foi submetido quando se automutilou. Por causa desse processo, discute-se hoje na Austrália até onde vão os direitos de quem cometeu assassinatos tão brutais.

Em dezembro de 2003, Ivan Milat foi interrogado sobre o desaparecimento de duas enfermeiras em julho de 1980: Gillian Jamieson e Deborah Balkan. Colegas de quarto, as jovens de 20 anos desapareceram depois de terem sido vistas saindo do Hotel Tollgate, em Parramatta, Sydney. Estavam acompanhadas por um homem vestindo roupas de trabalho sujas e usando chapéu preto estilo caubói. Na época, Milat usava um chapéu similar e trabalhava a menos de dois quilômetros do local, no Departamento de Estradas Principais, em função braçal. A recompensa sobre qualquer informação que leve a polícia a solucionar esses casos é de cem mil dólares australianos.

Milat também é o principal suspeito da morte de outro mochileiro, Peter David Letcher, de Bathurst. Ele foi encontrado morto por tiro, na floresta estadual de Jenolan, em 1988.

Em maio de 2004, a Corte Superior australiana recusou o pedido de Ivan Milat para apelar contra suas sete condenações por assassinato, considerando que não houve falha processual no julgamento original. No mesmo ano, ele declarou em uma entrevista que acusar seus irmãos pelos assassinatos foi uma estratégia de defesa em seu julgamento, mas que na verdade eles são inocentes.

A polícia ainda hoje acredita que Milat é o autor do assassinato de Susan Isenhood, de 22 anos. Seu corpo foi encontrado há muitos anos e identificado por DNA em 2004. O caso permanece sem solução. A moça desapareceu em outubro de 1985, quando foi visitar o irmão, e pegou carona para retornar de Taree, onde na época Milat trabalhava em uma estrada próxima.

Em 2005, Ivan Milat foi questionado pelo desaparecimento de outra caronista em 1980, Anette Briffa (18).

Em junho de 2006, foi isolado em cela especial, depois de ameaçar novamente cometer suicídio. Havia ganhado uma sanduicheira elétrica e um televisor por comportamento-modelo na penitenciária, mas um grupo de direitos das vítimas protestou e conseguiu que esse "conforto" fosse confiscado de sua cela.

Em agosto de 2006, novas buscas foram feitas na casa da família Milat, mas nada foi encontrado. Existem dez casos de assassinato sem solução que podem estar relacionados com ele, mas não há prova alguma. Mesmo nos casos em que foi considerado culpado, a prova era apenas circunstancial e nada significaria se não fosse o testemunho de Paul Onions, que o reconheceu e descreveu seu *modus operandi* no local dos crimes.

LEONARD LAKE E CHARLES CHITAT NG

7'0"
6'8"
6'6"
6'4"
6'2"
6'0"
5'8"

4'8"   Leonard Lake
        Nascimento: 29 de outubro de 1945
        Local: São Francisco, Califórnia, EUA
4'6"   Morte: 6 de junho de 1985
        Cônjuge: Primeiro casamento (1975/?);
        Claralyn Balasz (1981/?)
4'4"
        Charles Chitat Ng
        Nascimento: 24 de dezembro de 1960
        Local: Hong Kong
        Cônjuge: Solteiro

12.

▶ 1945
1960

LEONARD LAKE E CHARLES CHITAT NG

UMA DUPLA LETAL

12.

> "Você devia ouvir os gritos. Às vezes eu precisava amordaçá-las, porque elas gritavam tanto que eu não conseguia me ouvir." – **Charles Chitat Ng**

Junho de 1985. No calor do estacionamento de uma loja na cidade de São Francisco, EUA, Leonard Lake aguardava a polícia juntamente com o gerente. Ele não podia acreditar na burrice do amigo Charles Chitat Ng, em sua prepotência. Era fato precisarem de um torno mecânico novo, mas furtá-lo diante de todo mundo e sair correndo? Claro que viram quando Ng jogou a mercadoria dentro do porta-malas de seu carro, criando o maior alvoroço! Agora ele estava ali, que situação, e mesmo depois de pagar a ridícula quantia de 75 dólares pela "compra" o policial ainda insistia em revistar seu carro. O coração de Lake batia rápido, ele suava por todos os poros, a adrenalina corria em seu sangue. Aquilo não ia dar certo.

Insistia em mostrar a nota do torno pago e encerrar a questão, mas o policial coçou a cabeça quando encontrou uma arma calibre .22 com silenciador na sacola de ginástica de Lake. Inquieto demais, foi quase com desespero que assistiu ao homem verificar por rádio a placa do carro, um Honda Prelude 1980. Sua mente trabalhava de forma frenética para preparar as respostas das perguntas que sabia que viriam. Não, o carro não era seu, era de seu amigo Lonnie Bond. Não, ele não era Lonnie, era Robin Stapley, disse, ao entregar sua carteira de motorista. Não, a arma não era sua, era de Lonnie também. Não, ele não tinha furtado o torno, tinha sido seu amigo asiático, mas ele já havia pago a conta, então por que não podia ir embora?

Apesar da insistência do "cliente" em encerrar o assunto, o experiente policial Daniel Wright estava cada vez mais confuso. O Robert S. Stapley do documento apresentado tinha 26 anos e o homem com quem falava parecia mais velho que isso. O número da placa do carro realmente pertencia a Lonnie Bond, mas o modelo do carro não batia. O registro da arma não estava no nome do tal Lonnie, mas no de Stapley. O "cliente" não parava de insistir para ir embora e Wright, desconfiado e precavido, alegou que portar armas com silenciador era ilegal nos Estados Unidos e, portanto, iriam conversar na delegacia. Suando profusamente, inconformado com sua falta de sorte, Lake ouviu seus direitos serem lidos e se viu algemado e trancado na viatura. Estava perdido. Em sua cabeça, passava um turbilhão de pensamentos, estava em desespero, buscava uma saída, tinha imaginado ser preso inúmeras vezes, mas nenhuma daquela maneira, por motivo tão idiota.

Quando seus bolsos foram esvaziados na delegacia, encontraram o recibo de seu amigo, Charles Gunnar. Outro policial apareceu na porta dizendo que os registros do Honda Prelude estavam no nome de um tal Paul Cosner, indivíduo que constava desaparecido havia nove meses. Foi então que Lake decidiu-se. Fim da linha. Com olhar desesperado, mas sem levantar suspeitas, pediu lápis e papel. Escreveu uma nota rápida, explicou a Wright que o amigo responsável pelo furto do torno se chamava Charles Chitat Ng, acrescentando a pronúncia correta, Chitah Ing, e quase começou a gargalhar pela infame situação que vivia. Ainda confuso com o desenrolar dos fatos, pediu um copo de água e engoliu rapidamente os dois comprimidos de cianureto que carregava na lapela, antes que perdesse a coragem. Tinha planejado aquele momento uma centena de vezes, mas no fundo achou que ele não aconteceria. Antes que tivesse tempo de pensar em mais nada além das desculpas por escrito que pediu à mulher, à mãe e às irmãs, estava convulsionando pelo chão da delegacia, diante do olhar aturdido de todos ali.

A emergência foi chamada, Lake foi socorrido já quase sem vida e os policiais quebravam a cabeça para entender por que alguém cometeria suicídio ao ser descoberto por um furto de veículo.

Leonard Lake e Charles Chitat Ng formaram uma das duplas mais letais conhecidas na história dos crimes em série. Conheceram-se na Marinha, onde serviram juntos, e juntos também foram acusados pelo FBI de roubar armas de uma base militar no Havaí. Naquela época, Lake estava casado com Claralyn Balasz e Ng morava com eles. Lake separou-se e fugiu para a cabana do pai de Balasz, em Wilseyville, Califórnia, região distante 220 quilômetros de São Francisco, aos pés das montanhas de Serra Nevada. Sua fiança foi paga pelo padrinho de casamento, Charles Gunnar, mas ele não arriscou ser julgado. Ng foi preso, enfrentou a Corte Marcial e cumpriu dois anos em regime fechado na prisão militar de Leavenworth. Ao sair, foi morar com o parceiro de crime.

Os dois desenvolveram fantasias inacreditáveis. Raptavam pessoas, por vezes famílias inteiras, mas logo executavam os homens, de quem utilizavam os documentos, veículos e armas, e as crianças, que para eles não tinham nenhuma utilidade.

Com as mulheres, a fantasia era bem outra. Lake e Ng as mantinham em cativeiro na cabana de Wilseyville como escravas, que os entretinham com stripteases eventuais, lavavam, passavam, cozinhavam, serviam os dois sexualmente e acabavam mortas, suspeita-se, em verdadeiras caçadas humanas floresta adentro. Aquelas que resistiam eram torturadas até que se tornassem mais cooperativas.

A cabana era simples, com dois quartos, sala, cozinha e banheiro. O teto era todo pintado com manchas vermelhas. A cama do quarto do casal era de dossel e havia fios elétricos amarrados em cada uma das quatro colunas da cama. Em cada canto da cama estavam fixados parafusos tensores e, acima deles, um holofote de 250 W na parede. Fitas de vídeo e áudio registraram os horrores a que as mulheres foram submetidas pela dupla implacável. Imploraram pela vida de seus filhos e maridos enquanto Lake e Ng se divertiam, seviciando-as. Na colcha e no colchão ainda foram encontrados restos de sangue de muitas delas, bem como nas inúmeras lingeries que as vítimas eram obrigadas a usar em um macabro desfile de moda.

Do lado de fora da cabana havia um incinerador, com paredes à prova de fogo, capaz de aguentar elevadas temperaturas. Muitos corpos foram destruídos ali. Havia também um bunker, uma espécie de abrigo antiaéreo, que acabou se provando ser uma medonha câmara de torturas e cativeiro.

A sala principal da estranha construção era de aproximadamente 18 m². Em uma parede de compensado, dezenas de ferramentas e serras potentes, manchadas de sangue, jaziam dependuradas ao lado de uma bancada de trabalho. Atarraxado à bancada estava um torno mecânico quebrado.

O local parecia bem menor por dentro do que por fora, porque a parede de compensado na qual as ferramentas ficavam dependuradas era, na verdade, uma porta que levava a um pequeno quarto. Dentro dele havia uma cama de casal, um criado-mudo, livros e um abajur. Na parede, uma placa com a inscrição "Operação Miranda". As investigações posteriores mostrariam que tal inscrição fora retirada do livro *O Colecionador* (1963), de John Fowles, encontrado no bunker. O livro conta a história de um colecionador de borboletas que rapta uma linda mulher, mantendo-a trancada em seu celeiro até sua morte.

O quarto também continha equipamentos militares, como armas, rifles de assalto, uniformes, botas e pistolas automáticas. Entre essas armas, uma mira militar, usada por soldados de tocaia que necessitam acertar tiros no escuro. Na prateleira, entre livros sobre explosivos e produtos químicos, havia uma pequena janela feita de várias camadas de vidro, à prova de som, e uma porta secreta atrás dela que levava a outro quartinho, de apenas 2,0 m × 2,5 m. No pequeno aposento, havia uma cama estreita, um banheiro químico, ventilador e uma jarra de água. Buracos haviam sido feitos na parede para que alguma ventilação pudesse entrar, mas foram abafados para que luz não a passasse. Um botão ao lado da janela, quando apertado, permitia que os ocupantes do primeiro quarto ouvissem qualquer som que viesse do segundo.

Nenhuma ficção é tão tenebrosa quanto a realidade das vítimas que foram condenadas a se "hospedar" naquele lugar.

Durante as investigações, inúmeras provas foram encontradas e o quebra-cabeça foi sendo montado.

A polícia técnica de São Francisco verificou o Honda Prelude, no qual foram encontradas manchas de sangue no banco do passageiro, um buraco de arma de fogo perto do quebra-sol do mesmo lado e duas caixas de explosivos embaixo do banco. Paul Cosner, em nome de quem o veículo estava registrado, tinha 39 anos e era comerciante de carros usados. Havia desaparecido em 2 de novembro de 1984, depois de comentar com a namorada que sairia para mostrar um carro a um homem de "aparência estranha". Nunca mais voltou.

No porta-luvas do carro foram encontrados vários cartões de banco e de crédito, além de outros documentos em nome de Robin Scott Stapley, declarado desaparecido em abril daquele ano, em San Diego. Nessa cidade, Stapley era membro fundador dos "Anjos da Guarda", organização nacional formada para proteger cidadãos de ataques criminosos e para auxiliar a polícia.

Outro cartão encontrado estava em nome de Randy Johnson, um sem-teto, veterano da Guerra do Vietnã que havia sido companheiro de Lake, recrutado para ajudar na construção do bunker e depois executado.

O xerife Ballard foi nomeado chefe da força-tarefa que cumpriu o mandado de busca e apreensão na cabana e no bunker de Wilseyville. O trabalho demorou dias.

Logo foram detectados traços de água sanitária em um diâmetro de três metros em volta do bunker, ao longo de um fosso que parecia conter artigos de pano. Preocupado com a possibilidade de descobrir ali um cemitério, Ballard pediu que as terras vizinhas, de propriedade de um tal Bo Carter, fossem investigadas.

Carter informou aos investigadores que havia alugado sua propriedade para a família Bond, Lonnie, Brenda e um filhinho de um ano. Como o pagamento do aluguel estava atrasado, o proprietário contratou um agente local para que fosse até lá fazer a cobrança. Por relatório, foi informado pelo agente que a família havia abandonado a propriedade dez dias antes, segundo o vizinho Charles Gunnar, que o atendeu de forma bastante solícita. O vizinho também informou que um homem chamado Robert Stapley havia morado ali com a família Bond, mas não sabia onde ele estava. O relatório também se referia a uma provável escavação em sua propriedade, o que o levou a verificar pessoalmente o local. Na ocasião, conheceu o vizinho Charles Gunnar, mas só deu importância ao fato quando viu nos jornais as fotografias de Leonard Lake, prisioneiro que tomou cianureto. Eram a mesma pessoa.

Diante desses fatos, Ballard ordenou que uma equipe composta por cães treinados e especialistas forenses iniciasse as buscas de possíveis vítimas enterradas ali. Contaram com o auxílio de um especialista da Associação de Resgate por Cães da Califórnia e requisitaram equipamentos pesados para que a propriedade pudesse ser escavada com cuidado.

Nas buscas dentro do bunker, foram encontrados um macacão e um boné com a inscrição "Dennis Moving Service". Também foi encontrado o diário de Leonard Lake e seu conteúdo parecia um livro de horror. Lá estava descrito, em detalhes, como a dupla de amigos selecionava, estuprava e matava suas numerosas vítimas. Lake escreveu no diário sobre sua compulsão em dominar mulheres e fazer delas suas escravas. Também estavam descritas suas teorias sobre guerras nucleares, sua crença sobrevivencialista e seu plano de construir bunkers por todo o país, repletos de suprimentos, armas e escravas que repovoariam o mundo.

Glória Eberling, mãe de Leonard Lake, e Claralyn Ballasz, sua ex-esposa, estavam presentes. Àquela altura, Leonard Lake já apresentava morte cerebral e a família estava sendo pressionada a autorizar o desligamento dos aparelhos que o mantinham vivo. Glória também confessou à nora sua preocupação com o desaparecimento de seu outro filho, Donald Lake, de quem não tinha notícias havia dois anos. Por sua vez, Claralyn confessou que ajudara Charles Ng a fugir da polícia, levando-o até um terminal da American Airlines no dia da prisão de Lake. Não tinha a menor ideia de para onde o amigo ia, apenas que usava o nome falso de Mike Kimoto.

Os detetives resolveram não perder mais tempo. Informaram a polícia sobre a fuga e o pseudônimo de Ng, e a investigação passou a ser de grande assassinato, incluindo o FBI, o Departamento Florestal Californiano e o Departamento de Justiça da Califórnia.

O caso estava se tornando um verdadeiro circo de horrores. As evidências sugeriam múltiplos raptos, estupros, assassinatos e dois principais suspeitos: um morto e um foragido. Tudo que se podia fazer no momento era coletar o maior número de provas possíveis.

As investigações do FBI mostraram que Charles Ng havia embarcado em um voo de São Francisco para Chicago, mas as pistas acabavam aí. Sabia-se, por sua ficha, que tinha irmãs morando em Toronto e Calgary, no Canadá, um tio em Yorkshire, na Inglaterra, e muitos amigos que haviam servido com ele na Marinha americana moravam no Havaí. O mais interessante foi a descoberta de que Ng não era cidadão americano, mas alegou ter nascido em Bloomfield, Indiana, para conseguir seu alistamento. O FBI concluiu que, cedo ou tarde, Ng procuraria sua família ou amigos. A Interpol e a Scotland Yard foram avisadas e a descrição de Charles Chitat Ng, distribuída por todo o mundo.

No dia 8 de junho de 1985, os primeiros cadáveres foram encontrados. Por ironia, naquele dia Leonard Lake faleceu. Segundo a descrição de um jornalista, na reportagem sobre o caso, o assassino morto era "muito patético e humano para ser chamado de Diabo, mas muito frio e cruel para ser considerado humano".

Também foi encontrado o diário de Leonard Lake e seu conteúdo parecia um livro de horror. Lá estava descrito, em detalhes, como a dupla de amigos selecionava, estuprava e matava suas numerosas vítimas.

Na sequência das escavações, foram desenterrados cinco baldes ensacados. Dentro deles, um talão de cheques em nome de Robin Scott Stapley, joias, cartões de crédito, carteiras de motorista, carteiras de dinheiro e três fitas de vídeo. Ao assisti-las, o choque foi tremendo. A realidade podia ser pior do que a fantasia. Nelas apareciam as vítimas identificadas como Kathy e Brenda sendo ameaçadas, torturadas e seviciadas.

Kathy foi filmada amarrada em uma cadeira. Depois, foi forçada a fazer um striptease completo para deleite de Lake e Ng, e as cenas de sexo entre a moça e Ng estavam também registradas ali, com Lake aparecendo ao tirar fotografias do casal. Em outra parte do filme, Kathy aparece algemada em uma poltrona. Lake diz a ela para cooperar e ele a deixará ir embora em trinta dias. Se recusasse, atirariam em sua cabeça e a enterrariam junto com seu namorado, já morto por eles. Na verdade, Kathy Allen havia sido atraída até a cabana da dupla quando Lake foi chamá-la, no supermercado em que trabalhava, alegando que seu namorado, Michael Sean Carrol, havia levado um tiro. Michael fora companheiro de cela de Charles Ng. No filme, Lake também avisa a aterrorizada moça que a manteria ocupada lavando suas roupas, passando-as, cozinhando e mantendo relações sexuais. Ao longo do vídeo, ele continua fazendo várias ameaças, explicando que se sentia mal pelo que estava fazendo, mas que não podia evitar suas ações e as do amigo Ng. Kathy também foi avisada para parar de bater na porta de seu quartinho, pois as dobradiças já estavam ficando danificadas. Se fizesse isso outra vez, seria severamente castigada.

A cena então é cortada para a moça, que está sendo forçada a escrever uma carta aos parentes de seu namorado, dizendo que haviam mudado de endereço e que não seriam mais encontrados. O vídeo volta para Kathy, sendo obrigada a escolher entre ser escrava sexual ou morrer. Ela concorda com a escravatura, é libertada das algemas e amarrada à cama. Lake aparece, então, tirando fotos dela vestida com diversos tipos de lingeries.

Nas fitas, que incluíam cenas de Brenda O'Connor, esposa de Lonnie Bond e vizinha de Lake, esta implora em desespero que lhe deem informações sobre seu bebê. Lake responde que ele está "dormindo como uma pedra". Depois de torturada e ameaçada, o vídeo mostra uma Brenda mais cooperativa e pode-se ouvir o som dos três tomando banho juntos. A polícia acredita que o marido e filho de Brenda foram mortos antes mesmo que Lake e Ng começassem as gravações da fita.

As escavações progrediam e foram achados parte de um crânio e mais um balde, dessa vez contendo itens pessoais e o que parecia ser mais um cadáver queimado. Outros quatro corpos foram desenterrados: um homem negro, duas mulheres e uma criança.

Também foi encontrado um recipiente plástico e um longo tubo de metal, com trinta centímetros de diâmetro. Ali estavam 1.863 dólares de prata, carteiras e cartões de crédito. Dentro do tubo, um rifle Colt AR-15 semiautomático.

Ao todo, foram encontrados os corpos de sete homens, três mulheres, dois bebês e mais de vinte quilos de fragmentos de ossos. As evidências sugerem que 25 pessoas foram mortas pela dupla; vários desaparecimentos foram relacionados com o caso. Como muitos corpos foram incinerados, esquartejados e espalhados pela propriedade, a identificação de todos se tornou impossível.

As vítimas identificadas foram as seguintes:

KATHLEEN ALLEN	Gerente de um supermercado em Milpitas.
MICHAEL CARROL	Namorado de Kathleen, traficante e companheiro de cela de Ng.
ROBIN SCOTT STAPLEY	Membro-fundador dos "Anjos da Guarda" em San Diego, Califórnia.
RANDY JOHNSON	Veterano de guerra, amigo de Lake.
CHARLES GUNNAR	Amigo e padrinho de casamento de Lake e Balasz.
DONALD LAKE	Irmão de Leonard Lake.
PAUL COSNER	Dono do Honda Prelude.
BRENDA O'CONNOR	Lonnie Bond e Lonnie Bond Jr., vizinhos.
HARVEY, DEBORAH E SEAN DUBS	Família que pôs à venda equipamentos de áudio por intermédio de um anúncio de jornal e foi raptada e morta pela dupla.

O FBI preparou dossiês com o histórico de Charles Chitat Ng e Leonard Lake.

Ng nasceu em Hong Kong no dia 24 de dezembro de 1961. Oriundo de família abastada, com condições de um futuro promissor, sua personalidade rebelde fez com que fosse expulso de várias escolas antes de ser enviado a Yorkshire, Inglaterra, para terminar os estudos. Ali, apesar da proteção do tio, professor da escola, não conseguiu escapar das acusações de furtar objetos de vários estudantes e foi preso em uma loja local subtraindo mercadorias. Foi outra vez expulso e voltou para Hong Kong, onde morou até os 18 anos, quando obteve visto de estudante para tentar uma educação melhor no Notre Dame College, em Belmont, Califórnia, de onde saiu um semestre depois. Ng alistou-se então na Marinha americana, encerrando sua carreira ali quando roubou as armas da base havaiana juntamente com Lake.

Leonard Lake nasceu em São Francisco, no dia 20 de outubro de 1945. Teria durante toda a vida a sensação de abandono e rejeição, pois em seus primeiros seis anos morou com vários parentes, jogado de um lado para o outro pelos pais, que viviam uma relação repleta de violência. Até os 19 anos morou com os avós, mas deixou-os para alistar-se na Marinha. Foi mandado para Da Nang, no Vietnã, onde teve suas primeiras "incipientes reações psicóticas", segundo relatório médico da época. Recebeu dispensa por problemas médicos não especificados, mas saiu bastante condecorado. Foi atendido em um hospital para veteranos por causa de alegados problemas psicológicos, que parecem ter sido agravados pelo excessivo consumo de maconha que ele mesmo plantava em seu rancho.

Buscas foram efetuadas no apartamento de Charles Ng em São Francisco. Lá foram encontradas armas, pertences de algumas vítimas e um recibo de pagamento emitido pela Dennis Moving Company. Um dos empregados dessa empresa era Cliff Peranteau, colega de Ng, visto várias vezes envolvido em sérias discussões com ele. Cliff desapareceu em janeiro de 1985 e seus pertences foram encontrados no apartamento de Ng. Aparentemente, todas as pessoas que estiveram envolvidas na construção do bunker da cabana de Wilseyville foram executadas por Lake e Ng.

Em sua fuga, ao chegar a Chicago, Ng hospedou-se no Chateau Hotel sob o nome de Mike Kimoto, ficando lá por quatro dias. Encontrou-se, então, com um amigo não identificado, que viajou com ele por Detroit antes que cruzasse a fronteira dos Estados Unidos com o Canadá, sozinho.

Durante 34 dias, conseguiu fugir da caçada internacional deflagrada pela polícia de São Francisco. Depois disso, sua compulsão em roubar o denunciou, como já havia acontecido na prisão de Leonard Lake.

Charles Chitat Ng foi preso em 6 de junho daquele mesmo ano, depois de uma tentativa malograda de levar mercadorias sem pagar. Reagiu à prisão, trocou tiros com o segurança da loja e acabou detido, acusado de roubo, posse ilegal de arma e tentativa de assassinato.

Assim que as notícias de sua captura chegaram ao conhecimento da força-tarefa que investigava o caso Lake-Ng nos Estados Unidos, pediram sua extradição. Calculada ou não, a escolha de Ng em fugir para o Canadá foi bastante acertada. Naquele país, a pena de morte foi abolida e não costumam extraditar presos que possam enfrentar esse tipo de pena em outros países. O então ministro da Justiça do Canadá, John Crosbie, negou o pedido.

Com as mãos atadas, as autoridades americanas resolveram enviar dois detetives de São Francisco para entrevistar Charles Ng em sua cela, em Calgary. Nessa entrevista, ele alegou que Leonard Lake era o responsável pelos assassinatos em Wilseyville, mas admitiu ter ajudado a esconder o corpo de Paul Cosner. Segundo sua versão dos fatos, teria encontrado com Lake no Boulevard Geary, em São Francisco. Paul Cosner tinha acabado de ser assassinado e seu corpo ainda estava no carro.

Depois dessa "confissão", o Departamento de Justiça norte-americano fez novo pedido de extradição, mais uma vez negado pelas autoridades canadenses. Queriam que Ng fosse julgado pelos crimes cometidos em seu país, onde acabou sendo condenado por assalto e sentenciado a quatro anos e meio de prisão.

Enquanto cumpria pena, estendia-se uma longa batalha entre os governos canadense e americano. A luta pela extradição demorou quase seis anos, tempo que o preso aproveitou estudando as leis americanas.

Durante o processo, outras provas foram anexadas ao caso. Existem evidências de que Ng teria desenhado vários esboços dos assassinatos em Wilseyville, com detalhes que só o próprio assassino poderia ter conhecimento. Em um deles, intitulado "25 Anos Depois", aparecia sentado em sua cela, cercado pelas pessoas que tinha assassinado, com o nome escrito sobre cada um.

Depois de dúzias de apelações e audiências sem fim, o governo canadense concordou em extraditar Charles Ng no dia 26 de setembro de 1991. Minutos depois de o acordo ser estabelecido, e sem dar tempo de o advogado de defesa de Ng tomar qualquer atitude, o terrível assassino foi levado para os Estados Unidos. Finalmente enfrentaria a Justiça, em um dos processos mais caros da história do país.

Ng aguardou o andamento do processo na prisão de Folsom, Sacramento. Com todo o conhecimento jurídico que adquirira, discutiu sem parar o local em que seria julgado, pediu adiamentos, moveu ações de maus-tratos contra o Estado, demitiu advogados pedindo dilatação de prazo para que seus novos defensores estudassem o caso, processou-os por incompetência pedindo indenizações milionárias quando não conseguiam obter sucesso. A guerra legal durou até outubro de 1998, 13 anos depois de os crimes terem sido descobertos. Eram seis toneladas de papel que finalmente seriam avaliadas pelo júri.

A promotora que acusou Charles Chitat Ng foi Sharlene Honnaka, que levou meses para relatar ao júri todas as atrocidades pelas quais responsabilizava o réu e seu parceiro, Leonard Lake. Os vídeos que mostravam Kathy Allen e Brenda O'Connor sendo torturadas e abusadas por Lake e Ng foram assistidos por todos. Quilos de evidências, incluindo pertences das vítimas, foram mostrados aos jurados, em um dos casos mais bem documentados da Justiça norte-americana.

A equipe de defesa de Ng, formada pelos advogados Allyn Jaffrey, Carl C. Holmes e William Kelley, manteve a história que foi contada ainda no Canadá: o assassino era Leonard Lake; o réu só havia participado de raras ofensas sexuais contra algumas das vítimas.

O réu, com sua prepotência, acabou cavando a própria sepultura quando pediu para testemunhar. Ao fazer isso, permitiu à promotoria que fossem mostradas ao júri novas provas, como as fotografias em sua cela em Calgary. Na parede da cela, exatamente atrás de sua figura, apareciam os esboços incriminatórios. Aparecia também a inscrição "*No kill, no thrill — no gun, no fun*" ("Sem morte, não há emoção — sem arma, não há diversão").

Depois de oito exaustivos meses de trabalho, todos adoraram quando o júri considerou Charles Chitat Ng culpado pelo assassinato de seis homens, três mulheres e dois bebês, no dia 24 de fevereiro de 1999. Na audiência para definir a sentença a que seria submetido, havia a possibilidade de condenação à prisão perpétua, mas o juiz não titubeou ao condená-lo a morte.

Apenas 15% das vítimas de serial killers foram mortas por duplas ou times de assassinos. Em cada dupla, um integrante mantém o controle psicológico e o outro é submisso a suas vontades. São raros os casos em que os dois parceiros são dominantes — mas, nesses casos, os mais brutais, encontraram-se duas mentes psicopatas que se descobriram dividindo a mesma fantasia e a executam de forma compulsiva, sem nenhuma barreira moral, uma vez que entre eles não há segredo ou pudor.

Segundo o estudo conduzido por Robert R. Hazlwood, Park Elliot Dietz e Janet I. Warren, o perfil estudado do criminoso sádico sexual mostra que 50% deles abusam de álcool ou drogas e um terço serviu nas Forças Armadas norte-americanas, além do fato de 43% estarem casados na época em que cometeram os crimes. O planejamento é cuidadoso e metódico, capturando suas vítimas depois de selecioná-las, levando-as para suas residências, florestas isoladas ou construções feitas especificamente para esse fim. Dos sádicos sexuais, 60% mantêm suas vítimas cativas por mais de 24 horas. Mais da metade deles guarda recordações do crime, como diários, calendários, desenhos, cartas, fotografias, fitas de áudio e vídeo, recortes de jornal, entre outras, escondidas em casa ou no escritório, ou ainda enterradas no quintal. Quarenta por cento deles guardam itens pessoais da vítima, como carteira de motorista, joias, roupas e fotografias.

O caso de Leonard Lake e Charles Chitat Ng se adequou ao perfil descrito pelo estudo. Será que fariam separadamente o que fizeram juntos? Os dois seriam dominantes ou um deles liderava a ação? São poucos os estudos no mundo sobre comportamento de duplas ou grupos e a maioria se refere a duplas homem/mulher.

Charles Chitat Ng ainda está apelando de sua sentença, por considerá-la "muito áspera".

Joseph Harrington e Robert Burger escreveram *Justice Denied: the Ng Case, the Most Infamous and Expensive Murder Case in History* (Nova York: Perseus Publishing, 1999), entre muitos outros, contando a história verídica e completa dos crimes da dupla. Greg Owens também se aprofunda no asssunto, no livro *The Shocking True Story of Charles Ng* (Nova York: Red Deer Press, 2001).

Quem quiser ler os documentos sobre o pedido de extradição de Charles Chitat Ng do Canadá para os Estados Unidos, pode acessar o link <http://www1.umn.edu/humanrts/undocs/html/dec469.htm>.

7'0"

6'8"

6'6"

DENNIS
ANDREW
NILSEN

6'4"

6'2"

6'0"

5'8"

5'6"

13.

5'4"

5'2"

5'0"

4'8"

Nascimento: 23 de novembro de 1945
Local: Fraserburgh, Aberdeenshire, Escócia
Cônjuge: Solteiro
Filiação: Olav Magnus Moksheim Nilsen
e Elizabeth Duthie Whyte

4'6"

4'4"

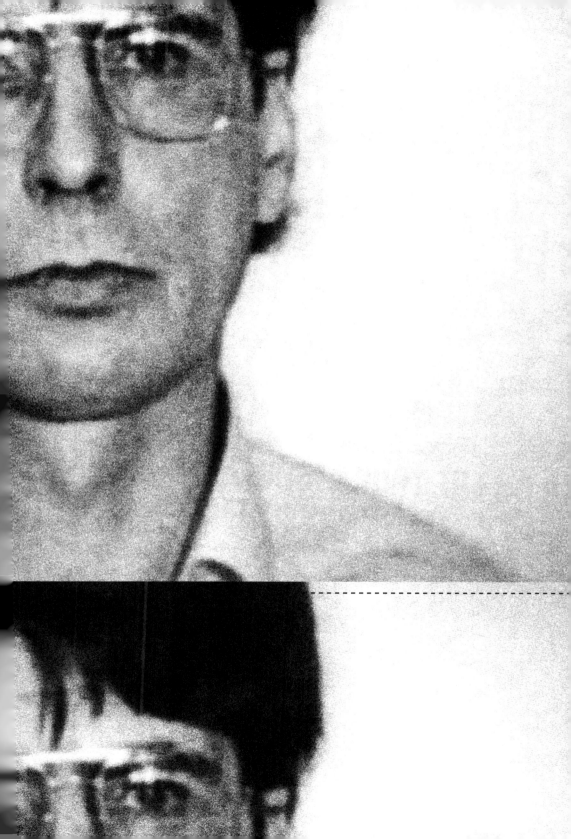

▶ 1945

DENNIS ANDREW NILSEN

O SERIAL KILLER CARENTE

"Ninguém quer acreditar que eu sou apenas um cara comum, chegar a essa conclusão seria algo extraordinário e avassalador." – **Dennis Andrew Nilsen**

Dennis Nilsen estava chegando à casa naquela sexta-feira, 4 de fevereiro, depois de mais um dia de trabalho na Jobcentre, agência de empregos na qual era executivo. Sempre saía pontualmente às 8h30 e retornava às 17h; nunca se atrasava, pois sua cachorrinha Bleep o esperava ansiosa para passear. Nada o tirava daquela rotina, mesmo quando se mudou para o sótão do edifício localizado no número 23 da rua Cranley Gardens, subúrbio de classe média de Londres, com mais quatro vizinhos. Não fazia muito tempo que morava ali – perto de um ano – e não conhecia bem nenhum vizinho. Não era dado a intimidades, não recebia visitas, não tinha ninguém muito próximo dele. Sua vida era bastante "monocromática" e rotineira. Sua privacidade era mantida sem dificuldades, uma vez que todos os vizinhos moravam no térreo e ele, no sótão. Além do mais, um andar inteiro vazio o separava deles. Ninguém desconfiava de suas atividades "extracurriculares".

Nilsen chegou do passeio diário com Bleep e encontrou uma vizinha moradora do térreo, Fiona Bridges. Sem paciência, ele a ouviu contar sobre o entupimento do vaso sanitário de seu apartamento, como o namorado Jim não conseguira desentupi-lo com métodos caseiros, como havia telefonado para a administradora pedindo reparos etc. Ela perguntou se a privada de seu apartamento também estava com problemas; ele negou e subiu apressadamente os três lances de escada que o levavam ao sossego. Nem deu muita importância ao caso. Estava mais preocupado com o cadáver que ocupava seu armário havia oito dias.

Entrou em casa, tirou o paletó surrado de todo dia e cumpriu o ritual já tão conhecido: cortou um saco de lixo grande o suficiente para cobrir o chão da sala, forrou o carpete para não manchá-lo, pegou o cadáver no armário e o depositou em cima do plástico, bem no centro do aposento, de barriga para cima. Andou até a cozinha e escolheu uma faca de lâmina longa, para conseguir separar com eficiência a cabeça de sua vítima do corpo. Bem, não gostava de chamar o corpo de "vítima". Na verdade, aqueles eram seus amigos mais íntimos, aqueles que não iam embora, que faziam companhia para ele sem reclamar. Eram aqueles que o deixavam cuidar de tudo, banhá-los, penteá-los, abraçá-los, acariciá-los – enfim, enchê-los de carinho sem nenhuma possibilidade de sair pela porta. Seus eternos namorados.

Nilsen havia aprendido como cortar e desossar carne no Exército e sabia o melhor jeito de cortar e dissecar um corpo. Acondicionava os órgãos em sacos plásticos e guardava os pacotes embaixo das tábuas da sala até o próximo passo.

Cortou a cabeça do corpo sem vida com a habilidade que a repetição traz. Mais sangue do que esperava saiu do pescoço. Levou a cabeça do "amigo" para ferver em sua velha panela, adquirida quatro anos antes, muito útil em seu primeiro assassinato. Encheu o utensílio de água, de modo a cobrir o conteúdo, e ligou o fogo alto em duas bocas, até que fervesse. Aquilo ainda teria de cozinhar a noite inteira para que seus objetivos fossem alcançados. Pegou mais um saco de lixo tamanho grande para forrar melhor a sala, prevenindo novos acidentes. Não gostava de bagunça, tinha mesmo um jeito organizado.

Esticou o novo plástico ao lado do primeiro, moveu o corpo e recolheu o outro plástico, mas sujou o carpete do banheiro ao levá-lo para descarte. Concentre-se, Des, você está ficando desatento! Precisava de uma bebida urgentemente! Pegou a coleira de Bleep, que abanava o rabo alegremente, e levou a cachorrinha outra vez para passear, rumo ao supermercado mais próximo. Seus estoques de cigarro, de rum Bacardi e de Coca-Cola tinham chegado ao fim e sem o combustível certo nunca terminaria sua tarefa. Voltou diminuindo o passo — afinal, por que a pressa? Tinha todo o tempo do mundo...

Nilsen chegou à casa, preparou seu drinque e sentou-se em sua poltrona preferida, não sem antes colocar para tocar seus discos de música orquestrada, que o acalmavam e o ajudavam a devanear. Foi dormir assim, meio bêbado, não sem antes verificar como ia o cozimento na panela sobre o fogão.

Naquele mês de fevereiro de 1983, a vida de todos ali seria marcada pela descoberta de um dos mais famosos serial killers da Inglaterra, que naquela época nem mesmo estava sendo procurado; a polícia nem desconfiava que havia um criminoso assim em ação.

No sábado, 5 de fevereiro, chegou ao edifício da Cranley Gardens o encanador Mike Welch. Depois de tentar resolver o problema de entupimento com os métodos usuais e sem obter nenhum resultado, pediu para ver a caixa de inspeção. Sem conseguir entender por que não conseguia desentupir os vasos, aconselhou os moradores a chamar uma empresa com mais equipamentos modernos específicos para casos mais difíceis, uma espécie de Roto-Rooter local, a Dyno-Rod.

Jim, namorado de Fiona, deixou um bilhete para todos os vizinhos sobre os reparos e pediu que não dessem descarga em nenhum apartamento — porque a água estava refluindo — até segunda, quando a Dyno-Rod resolveria o problema dos encanamentos. Fiona também encontrou Des Nilsen na escadaria e o informou sobre os últimos acontecimentos. Ele gelou. Finalmente achou que ele poderia ser o causador da dor de cabeça geral, que teria entupido todo o prédio ao descartar os pedaços das vítimas que picava para se livrar de provas. O que faria agora?

Nilsen tinha pressa em "trabalhar" o corpo de Steven Sinclair (20), viciado em drogas que havia encontrado vagando pela Leiscester Square e que atendera o convite para tomar um drinque no apartamento. Ouviram música e beberam, até que Sinclair adormeceu em uma poltrona. Ele então foi à cozinha, pegou um barbante, emendou-o em uma gravata, atou os joelhos de sua vítima adormecida e serviu-se de um aperitivo. Movido de compaixão momentânea, resolveu acabar com aquilo e estrangulou sua vítima com eficiência e quase sem luta. Quando removeu as roupas do amigo, descobriu em seus braços bandagens, que denunciavam uma recente tentativa de suicídio.

Nilsen banhou-o e o colocou na cama. Levou espelhos para o quarto, que posicionou em volta da cama para que pudesse ver a si mesmo e ao parceiro juntos e nus. Conversou com Sinclair como se ele ainda estivesse vivo, sem saber que aquele crime tiraria sua liberdade para sempre. Dez dias depois, já desconfiava que as coisas poderiam não acabar muito bem para ele.

Voltando à realidade, evitou lembrar a cena do assassinato de seu último parceiro. Na tarde de domingo, desmembrou o corpo havia muito sem vida em quatro partes: duas com cada braço e ombro, a caixa torácica e a metade de baixo do corpo, com as pernas. Ensacou cada porção utilizando-se de três sacos plásticos, juntando a cabeça parcialmente cozida em um deles, guardou dois no armário e um no móvel de roupa suja, não sem antes jogar um pouco de desodorante para disfarçar o cheiro fétido que o material emanava.

Na segunda-feira, Nilsen foi trabalhar como todos os dias, mas estava impaciente demais. Será que os outros notaram algo diferente nele?

Na terça à tardinha, Michael Cattran, encanador da Dyno-Rod, desceu até a caixa de inspeção do esgoto com uma lanterna e achou que não estava enxergando direito ao se deparar com mais de trinta pedaços de carne impedindo o fluxo no encanamento. O cheiro era de carniça, mas seria possível? Com todos os moradores em volta dele, ligou para seu supervisor e relatou o achado. Ainda perguntou ao morador do sótão, que tinha um cachorro, se ele costumava jogar na privada restos de carne com que alimentava o animal, mas recebeu uma negativa dele. Sem saber o que fazer e percebendo o nervosismo e constrangimento que tomava conta dos moradores do edifício, Michael resolveu ganhar tempo e voltar no dia seguinte com seu supervisor. Nunca tinha visto um entupimento como aquele.

Dennis Nilsen bebeu muito naquela noite, para diminuir o ritmo dos pensamentos que rodavam em um turbilhão de energia dentro de sua cabeça. Considerou a ideia de se suicidar, mas o que seria de Bleep? Claro, teria de matá-la primeiro... Isso estava fora de cogitação, jamais conseguiria tirar a vida da amada cachorrinha. E mais: se sumisse da Terra, ninguém jamais saberia o destino daquelas pessoas. Por volta da meia-noite, pé ante pé, abriu a caixa de inspeção, desceu iluminando o caminho com uma lanterna, recolheu os pedaços de carne dentro de um saco de lixo e espalhou-os no jardim do fundo do edifício. Na volta encontrou Jim e Fiona. Sem graça, disse que tinha ido tirar água do joelho.

No dia seguinte, Michael voltou com seu supervisor Gary Wheeler. Foi com surpresa que constataram que a caixa de inspeção agora estava limpa, exceto por uma ridícula quantidade de dejetos ainda ali. Desconfiada, Fiona resolveu chamar a polícia.

O inspetor-chefe, detetive Peter Jay, atendeu ao chamado. Desconfiado dos estranhos acontecimentos, recolheu a carne e alguns ossos e levou o material para o dr. David Bowen, professor de Medicina Forense da Universidade de Londres. Ele identificou o tecido como humano, provavelmente da região do pescoço. Os ossos também eram humanos, da mão de uma pessoa.

Ao chegar à casa, Dennis Nilsen já imaginava encontrar a polícia o aguardando. Três detetives o abordaram, disseram-lhe que a carne encontrada no encanamento era humana e perguntaram onde estava o resto do corpo. À queima-roupa, Nilsen respondeu: "Em sacos plásticos, no armário perto da porta. Eu mostro a vocês".

Atônito, sem esperar por resposta tão direta, o detetive Jay perguntou: "Algo mais?"

Nilsen respondeu: "É uma longa história. Vou contar tudo. Quero tirar tudo isso do meu peito, mas não aqui, na delegacia". Jay ainda arriscou: "Estamos falando de um corpo ou dois?" Nilsen, sorrindo meio sem jeito, respondeu: "15 ou 16 desde 1978..."

Dennis Nilsen começou a matar aos 33 anos, quando ainda morava em uma casa no número 195 da Melrose Place. Encontrava jovens em pubs, levava-os para casa, bebiam juntos, iam para a cama e, ao acordar, ele se dava conta de que o novo amigo iria embora, deixando-o sozinho mais uma vez. Incapaz de suportar a separação, estrangulava o parceiro com uma gravata e mantinha o cadáver em sua casa enquanto era possível, acariciando o corpo sem vida, banhando-o, vendo televisão com ele ou se masturbando em sua companhia. Quando cansava, escondia o corpo embaixo das tábuas da sala. Quando se sentia só novamente, retirava o corpo do esconderijo e brincava com ele como se fosse um boneco.

No começo, Nilsen "brincava" de cativeiro com os parceiros, mas deixava-os ir, embora ainda vivos, se bem que assustados com os momentos sem ar que haviam passado enrolados na própria gravata. Depois não os deixava mais ir embora.

Ele usava inseticida em seu apartamento duas vezes por dia para livrar-se das moscas. Um vizinho mencionou o cheiro horrível e permanente, mas Nilsen assegurou que era da construção decadente.

Para livrar-se dos corpos, prendia seu cachorro e seu gato no jardim, tirava a roupa de baixo com a qual vestia os cadáveres e os cortava em pedaços no chão da cozinha, utilizando uma faca. Algumas vezes, fervia a cabeça de suas vítimas para retirar a carne, na panela que havia comprado na época do primeiro assassinato. Também guardava pedaços de corpos no galpão do jardim ou em um buraco perto de um arbusto, do lado de fora da casa. Os órgãos internos de suas vítimas eram colocados dentro de uma brecha entre as cercas duplas de seu terreno. Alguns torsos foram guardados dentro de malas e sacolas, que levava para o quintal quando tinha tempo e os queimava. Sempre o intrigou o fato de ninguém questioná-lo sobre suas atividades nessas ocasiões. Crianças da vizinhança se aproximavam para ver o "churrasco", que durava o dia inteiro. Nilsen os avisava para ficarem distantes. Quando o fogo apagava, esmagava os crânios entre as cinzas da fogueira e espalhava os restos sobre a terra. Cada fogueira queimava até seis corpos. Doze cadáveres foram queimados.

Em sua nova moradia não havia jardim e sumir com os corpos se tornou um problema.

O depoimento de Nilsen demorou mais de trinta horas. Ele falou sobre suas técnicas e ajudou a polícia a identificar partes das vítimas. Não pediu compaixão nem demonstrou remorso. Graças a seus completíssimos depoimentos, foi possível juntar os pedaços de cada corpo, como em um quebra-cabeça. Foi o corpo de Sinclair, o mais inteiro, que possibilitou a acusação de Nilsen por assassinato e assegurou sua prisão para investigações.

O advogado designado para defender Nilsen foi o dr. Ronald T. Moss, que acompanhou todas as confissões de seu cliente. Ele estava satisfeito em constatar que Nilsen entendia tudo o que estava acontecendo. Estava até escrevendo suas memórias, ajudado por um jovem escritor, Brian Masters.

Nilsen esperou pelo julgamento na prisão de Brixton. Estava assustado com a reação da mídia a seus crimes e queria que todos entendessem que ele era apenas um homem comum. Declarou que havia deixado sete de suas vítimas irem embora com vida de sua casa, mas que só se lembrava do nome de quatro delas. Destas, três testemunharam contra ele no tribunal: Carl Stotter, Douglas Stewart e Paul Nobbs. Nilsen tentou diminuir a credibilidade das vítimas, mostrando a seu advogado alguns problemas com o depoimento delas. Disse que Stewart ficou para tomar mais uma bebida depois do suposto ataque alegado por ele, coisa que a testemunha não soube explicar. A defesa também provou que Stewart tinha vendido sua história para a mídia. Nobbs admitiu ter tido um encontro sexual com Nilsen e que ele pareceu amigável durante todo o tempo. Stotter, tímido e terrificado pelos procedimentos, também declarou que Nilsen era solícito e amigável. Mesmo assim, seu relato fez grande estrago na defesa do acusado.

O advogado Ronald Moss foi dispensado e em seu lugar foi contratado Ralph Haeems, o advogado do prisioneiro por quem Nilsen se apaixonou na prisão, David Martin. Haeems decidiu defender Nilsen diminuindo sua responsabilidade nos crimes, alegando insanidade por anormalidade mental.

Nilsen, ao olhar as fotografias da perícia, tinha dúvidas se os familiares das vítimas algum dia o perdoariam. Escreveu mais de cinquenta cadernos sobre suas memórias para ajudar no processo, além de esquetes mostrando seu *modus operandi*.

No julgamento, que teve início em 24 de outubro de 1983, foi acusado por seis homicídios e duas tentativas de homicídio. Alegou inocência para cada um deles.

O promotor Alan Green argumentou que Nilsen sabia exatamente o que estava fazendo, tendo como provas as próprias declarações do acusado na delegacia. A defesa continuava reforçando a tese de doença mental, por meio de várias análises psiquiátricas.

O relato de Nilsen para a polícia foi lido na corte, atividade que levou quatro horas. Entre as evidências levadas a juízo, estavam a panela de Nilsen, sua tábua de cortar e um jogo de facas que pertenceram a Martin Duffey.

Chamado como testemunha da defesa, o psiquiatra James MacKeith discutiu vários aspectos de uma desordem de personalidade não especificada, da qual acreditava que Nilsen sofria. Descreveu a dificuldade do acusado em demonstrar seus sentimentos e como ele sempre fugiu dos relacionamentos que iam mal. Seu comportamento inadequado teria tido início na infância. Ele teria habilidade de separar suas funções mentais e comportamentais em um nível extraordinário, o que implicava diminuir a responsabilidade pelo que estava fazendo. O psiquiatra também mostrou a associação de Nilsen entre corpos inconscientes e excitação sexual. Também descreveu Nilsen como narcisista e prepotente, além de ter um prejudicado senso de identidade e de ser capaz de despersonalizar outras pessoas até um ponto em que não sentisse muito o que estava fazendo a elas.

O segundo psiquiatra, Patrick Gallwey, diagnosticou Nilsen como fronteiriço e portador da síndrome do falso eu, o que o levaria a "brancos" ocasionais de distúrbios esquizofrênicos, que ele manejava a maior parte do tempo para que não viesse à tona. Demonstrou como uma pessoa pode se desintegrar sob circunstâncias de isolamento social e testemunhou acreditar que Nilsen não premeditava seus atos. O depoimento de Gallwey foi confuso e repleto de jargões médicos, sendo até criticado pelo juiz.

Por último, foi chamado o psiquiatra legal Paul Bowden, que atendeu Nilsen por 14 horas, mais que qualquer outro psiquiatra da defesa. Ele alegou não ter encontrado evidências que confirmassem o que havia sido testemunhado por seus colegas e concluiu que Nilsen era extremamente manipulador. Era um caso único, com anormalidade mental, mas não com desordem mental. Sua explicação sobre a diferença entre as duas não ficou muito clara.

Durante o resumo do julgamento feito para o júri, o juiz instruiu-os que a mente pode ser demoníaca sem ser anormal, dispensando todos os jargões psiquiátricos já utilizados. O júri se retirou para decidir o veredicto em 3 de novembro. No dia seguinte, com base nas divergências profundas que já estavam surgindo, o juiz do caso declarou que aceitaria a maioria de votos; não seria necessária a unanimidade.

Naquele mesmo dia, Dennis Andrew Nilsen foi considerado culpado de todas as acusações e sentenciado à prisão perpétua e não elegível para condicional por 25 anos. Nilsen estava com quase 38 anos.

Sem dúvida, esse assassino inspirou vários escritores. Sua biografia mais completa foi feita por Brian Masters no livro *Killing for Company: the Story of a Man Addicted to Murder*.

A personagem mais fiel aos acontecimentos está no livro de Brite, *Exquisite Corpse*, no qual um dos personagens é baseado em Nilsen e o outro em Jeffrey Dahmer.

As autoridades britânicas impediram Dennis Nilsen de publicar sua própria biografia. Em 2006, ele confessou em detalhes seu primeiro assassinato para a polícia, do menino Stephen Dean Holmes (14), que diz ter sido a primeira de 14 vítimas. Há controvérsia, pois a polícia acredita que ele assassinou pelo menos 15 pessoas, apesar de sete não terem sido identificadas. Holmes faz parte desse grupo e a Justiça inglesa ainda resolve se o indiciará ou não por esse homicídio, uma vez que ele já cumpre prisão perpétua na prisão de segurança máxima Full Sutton, perto da cidade de Pocklington, Inglaterra.

HISTÓRICO DE DENNIS ANDREW NILSEN

Nasceu em Fraserburgh, Escócia, em 23 de novembro de 1945, filho do meio de um casamento que durou apenas sete anos, provavelmente em decorrência do alcoolismo do pai, Olav.

A mãe, Betty, uma irmã, um irmão e Dennis sempre moraram com os avós maternos; Dennis tinha uma relação especial com seu avô, mas ele faleceu quando o menino contava apenas 6 anos. Aqui está a explicação de Nilsen para seu próprio trauma: a mãe, sem contar a ele o que tinha acontecido, o levou para ver o corpo do avô morto, o que significou um choque terrível e uma perda insubstituível. Em depoimentos posteriores, Dennis diria que a morte do avô fora uma espécie de morte emocional dentro dele.

Quando estava com 8 anos, quase morreu afogado no mar. Foi resgatado por um garoto mais velho que brincava na praia e, enquanto estava desacordado na areia, o garoto tirou suas roupas e se masturbou sobre ele. Nilsen só soube o que aconteceu quando acordou e viu o esperma do rapaz sobre seu estômago.

Dois anos depois, sua mãe casou-se outra vez e teve mais quatro filhos, negligenciando Dennis, agora uma criança solitária. Em sua infância, não encontramos histórico de crueldade com animais ou outras crianças e ele não era do tipo agressivo, que seria mais condizente com o futuro assassino em que se transformou.

Nilsen não teve vida sexual na adolescência, mas experimentou atração por outros meninos. Em 1961, aos 16 anos, alistou-se no Exército e tornou-se cozinheiro. Foi nessa função que aprendeu o ofício de açougueiro.

Consumia bastante álcool e mantinha-se afastado dos outros. Foi nessa época, quando passou a dormir em um quarto privativo, que Nilsen descobriu seu corpo, mas o dissociava de si mesmo. Olhava-se no espelho de modo que não visse seu rosto, admirava o corpo do rapaz do "outro lado" e masturbava-se. A fantasia foi tomando proporções maiores e algum tempo depois ele passou a imaginar que "o outro" estava morto, estado em que Nilsen considerava possível alcançar a perfeição física e emocional. Chegava a usar maquiagem para melhorar os efeitos especiais, incluindo sangue falso para fazer parecer que o corpo tivesse sido assassinado. Imaginava alguém o levando e enterrando.

Em 1972, iniciou um treinamento para se tornar policial. Uma das experiências mais marcantes do curso foi assistir a necropsias no necrotério. Ficou fascinado. Depois de um ano, desistiu da carreira. Empregou-se como entrevistador em uma agência de empregos, carreira que seguiu até ser preso.

Em 1975, mudou-se para 195 Melrose Place, ao norte de Londres, um apartamento térreo com jardim. Morava com ele David Gallichan, que negava que sua amizade fosse homossexual. Compraram uma cachorrinha, batizada de Bleep, e também um gato. Dois anos depois, separaram-se e Nilsen aumentou bastante seu consumo de álcool e as horas que passava assistindo à televisão. Um ano e meio depois, começou a matar.

Dezesseis meses após a prisão de Nilsen, a polícia encontrou mais de mil fragmentos de ossos no jardim que lhe pertenceu.

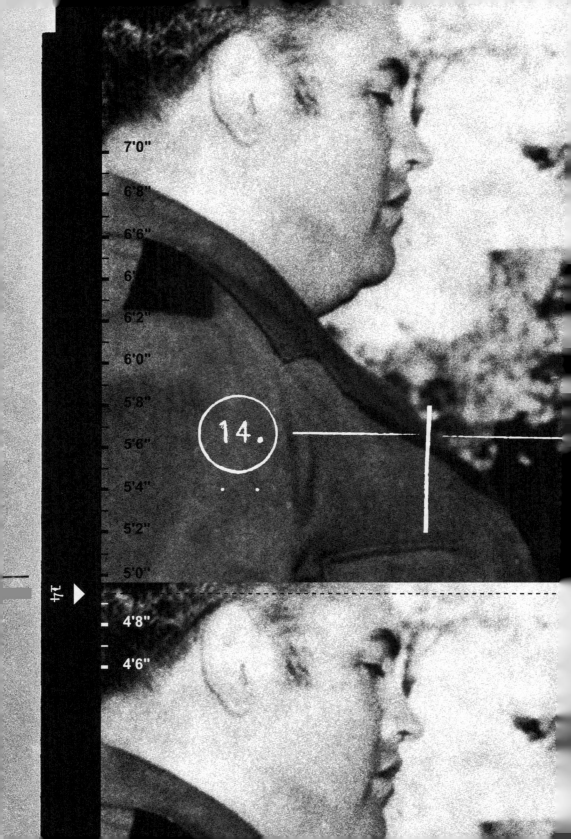

ARTHUR SHAWCROSS

Nascimento: 6 de junho de 1945
Local: Kittery, Maine, EUA
Morte: 10 de novembro de 2008
Filiação: Arthur Roy Shawcross
e Bessie Shawcross

1945

ARTHUR SHAWCROSS
LIBERTADO PARA MATAR

> "Eu deveria ser castrado ou ter um eletrodo colocado em minha cabeça para parar minha estupidez. Eu sou apenas uma alma perdida à procura de libertação da minha loucura." – **Arthur Shawcross**

Arthur Shawcross, nascido em 1945 na cidade de Kittery, Maine, filho de um soldado e de uma dona de casa, teve a infância tão perturbada quanto a maioria dos serial killers.

Os primeiros sinais de problema apareceram quando nasceu seu irmão menor, Jimmy. O ciúme foi tanto que Arthur passou a sofrer de enurese noturna e falava como um bebê até os 6 anos. É o quadro da conhecida regressão psicológica.

Fugas constantes de casa, obsessão por sexo, iniciação de vida sexual prematura e profundo ódio por crianças pequenas, que fazia chorar sempre que tinha oportunidade, completaram o quadro de uma infância, no mínimo, perturbada.

Incesto também passou a acontecer a partir de seus 12 anos, segundo seus relatos, quando começou a manter relações sexuais com a irmã Jeannie, que sempre negou o acontecido.

Na adolescência, ficava sempre sozinho na classe, durante o recreio, e sua comunicação com os outros era pobre e rara. Curiosamente, suas notas eram bem acima da média. Foi nessa fase que começou a se relacionar com amigos imaginários, de quem imitava vozes para manter conversas fantasiosas. Seus colegas o ridicularizavam por isso, provocando crises de intensa raiva quando era chamado pelo novo apelido, Oddie, uma brincadeira com a palavra *odd* (esquisito, bizarro).

Quando seu comportamento começou a ficar insuportável para os que conviviam com ele, foi submetido a vários testes psicológicos. Os profissionais concluíram que Arthur sofria de grande sentimento de inadequação e rejeição. Sua crescente hostilidade contra os pais, principalmente contra a mãe, chamava a atenção dos psicólogos.

O relacionamento entre mãe e filho sofreu grande deterioração quando ela descobriu que seu marido mantinha outra família na Austrália. A partir daí, o assunto "mulher" em sua casa era proibido. A mãe se tornou amarga, explosiva e passou a gritar de modo histérico com todos depois de qualquer menção a mulheres em geral. Arthur foi se tornando cada vez mais agressivo, explosivo e espancador de meninos menores da vizinhança.

Nessa época, começaram os pequenos furtos e roubos a residências. Seu problema social também se agravou com as constantes repetências escolares. Obrigado cada vez mais a conviver com crianças mais novas, que ele detestava, passava horas sozinho, sem encontrar nada em comum com seus colegas de classe, bem mais jovens do que ele. Cada vez mais isolado, distraía-se andando pela floresta e falando consigo mesmo. Seus parceiros de sexo passaram a ser animais, como vacas, ovelhas, cavalos e até galinhas, que acabavam morrendo durante suas investidas.

A anamnese de Shawcross também se refere ao abuso sexual que sofreu pelas mãos da tia, Tina, que o obrigava a fazer sexo oral com ela desde a mais tenra idade, desenvolvendo aquele que seria seu modo sexual de ação predileto por toda a vida. Ele também alegava ter feito sexo oral com a irmã, o irmão e a prima, mas nunca relatou ter feito sexo com penetração, indicador de que tinha problemas em manter a ereção.

Sua primeira experiência sexual com violência se deu em certa tarde, quando um homem em um conversível vermelho o teria obrigado a fazer sexo oral nele segurando-o pela garganta. Como seu desempenho foi pobre e o homem não conseguiu atingir o orgasmo, ele foi sodomizado. Depois desse episódio, segundo o próprio Arthur, passou a só conseguir atingir o orgasmo quando sentisse dor ao fazer sexo.

Aos 19 anos, casou-se pela primeira vez, uma união que durou três anos e resultou em um filho.

Em 1968, aos 23 anos, foi recrutado pelo Exército. No Vietnã, matou, desmembrou, mutilou e comeu várias vítimas vietnamitas, mas na guerra se perdoa tudo o que se faz contra o inimigo. Na época, ele acreditava estar "possuído" pelo espírito de Ariemes,[1] que o levava a estuprar, matar e praticar

---

[1] Canibal e assassino do século XII.

canibalismo. Shawcross também era portador de um cromossomo Y a mais[2] e tinha também lesões cerebrais.

Segundo o especialista Jonathan Pincus,[3] existem três fatores que, quando inter-relacionados, causam condutas de extrema violência anormal, como o canibalismo. São eles: ser maltratado e/ou abusado na infância, paranoia e dano cerebral. As pessoas que têm esse tripé em seu histórico se deixam levar por seus impulsos sem considerar regras éticas ou sociais. Uma pessoa que sofre de lesão do lóbulo frontal é capaz de urinar no meio da sala de visitas só porque teve vontade; os eletroencefalogramas de Arthur Shawcross mostram claras evidências desse tipo de lesão, além da presença de um quisto na região do lóbulo temporal.

A "liberdade ética e moral" vivida no Vietnã durou pouco. Lá, matar era "coisa normal", uma rotina seguida por todos. Quando voltou para casa, em 1969, como veterano de guerra, era um homem bem diferente daquele que havia sido no passado. Observe-se aqui que, antes da guerra, já não se tratava de pessoa com equilíbrio dentro dos padrões considerados "normais".

Já casado pela segunda vez, foi transferido para o Fort Sill Oklahoma a fim de terminar seu serviço militar. Nessa época é que tiveram início as violentas visões da guerra e os pesadelos sem fim. Shawcross passou a consultar-se com um psiquiatra, que indicou a internação do paciente. A esposa negou-se a assinar a autorização necessária e, sem tratamento, seu estado mental começou a piorar sensivelmente.

Episódios de incêndio começaram a permear sua vida, até que foi preso por colocar fogo na fábrica de queijos em que trabalhava. Foi condenado a cinco anos de prisão.

Durante o tempo na cadeia, Shawcross alegou ter sido violentado por três prisioneiros negros. Vingou-se deles surrando-os e violentando-os em três incidentes separados. Foi transferido para a Penitenciária de Auburn. Saiu em liberdade condicional em 1971, como prêmio por ter salvado a vida de um guarda da prisão em meio a um motim. Voltou para a cidade de Watertown em 1972, já divorciado, para tentar recomeçar sua vida. A prisão não tinha feito muito bem a seu já frágil estado mental.

Arriscou-se em um terceiro casamento, dessa vez com uma amiga de sua irmã, Penny Nichol. O fracasso foi completo. Arthur era incapaz de manter a ereção, não conseguiu ter filhos e ainda foi acusado pelos sogros de assédio sexual à cunhada mais nova. Naquela época, passava cada vez mais tempo fora de casa, pescando em riachos e rios das proximidades e convivendo com várias crianças que brincavam por ali todos os dias. Entre elas estava o garoto

---

2   Homem normal = cromossomos XY; Shawcross = cromossomos XYY.

3   Departamento de Neurologia da Faculdade de Medicina da Universidade de Georgetown, Washington.

Jack Blake, de 10 anos. Shawcross se encantou com ele e chegou a pedir à mãe do garoto autorização para levá-lo para pescar, mas ela negou.

Quatro meses depois do convite, o menino desapareceu do local onde estava brincando, perto do condomínio em que morava Arthur Shawcross. Naquela noite, Mary Blake bateu à porta de Shawcross para perguntar onde estava seu filho, mas ele disse não tê-lo visto naquela manhã. Infelizmente, a verdade era outra. Ele havia levado o garoto para a mata, onde o molestou sexualmente, estrangulou-o e bateu em sua cabeça até matá-lo. O coração e os genitais da criança foram retirados e comidos por ele.

Na mesma hora se transformou em suspeito principal da polícia, mas não havia provas suficientes para acusá-lo.

Três meses depois, enquanto a polícia ainda procurava por Jack Blake, a menina Karen Ann Hill foi encontrada morta. Seu corpo estava embaixo de uma ponte sobre o rio Black. Aos 8 anos, ela havia sido estuprada, mutilada e estrangulada. Em sua garganta foram encontrados lama, folhas e outros restos.

As investigações levaram aos fatos: Shawcross tinha sido visto com a garota no dia de seu desaparecimento, tornando-se mais uma vez suspeito de assassinato. Quando os policiais descobriram que os dois haviam tomado sorvete perto da mesma ponte sob a qual o corpo da menina tinha sido encontrado, ele foi preso para interrogatório.

Depois de algumas horas de pressão, confessou ter matado a pequena Karen e deu informações suficientes para que a polícia localizasse o corpo de Jack Blake.

Arthur Shawcross foi julgado e condenado a 25 anos de prisão pelo assassinato de Karen Ann Hill, mas nunca foi acusado pelo assassinato de Jack Blake. Nem quando confessou o crime e mostrou às autoridades onde estava o corpo do menino. Nem mesmo quando admitiu aos psiquiatras da prisão ter voltado várias vezes ao local onde estava o corpo para fazer sexo com o cadáver.

Os primeiros anos de prisão foram um verdadeiro tormento para o assassino, porque até mesmo presidiários consideram molestadores e assassinos de crianças indefesas como a mais vil espécie de ser humano.

Depois de oito anos de pena cumprida, a vida dele foi entrando em certa rotina. Shawcross chegou a ser o prisioneiro-modelo daquela penitenciária e, durante os 15 anos em que ficou preso, foi avaliado por vários psiquiatras. Os laudos diziam que, sob condições normais, era um indivíduo passivo, mas sob estresse seria incapaz de controlar seus desejos sexuais.

Apesar de todos os pareceres desfavoráveis, foi colocado em liberdade condicional em abril de 1987, considerado "pronto" para ser reintegrado à sociedade. Depois de sua soltura, seu oficial de condicional, Robert T. Kent, escreveu a seguinte carta a seus superiores: "[...] Correndo o risco de ser melodramático, considero esse homem possivelmente o mais perigoso indivíduo liberado nesta comunidade em muitos anos".

Seriam proféticas suas palavras. Por que liberar sob condicional um homem que só podia sair de casa durante o dia, estava proibido de sair do município e de estabelecer contato com qualquer pessoa menor de 18 anos, de se aproximar de escolas ou outros locais onde ficavam crianças, de beber álcool... Isso é estar pronto para a reintegração?

Shawcross casou-se, então, com Rose Walley, mas não conseguia estabelecer moradia em cidade alguma, porque toda comunidade que tomava conhecimento de seu passado o queria fora dali o mais rápido possível. O casal tentou morar em Binghamton, Delhi, Fleichmanns e por fim estabeleceu-se em Rochester, Nova York. Não possuíam carro e Arthur trabalhava à noite como empacotador de saladas no "Bognia's", na região central da cidade. Morava perto do emprego e se locomovia de bicicleta ao longo do rio Genesee.

Tudo corria bem em sua vida até o Natal daquele primeiro ano em liberdade, quando sua família se recusou a visitá-lo e devolveu todos os seus presentes de Natal. A rejeição tornou seu humor sombrio e pode ter sido o gatilho para sua reincidência.

Foi naquela época que conheceu Clara Neal, que se tornaria sua amante. Clara emprestava seu carro frequentemente para Arthur, que explicava para a esposa ser esse o motivo pelo qual tratava a amiga tão bem. Tudo parecia normal para o casal durante aquele inverno. Shawcross, que não estava livre de seus problemas sexuais, era frequentador assíduo da avenida Lake, reduto conhecido das prostitutas de Rochester. Entre elas, era conhecido como "Mitch".

Em março de 1988, foi encontrado o corpo de Dorothy "Dotsie" Blackburn, prostituta de 27 anos, que boiava em Salmon Creek, conhecida área de pesca da região de Rochester.

O cadáver estava pouco decomposto por causa da neve, mas todas as evidências tinham sido destruídas. O médico-legista que fez a necropsia relatou que a moça tinha marcas de uma grande mordida na vagina, em que faltava um pedaço de carne. Quando confessou o crime, anos depois, Shawcross contaria à polícia que a matou depois de ter seu pênis mordido por ela. Segundo ele, ouviu uma série de xingamentos antes de "calar sua boca".

As investigações começaram, tendo como ponto de partida a avenida Lake. As prostitutas tinham pouco a declarar: mal conheciam os homens com quem saíam e ninguém parecia estranho ou assustador de forma especial nos últimos tempos.

Em setembro de 1988, o patrão de Shawcross descobriu seu passado criminal e o demitiu, causando uma nova onda de raiva e ressentimento. Não demorou muito para que outro corpo fosse encontrado, de Anne Marie Steffen, 27 anos, também prostituta da mesma área em que trabalhava a vítima anterior. O *modus operandi* do serial killer parecia ser o mesmo, mas a polícia continuava sem nenhuma pista de sua identidade.

Até maio de 1989, as coisas ficaram calmas na região. Shawcross havia conseguido um novo emprego, na G&G Food Services, e parecia que os homicídios haviam parado. Em junho, foi encontrada morta Dorothy Keller, uma sem-teto de 59 anos. Seu corpo decapitado foi localizado no rio por pescadores. Esse crime não parecia ter relação com os anteriores e sua investigação não recebeu muita atenção. Se tivesse se aprofundado, a polícia saberia que Dorothy trabalhava eventualmente como garçonete e ficou amiga de Shawcross quando o conheceu em um jantar. Ele a teria convidado para uma tarde bucólica: iriam para o campo pescar e fazer amor, mas tudo começou a dar errado quando ela o acusou de ter roubado seu dinheiro. Também ameaçou contar para Rose e Clara sobre seu caso com Arthur – como ele podia já ter duas mulheres e ainda enganá-la? Era a cantilena "moralista" usual. Shawcross não perdeu tempo. Encerrou a desagradável conversa assassinando a colega.

As vítimas seguintes foram as prostitutas Patty Ives, 25 anos, e Frances M. Brown, 22 anos. A polícia enfim percebeu as similaridades entre os crimes e começou a procurar por um só assassino. A mídia começou a explorar o caso e aterrorizar a todos: um assassino serial estava à solta na cidade! Foi chamado, nos noticiários, de "The Rochester Nighstalker", "The Rochester Strangler" e "The Genesee River Killer". Muitos chegaram a especular sobre a semelhança com os assassinatos do "Green River Killer" (Assassino do Rio Green), em Seattle, mas nenhuma prova que corroborasse essa hipótese era conclusiva. Nesse caso, foram encontrados 48 corpos assassinados na área do rio, mas o assassino foi identificado apenas em 2001, quando foi preso Gary Ridgway, verdadeiro autor dos crimes.

Arthur Shawcross acompanhou o caso pela mídia minuciosamente. "Preocupava-se" com a segurança de sua esposa e de sua amante e chegava a pedir que elas tivessem cuidado ao andar pelas ruas, quando na verdade queria mesmo saber o quanto as investigações estavam longe dele.

Como sexta vítima ele escolheu June Stotts, 29 anos, amiga do casal e assídua frequentadora de sua casa. June era vizinha e aceitou uma carona oferecida pelo amigo em um dia quente em que se encontraram à beira do rio. Foram passear em um local deserto e fizeram sexo, mas quando Shawcross reclamou que June não era mais virgem, ela começou a gritar, descontrolada. No ímpeto de silenciá-la, sufocou-a. Depois, comeu sua vagina e alguns de seus órgãos internos.

Após esse assassinato, a polícia, já sem saber o que fazer, solicitou ao FBI que ajudasse na solução desses crimes, pois parecia que o assassino do rio Genesee não iria parar de matar tão cedo. O FBI enviou Gregg McCrary, que em parceria com Ed Grant elaborou um perfil do assassino: homem branco, na casa dos 30 anos, possuía carro e usufruía da confiança das prostitutas. Parecia óbvio para os dois agentes que as vítimas mortas conheciam seu agressor e era alta a probabilidade de que ele já tivesse mantido relações sexuais com elas anteriormente sem que nada em particular chamasse atenção das moças. Não era um estranho. Quando se espalha a notícia de que existe um assassino serial matando prostitutas em determinada área, elas tendem a se preocupar só com os estranhos. Também deve-se considerar o fato de as prostitutas serem um alvo fácil e seguro para assassinos seriais, pois pouca gente percebe e/ou denuncia seu desaparecimento e a polícia não é tão cobrada por resultados nas investigações. No perfil também constava a hipótese muito provável de o assassino ter antecedentes criminais em ofensas sexuais. Os *profilers* também apontaram para a possibilidade de o assassino ser necrófilo, o que o faria voltar ao local do crime para usar os corpos das vítimas sexualmente. Sugeriram que se fizesse uma vigilância bastante discreta se outro cadáver fosse encontrado.

Em novembro, mais duas prostitutas foram assassinadas: Maria Welch, 22 anos, e Darlene Trippi, 32. Dezembro não foi um mês mais calmo. Elizabeth Gibson, 29 anos, e June Cícero, 34, foram assassinadas com duas semanas de intervalo. Para Shawcross, elas mereciam isso, pois tinham tentado roubar sua carteira ou zombado de sua performance sexual. As duas eram prostitutas e saíram para um programa sob vigilância da polícia, que já fazia campana na avenida Lake.

A última vítima de Arthur Shawcross foi Felicia Stephens, 20 anos, também prostituta. Ele jogou o corpo da jovem no mesmo local onde se livrou de June Cícero e Dorothy Blackburn para poder voltar a utilizá-los quando quisesse. Foi essa necessidade necrófila de voltar para "desfrutar" dos restos mortais de suas vítimas que o levaria à prisão.

Agora já se somavam 11 vítimas e a vigilância sobre a área de Northampton Park foi multiplicada drasticamente. Helicópteros patrulhavam sem parar as imediações do rio Genesee.

Em 3 de janeiro de 1990, Shawcross resolveu ter outra vez relações sexuais com o corpo de June Cícero. Agora, ele não mais seguia os avanços das investigações pela mídia. Sentia-se seguro. Ficou feliz em poder estacionar com facilidade seu carro sobre uma ponte, onde teria uma vista perfeita do corpo de June enquanto almoçava. Nesse momento, um helicóptero da polícia que sobrevoava aquela área avistou um corpo abandonado em Salmon Creek. Ao mesmo tempo, os mesmos policiais observaram um homem parando seu carro em uma ponte sobre o rio. O homem desceu do carro. Parecia estar olhando fixamente na direção do corpo recém-avistado. Os tripulantes do helicóptero avisaram as radiopatrulhas da área sem demora.

Arthur Shawcross viu o helicóptero enquanto almoçava. Sem perder tempo, entrou no carro de Clara e foi em direção ao trabalho dela. Os policiais não demoraram a localizar o veículo e minutos depois levavam o suspeito para prestar esclarecimentos na delegacia.

Ele não combinava de forma exata com o perfil elaborado pelo FBI, principalmente no quesito idade, mas McCrary tinha alertado a polícia que fazer perfil criminal é uma arte subjetiva e que erros podiam acontecer – portanto, nenhum suspeito deveria ser descartado. O delegado obteve com facilidade a confissão de Shawcross sobre crimes anteriores cometidos por ele, e quando os registros criminais do suspeito foram verificados o interesse da polícia redobrou, mesmo tendo de liberar o preso algumas horas depois por falta de provas. O carro utilizado por ele foi confiscado para exames pela polícia técnica.

Durante o exame do veículo, foi encontrado um brinco idêntico ao que faltava na orelha de uma das vítimas. Além desse fato, uma prostituta da avenida Lake contou à polícia que Shawcross era um assíduo usuário dos serviços das prostitutas daquela área. Ele foi levado à delegacia na manhã seguinte para esclarecimentos.

Depois de negar seu envolvimento nos 11 crimes por horas, finalmente resolveu confessar todos eles em detalhes. Continuava acreditando estar possuído, dessa vez pelo espírito da mãe. Segundo ele, sofria violações sexuais constantes pelas mãos da mãe, que se divertia de modo sádico enfiando paus de vassoura no ânus do filho, o que o tornava inocente por seu descontrole.

Quando o delegado perguntou o que achava que devia ser feito com ele, Shawcross respondeu: "Devem me trancar e jogar a chave fora. Se eu for libertado, matarei outra vez".

Em seu julgamento, recusou-se a testemunhar e assistiu a todos os trabalhos, impassível, como se não fosse problema seu, alheio aos acontecimentos na sala do júri. Sua defesa tentou alegar insanidade e relatou o canibalismo em uma tentativa de reforçar essa tese, mas nunca foram encontradas evidências concretas de que ele seria canibal.

Shawcross foi submetido a várias baterias de testes psicológicos nos meses que antecederam seu julgamento. Segundo o depoimento do dr. Kraus, psiquiatra, ele "sofria de instabilidade emocional, tinha deficiência de aprendizado, era geneticamente prejudicado, sofria de desordens bioquímicas, lesões neurológicas e alienação de outras pessoas durante toda a vida, não controlava suas frustrações e raivas, misturadas com medo, escalada de violência e agressão destrutiva, que ultimamente transformaram-se em fúria assassina".

Outros psiquiatras relataram suas opiniões, entre eles o dr. Park Dietz, conhecido por seus trabalhos consultivos para o FBI. Segundo ele, Shawcross estava fingindo ter uma doença mental para escapar da prisão.

A única testemunha médica apresentada pela defesa foi a dra. Dorothy Otnow Lewis. Segundo ela, o réu tinha sido "horrivelmente traumatizado quando criança, o que teria causado múltiplas personalidades nele". Também insistiu no transtorno de estresse pós-traumático (TEPT),[4] advindo por meio das experiências de guerra, e que resultou em seu comportamento atual. A alegação de sofrer de TEPT como consequência de suas experiências no Vietnã caiu por terra quando descobriram que ele havia forjado os registros militares para fingir ter recebido medalhas por heroísmo.

Shawcross, em sua defesa, declarou ter matado prostitutas que acreditava terem aids, em uma tentativa de livrar o mundo desse mal. Em nenhum momento demonstrou-se arrependido de seus crimes.

O júri não foi misericordioso. Ele foi considerado culpado por dez assassinatos (depois constatados 11) e condenado a dez sentenças de 25 anos cada, a serem cumpridas no Sullivan Correctional Facility.[5] Ainda está preso, sem possibilidade de liberdade condicional.

Em 1997, casou-se oficialmente com sua amante Clara Neal, após a morte de Rose Walley. Segundo o casal, só dessa maneira sua união seria correta aos olhos de Deus.

Em setembro de 1999, Shawcross foi punido com dois anos de confinamento em solitária. Também perdeu todos os seus privilégios penitenciários por cinco anos, depois de vender suas pinturas por intermédio de agentes em leilões na internet pelo site eBay. A Lei Filho de Sam proíbe que um criminoso lucre com seus crimes.[6]

Ainda vive isolado, nos dias de hoje, em uma cela individual, 23 horas por dia.[7] Estará qualificado para condicional no ano 2240, segundo sua ficha criminal no Departamento de Serviços Correcionais do Estado de Nova York, sob nº 91B0193.

---

4   Transtorno de estresse pós-traumático (TEPT) é uma desordem de ansiedade que consiste no desenvolvimento de sintomas característicos, seguindo-se a um acontecimento psicologicamente doloroso.

5   No estado de Nova York, não existe a pena de morte.

6   A lei foi aprovada pela primeira vez em 1977, quando David Berkowitz recebeu grandes quantias de dinheiro pela publicação de sua história, e segue em vigor em vários estados norte-americanos. Pela nova legislação, o estado é autorizado a receber todo o dinheiro arrecadado pelo criminoso por cinco anos, a fim de destiná-lo para compensar as vítimas.

7   Atualização: Arthur Shawcross morreu em 10 de novembro de 2008, após a redação original deste livro.

AILEEN WUORNOS

15.

Nascimento: 29 de fevereiro de 1956
Local: Rochester, Michigan, EUA
Morte: 9 de outubro de 2002
Altura: 1,63 m
Cônjuge: Lewis Gratz Fell
Filiação: Leo Dale Pittman
e Diane Wuornos

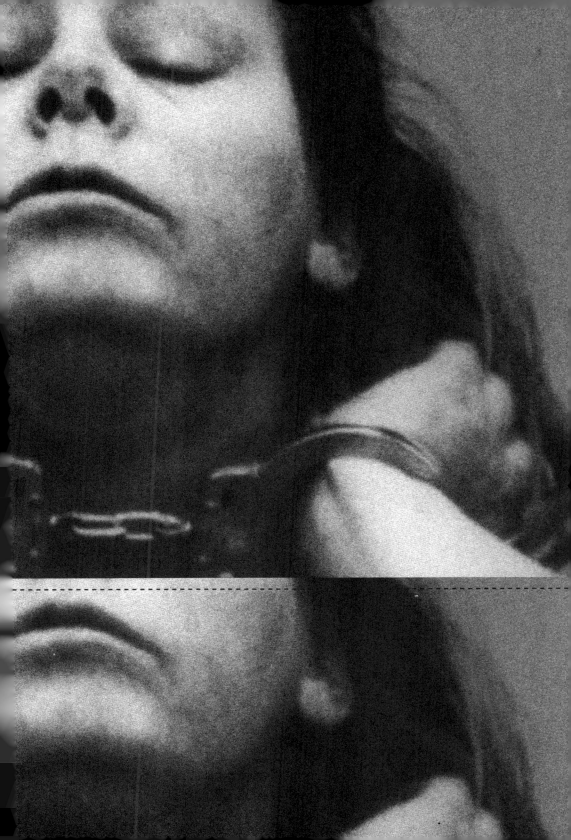

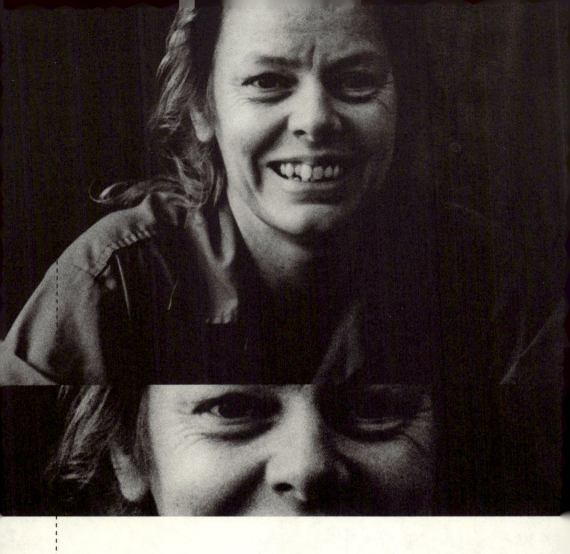

1956.

AILEEN WUORNOS
VÍTIMA OU ALGOZ?

"Obrigada, eu irei para o céu agora e você vai apodrecer no inferno." – **Aileen Wuornos**

O capitão Steve Binegar, comandante da divisão de investigação criminal do município de Marion, Geórgia, estava bastante intrigado. Durante um ano inteiro crimes parecidos haviam acontecido ao longo de estradas e, apesar da eterna resistência da polícia em considerar a existência de um serial killer, as similaridades jorravam daquelas histórias:

VÍTIMAS DE WUORNOS

RICHARD MALLORY, 51
DESAPARECIDO EM 01.12.1989
DESCOBERTO EM 12.12.1989
LOCAL DO CRIME Volusia (Flórida) entre Interestadual 95 e U.S. 1 Norte
ARMA revólver calibre .22

EVIDÊNCIAS corpo enrolado em tapete, em adiantado estado de decomposição, baleado três vezes. Carro localizado em Ormond Beach, 12 dias antes da localização do cadáver

HOMEM ADULTO, NÃO IDENTIFICADO

LOCAL DO CRIME próximo à Interestadual 75, município de Brooks, Geórgia (divisa com o estado da Flórida)
ARMA revólver calibre .22
EVIDÊNCIAS foram encontrados dois projéteis calibre .22 ao lado do cadáver

DAVID SPEARS, 43

DESAPARECIDO EM 19.05.1990
DESCOBERTO EM 01.06.1990
LOCAL DO CRIME estrada U.S. 19, município de Citrus (60 km ao norte de Tampa, Flórida)
ARMA revólver calibre .22
EVIDÊNCIAS baleado seis vezes, estava nu e usava um boné de beisebol

CHARLES CARSKADDON, 40

DESAPARECIDO EM 31.05.1990
DESCOBERTO EM 06.06.1990
LOCAL DO CRIME entre a estrada S.R. 52 e a Interestadual 75, município de Pasco (em direção a Tampa, Flórida)
ARMA revólver calibre .22
EVIDÊNCIAS baleado nove vezes, corpo em adiantado estado de decomposição. Carro encontrado no município de Marion. Entre seus itens pessoais roubados estava uma arma automática calibre .45

PETER SIEMS, 65

DESAPARECIDO EM 07.06.1990
DESCOBERTO EM não encontrado
LOCAL DO CRIME apenas seu carro foi encontrado pelo xerife do município de Marion
ARMA não identificada
EVIDÊNCIAS veículo Pontiac Sunbird 1988, cinza, quatro portas, com os vidros e quebra-ventos arrebentados. Manchas de sangue foram encontradas no interior do carro

TROY EUGENE BURRESS, 50

DESAPARECIDO EM 29.07.1990
DESCOBERTO EM 04.08.1990
LOCAL DO CRIME Floresta Nacional de Ocala, próximo à Estrada Estadual 19
ARMA revólver calibre .22
EVIDÊNCIAS veículo encontrado a 64 km do município de Ocala, distante 12 km do corpo. O calor da Flórida causou a aceleração da decomposição do cadáver, mas sua esposa o reconheceu pela aliança de casamento, que ainda estava em seu dedo. Foi assassinado com dois tiros, um no peito e o outro nas costas

CHARLES RICHARD HUMPHREYS, 56

DESAPARECIDO EM 11.09.1990
DESCOBERTO EM 12.09.1990
LOCAL DO CRIME Estrada Municipal 484, próxima à Interestadual 75, município de Marion
ARMA revólver calibre .22
EVIDÊNCIAS assassinado com sete tiros, estando seis projéteis ainda alojados em seu corpo. Seu carro só foi localizado em 19.9.1990, no município de Suwanee

WALTER GINO ANTONIO, 62

DESAPARECIDO EM não conclusivo
DESCOBERTO EM 19.11.1990
LOCAL DO CRIME próximo à interseção das estradas U.S. 19 e U.S. 27, no município de Dixie
ARMA revólver calibre .22
EVIDÊNCIAS assassinado com quatro tiros. O corpo estava despido, somente de meias, em uma estradinha no condado de Dixie. Dias depois foram encontradas suas roupas em uma remota área nas vizinhanças da cidade de Taylor. Seu assassino roubou um anel de ouro, o distintivo, as algemas, o cassetete e a lanterna. O carro foi localizado cinco dias depois no município de Brevard

ILANA CASOY LOUCO OU CRUEL? 289

Com todos os dados alinhados, não foi difícil para Binegar e a força-tarefa que trabalhava no caso observarem que todas as vítimas eram homens de meia-idade, transitando em estradas da mesma região, encontrados mortos da mesma maneira, com a mesma causa mortis e arma de igual calibre.

Formularam, então, uma teoria, juntamente com os representantes dos municípios onde as vítimas foram encontradas: diante dos noticiários intensos na mídia, ninguém naquela área era louco o suficiente para estacionar na estrada e dar carona para um desconhecido. Em seu entender, o criminoso não era uma figura ameaçadora para suas vítimas.

Revendo a investigação inteira, revisaram a ocorrência do dia 4 de julho do mesmo ano, quando Hubert Hewet, voluntário do corpo de bombeiros da cidade de Orange Springs, atendeu ao chamado de Rhonda Bailey. A caminho do endereço que constava em suas anotações, passou por duas mulheres a pé na estrada, uma delas com o braço ferido. Parou e ofereceu ajuda, perguntando se estavam envolvidas na ocorrência para a qual se dirigia logo adiante. Elas disseram que não sabiam sobre nenhum acidente e que não precisavam de ajuda.

Ao chegar ao endereço do acidente, falou com a sra. Bailey, que relatou ter visto quando um carro perdeu a direção e bateu em um arbusto, em frente à sua casa. Antes que ela pudesse oferecer algum auxílio, duas mulheres desceram do carro discutindo muito, umas delas ferida no braço, livraram-se de várias latas de cerveja vazias e Rhonda perguntou se ainda precisavam de ajuda, mas as duas tentaram convencê-la de que não era necessário e abandonaram o veículo, seguindo a pé. Ela chamou o socorro assim mesmo.

Hewet pediu a descrição delas, que obviamente batia com a das duas mulheres que encontrara na estrada momentos antes. Chamou o xerife do município de Marion, responsável por aquela área, que sem demora começou a investigar quem era o proprietário do carro. Era Peter Siems, desaparecido desde o mês anterior.

De posse do retrato falado das duas suspeitas, Binegar pediu ajuda à imprensa e no fim de novembro a história sobre os assassinatos foi divulgada com o retrato falado. A população não tardou a se manifestar e várias pistas importantes chegaram às mãos da força-tarefa:

- Um homem em Homosassa Springs comunicou-se com a polícia dizendo que duas mulheres haviam alugado um trailer dele no ano anterior. Seus nomes eram Tyria Moore e sua amiga Lee.
- Uma mulher de Tampa reconheceu as mulheres do retrato falado como aquelas que haviam trabalhado em seu motel, localizado ao sul de Ocala. Chamavam-se, segundo ela, Tyria Moore e Susan Blahovec.
- Um telefonema anônimo também identificou as mulheres suspeitas como Tyria Moore e Lee Blahovec. Segundo essa ligação, Lee Blahovec era a líder da dupla e uma conhecida prostituta em paradas de caminhão. Ambas eram lésbicas.

Depois de organizadas todas as pistas recebidas, a polícia tinha agora o nome de várias suspeitas: Tyria Moore, Lee ou Susan Blahovec e Cammie Marsh Greene. Checaram as licenças de motorista de todas as identidades, mas a confusão só ficou maior porque perceberam que a fotografia de Blahovec não era a mesma de Greene.

Dando sequência aos trabalhos policiais, checaram os recibos de todas as lojas de penhores da área em questão em que pudesse ter sido emitido recibo no nome de qualquer uma das identidades que estavam sendo apuradas. Tiveram sucesso em Daytona, onde Cammie Marsh Greene assinou o recibo e forneceu a impressão digital, como é de praxe nas lojas de penhores americanas, ao deixar lá a câmera e o radar de Richard Mallory, em 6 de dezembro de 1989. Em Ormond Beach foi encontrada a mala de ferramentas que combinava com a descrição da mala roubada de David Spears, também penhorada. Em Volusia, a dupla fez dinheiro com o anel de ouro de Walter Gino Antonio, penhorado no dia 7 de dezembro de 1990.

Ao colocar a digital que constava em todos os recibos no Sistema de Identificação Automatizada de Impressões Digitais, nada conseguiram e peritos se deslocaram para Volusia, onde começou o paciente trabalho de uma busca manual. A digital pesquisada foi localizada em um mandado contra uma mulher de nome Lori Grody, que, comparada à impressão de uma palma de mão em sangue deixado no carro de Peter Siems, combinava perfeitamente.

Todas essas informações reunidas foram encaminhadas para o Centro Nacional de Informação Criminal e as respostas vieram dos estados de Michigan, Colorado e Flórida: *Lori Grody, Susan Blahovec, Cammie Marsh Greene* e *Lori Grody* eram todos pseudônimos da mesma mulher. Seu verdadeiro nome era Aileen Carol Wuornos.

A caçada a serial killer iniciou-se em 5 de janeiro de 1991 pela Polícia Federal americana, já que a ação da suspeita era interestadual. Foi montado um esquema utilizando investigadores disfarçados sob falsas identidades, passando-se por traficantes do estado da Geórgia, que "perambularam" pelas ruas até encontrar Aileen Wuornos em um pub chamado Port Orange. Os federais não queriam uma ação precipitada, mas, como é comum no mundo inteiro, "se esqueceram" de combinar uma tática conjunta com a força-tarefa da polícia local, que também buscava prender a suspeita. Depois de se esbarrarem em um pub e no monitoramento de Wuornos, disputando sua prisão e quase prejudicando um desfecho competente nesse caso, acertaram-se. Aileen Carol Wuornos, chamada Lee pelos amigos, foi presa dentro do quarto do motel onde estavam hospedados os policiais federais, depois de beberem juntos no bar de ciclistas Last Resort, onde tinham entabulado amizade na noite anterior. Foi utilizado o antigo mandado de prisão contra Lori Grody e nenhuma menção foi feita aos assassinatos que estavam sendo investigados. A mídia nem ficou sabendo do desfecho para que a investigação fosse preservada, uma vez que ainda não tinham a arma dos crimes nem sabiam o paradeiro de Tyria Moore, que só foi localizada dois dias depois em Pittston, Pensilvânia, na casa de sua irmã.

A polícia teve de ir até lá para ouvir seu depoimento, que foi bastante colaborativo depois que ela entendeu como sua situação ficaria complicada se cometesse perjúrio. Tyria sabia sobre os assassinatos cometidos por sua amiga desde que Lee tinha chegado em casa com o Cadillac de Richard Mallory, em 1989. O diálogo que se seguiu naquele dia foi assustador em sua naturalidade, porque, após a óbvia pergunta – "Que carro é esse?" –, Lee contou sobre o assassinato. Temendo qualquer envolvimento com o crime, Tyria interrompeu o relato da amiga, pedindo que não dissesse mais nada e repetindo essa atitude todas as vezes que Lee apareceu querendo contar como obtivera certas coisas. Suspeitava, mas se limitava a saber o mínimo possível. Se soubesse muito, acabaria entregando a amante para as autoridades. Tyria Moore disse, em seu depoimento, que vivia assustada, apesar de Lee ter garantido que nunca a machucaria.

De volta à Flórida, a namorada de Lee Wuornos continuou a colaborar com a investigação para que a acusação fosse bem-estruturada e corroborada por uma confissão. A melhor maneira de obter tal trunfo seria orientar e usar Tyria para que Wuornos, que tinha confiança absoluta nela, confessasse a autoria dos crimes em conversas com a amante.

Tyria ficou hospedada em um motel em Daytona. O plano da polícia era que entrasse em contato com Lee na cadeia, dizendo que havia conseguido dinheiro com a mãe e tinha voltado para pegar o resto de suas coisas. Ela se mostraria assustada com a possibilidade de também ser acusada dos homicídios, uma vez que já havia sido procurada pela polícia, obrigando, assim, a confissão de Wuornos. Sua conversa no telefone seria toda gravada.

A primeira ligação telefônica de Moore para Wuornos aconteceu em 14 de janeiro de 1991. Esta última estava certa de que havia sido presa pela violação de uso de armas sob o nome de Lori Grody. Quando Moore falou sobre suas suspeitas, ela respondeu: "Eu estou aqui apenas pelas acusações de ocultar armas e comércio ilegal de licenças, e vou lhe dizer, cara, eu li os jornais e não sou uma das suspeitas". Lee, por intuição, sabia que os telefones da cadeia poderiam estar grampeados e se esforçou para falar dos crimes em código e construir álibis que poderiam ser posteriormente utilizados.

Por três dias as ligações continuaram e Tyria insistia cada vez mais que os investigadores estavam atrás dela. Com os dias se passando, Lee foi ficando cada vez mais descuidada em suas conversas com a amiga e acabou dizendo que esta poderia dizer toda a verdade para os policiais – se fosse o caso, confirmaria sua inocência, pois jamais deixaria que ela fosse presa. Acabou a conversa com esta frase: "Escute, se eu tiver que confessar, eu farei isso".

A informação crucial obtida por meio da escuta eletrônica das conversas foi a localização de um armazém alugado por Lee. As buscas no local resultaram na apreensão das ferramentas roubadas de David Spears, do cassetete roubado de Walter Gino Antonio e de uma câmera e barbeador elétrico que pertenciam a Richard Mallory.

Confrontada com todas as provas, em 16 de janeiro de 1991, Aileen Wuornos confessou seus crimes, não sem antes deixar claro que Tyria Moore era inocente. Depois, alegou que também não tinha culpa de nada, uma vez que havia matado em legítima defesa. Segundo seu depoimento, ela é que havia sido vítima de estupro inúmeras vezes nos últimos anos. Quando cada uma de suas vítimas tinha ficado agressiva, ela as havia matado.

Foi ficando cada vez mais famosa com a divulgação, pela mídia, de seus crimes e declarações e só pensava no dinheiro que receberia por sua história, esquecendo que as leis da Flórida se opõem a que prisioneiros obtenham lucro com seus crimes. Quanto mais "popular" ficava, quanto mais famosa se sentia, mais crimes confessava.

Confrontada com todas as provas, Wuornos confessou seus crimes e deixou claro que Tyria Moore era inocente. Depois, alegou que também não tinha culpa de nada, uma vez que havia matado em legítima defesa.

Nesse momento, surgiu na história uma personagem que iria modificar todo o rumo dos acontecimentos. Entrou na vida da assassina Arlene Pralle, dizendo estar seguindo as ordens de Jesus ao entrar em contato com Lee. Pralle, aos 44 anos, dizia ter renascido para Jesus e começou a trabalhar arduamente na defesa de sua mais recente amiga. Avisou-a de como seus advogados e todo o mundo estavam lucrando com sua história e trocou o time de defesa.

Deu entrevistas a repórteres, descrevendo seu relacionamento com Lee como "um encontro de almas gêmeas" e que tudo que uma sentia a outra sentia também. Durante 1991, apareceu em entrevistas na televisão, revistas e jornais, contando para quem quisesse ouvir sobre a natureza pura e boa de Aileen Wuornos, que ela mesma havia descoberto, tentando mudar a imagem da amiga. Os problemas da infância dela foram enfatizados e detalhados para que os repórteres e o público se sentissem penalizados.

O pai de Aileen, Leo Dale Pittman, era um molestador de crianças e sociopata que se enforcou na prisão em 1969. Sua mãe, Diane Wuornos, casou-se aos 15 anos e teve um casal de filhos, adotados pelos avós maternos, Lauri e Britta Wuornos, na cidade de Troy, Michigan.

Aos 6 anos, Aileen sofreu queimaduras faciais enquanto brincava com o irmão Keith de fazer jogos com fluido de isqueiro. Mais tarde, diria à polícia ter feito sexo com ele desde a mais tenra idade, mas ele já não estava vivo para confirmar ou negar suas declarações.

Aos 12 anos, descobriu que Lauri e Britta eram seus avós, revoltando-se contra a pessoa severa que a educava e que também sofria de alcoolismo.

Aos 14 anos, Aileen estava grávida e ficou em um abrigo para mães solteiras durante toda a gestação. Lá as pessoas a achavam hostil, não cooperativa e antissocial. Em janeiro de 1971, deu à luz um filho, que foi entregue para a adoção assim que nasceu.

Os problemas da infância dela foram enfatizados
e detalhados para que os repórteres e o
público se sentissem penalizados.

Em julho do mesmo ano, Britta Wuornos faleceu. Diane Wuornos se ofereceu para receber seus filhos, no Texas, mas eles recusaram. Aileen Wuornos, já conhecida na época como Lee, abandonou a escola, deixou sua casa e saiu pelo mundo se prostituindo. Dormia em um carro abandonado, embebedava-se, usava drogas constantemente e alimentava-se mal. Poucos anos depois, Keith morreu de câncer na garganta e Lauri suicidou-se. Lee, então, seguiu para a Flórida, onde se casou com Lewis Fell, um homem bem mais velho do que ela, mas o casamento durou pouco. Lewis conseguiu anulá-lo depois da prisão da esposa por arremessar um taco de bilhar na cabeça de um barman em Michigan.

Lee voltou para a Flórida e entrou em fracassados relacionamentos, crimes de falsificação, roubo e assalto à mão armada. Em maio de 1974, foi presa sob o nome de Sandra Kretsch, no Colorado, por conduta desordeira, dirigir alcoolizada e por ter disparado uma arma calibre .22 de um veículo em movimento. Em 20 de maio de 1981, foi presa na Flórida por assalto à mão armada em uma loja de conveniência e cumpriu pena de 13 meses. Sua prisão seguinte ocorreu em 1984, por falsificação de cheques.

O nome que adotou a seguir, Lori Grody, era de uma tia que morava em Michigan. Foi presa sob esse nome, em 1986, por policiais em Volusia, depois que um homem a acusou de sacar um revólver contra ele dentro de seu carro e exigir duzentos dólares. Debaixo do assento que ocupava foi encontrada uma pistola calibre .22 e munição. Uma semana depois, encontrou Tyria Moore em um bar gay em Daytona, solitária e revoltada.

Lee e Ty, como chamava sua namorada, apaixonaram-se. Não se desgrudavam uma da outra e Lee continuava se prostituindo para ganhar a vida. Fazia ponto em bares e paradas de caminhão, suplementando seu sustento com furtos e roubos.

Penalizada com a vida errante de Aileen Wuornos, Arlene Pralle e seu marido a adotaram legalmente em novembro de 1991. Segundo o casal, apenas cumpriam a ordem de Deus.

Os advogados de Lee ofereceram um trato à promotoria: ela se declararia culpada de seis acusações de assassinato e receberia pena de seis prisões perpétuas consecutivas. A promotoria não aceitou, pois acreditava que nesse caso se aplicaria a pena de morte.

Aileen Wuornos foi a julgamento pelo assassinato de Richard Mallory em janeiro de 1992. As evidências e testemunhas contra ela eram bastante sólidas e fizeram um irreparável estrago em sua defesa, como o depoimento do dr. Arthur Botting, que havia autopsiado o corpo de Mallory, declarando que a vítima havia agonizado entre dez e vinte minutos antes de morrer. Tyria Moore também deixou sua marca quando testemunhou que Lee não parecia muito abalada com o assassinato quando contou a ela o que havia ocorrido.

Doze homens declararam ter tido encontros com Aileen pelas estradas da Flórida ao longo dos anos. Esse estado tem uma lei conhecida como "Regra Williams", que permite que evidências relacionadas com outros crimes sejam admitidas no julgamento em questão para demonstrar certo padrão de comportamento. Wuornos alegava ter matado em legítima defesa e se o júri soubesse apenas do assassinato de Richard Mallory poderia ter acreditado nesse argumento, mas, ao tomar conhecimento de todos os assassinatos cometidos por ela, sete no total, era improvável que tivesse sempre agido em legítima defesa.

Depois de assistirem aos vídeos de sua confissão, a alegação de legítima defesa pareceu mais ridícula ainda. Lee parecia extremamente autoconfiante e desafiadora, além do fato de ter declarado merecer morrer por ter tirado vidas. Ela não era nada simpática e por esse motivo sua defensora pública, Tricia Jenkins, não queria de maneira alguma que sua cliente ocupasse o banco das testemunhas. Lee, sempre com excesso de confiança, insistiu em contar sua história. Segundo ela, Mallory a havia sodomizado e estuprado, além de tê-la torturado. Tendo sua história destruída pela acusação, que demonstrou todas as mentiras e inconsistências em seu relato, ela fez um escândalo. Até a evocação da 5ª Emenda, que dá ao acusado o direito de não responder a perguntas que possam incriminá-lo, contribuiu para sua condenação depois de ter sido usada 25 vezes.

Aileen Wuornos era a única testemunha de defesa de Aileen Wuornos; as outras pessoas que depuseram a seu favor eram especialistas. Eles declararam que ela era mentalmente doente e sofria de transtorno de personalidade fronteiriça. Além disso, depuseram que sua infância tumultuada havia arruinado qualquer chance de normalidade na vida adulta.

O júri se retirou e levou menos de duas horas para chegar a um veredicto: culpada de assassinato em primeiro grau. A ré teve uma crise histérica, praguejando contra o júri e ameaçando a todos, esquecendo-se de que no dia seguinte era esse mesmo júri insultado que definiria sua pena. Por unanimidade, a ré foi condenada à morte na cadeira elétrica, em 31 de janeiro de 1992.

Aileen Wuornos não foi mais a julgamento. Em março, não contestou as acusações pelos assassinatos de Dick Humphreys, Troy Burress e David Spears, retirando a versão de que havia sido estuprada por eles. Foi condenada a mais três sentenças de morte. Em junho ela se declarou culpada pelo assassinato de Charles Carskaddon e em novembro recebeu sua quinta pena de morte. Em fevereiro de 1993, foi condenada à morte mais uma vez depois de declarar-se culpada pelo assassinato de Walter Gino Antonio. Aileen Wuornos nunca foi acusada pelo assassinato de Peter Siems, cujo corpo nunca foi encontrado. Ela se ofereceu para mostrar à polícia onde estava o corpo, perto de Beaufort, Carolina do Sul, mas nada foi encontrado no local indicado por ela. A polícia de Daytona acredita que essa história foi inventada para que Lee tirasse umas "férias" da cadeia e ganhasse um passeio de avião. Especula-se que o corpo tenha sido jogado em um pântano perto da Interestadual 95, ao norte de Jacksonville.

Durante algum tempo, também se especulou sobre outro julgamento para ela pelo assassinato de Richard Mallory, depois que seus advogados descobriram que ele havia cumprido pena de dez anos por violência sexual.

Esse caso é bastante controverso. Muitos acreditam que ela só matou os homens que a ameaçaram e/ou estupraram, uma vez que inúmeros clientes da prostituta saíram ilesos de seus encontros. Agressões contra prostitutas pouco são investigadas ou nem sequer levadas em conta. Porém, ela são mais vulneráveis a esse tipo de agressão do que as outras mulheres, pela própria profissão de risco que têm.

A casa de Aileen Wuornos foi vandalizada. Os arquivos do caso foram roubados. O único advogado que se atreveu a questionar seu primeiro julgamento recebeu ameaças de morte e foi afastado do caso. Existe ainda a suspeita de que o conselheiro municipal, em Volusia, tenha negociado contratos para livros e filmes sobre o caso. Todos esses fatos fazem muitas pessoas duvidarem da culpa real dela nos assassinatos pelos quais foi responsabilizada. Essas pessoas organizaram protestos públicos, escreveram para a Suprema Corte da Flórida pedindo novo julgamento, criaram comitês de ajuda e defesa de Aileen Wuornos em São Francisco e escreveram inúmeras cartas para o Departamento Correcional de Broward.

Aileen Wuornos tornou-se uma católica ortodoxa. Pediu perdão para os familiares das vítimas, dizendo que se arrependia e que queria estar com Jesus depois de sua merecida execução.

Manhã de 9 de outubro de 2002, 9h29, Prisão Estadual da Flórida. Quem assistia à execução de Aileen Wuornos viu a cortina se abrir pela última vez para aquela que foi chamada de "A Prostituta das Estradas" e "A Senhorita da Morte". A condenada fez ar de surpresa antes de fazer sua bizarra declaração final:

> "Eu só gostaria de dizer que estou velejando com a Rocha[1] e voltarei como no *Independence Day* com Jesus, 6 de junho, como no filme, na nave-mãe e tudo. Eu voltarei."[2]

Exatamente às 9h30, a injeção letal foi administrada em seu braço direito. Dois minutos depois, ela parou de se mexer e foi pronunciada morta às 9h47, aos 46 anos de idade.

No último ano no corredor da morte, foi voluntária para a pena de morte, dizendo que sempre iria tirar vidas e que estava cansada de mentiras. Ela confessou ter conhecimento de que seria executada pela morte de seis homens, mas que na realidade havia assassinado sete.

Aileen Wuornos se despediu dizendo a todos que voltaria.

---

[1] A Rocha é uma referência bíblica a Jesus.
[2] *"I'd just like to say I'm sailing with the Rock and I'll be back like 'Independence Day' with Jesus, June 6, like the movie, big mother ship and all. I'll be back."*

MULHERES EXECUTADAS NOS ESTADOS UNIDOS DESDE 1976

14.9.2005	**FRANCES ELAINE NEWTON**	40 anos, por injeção letal no Texas, pelo assassinato de seu marido e seus dois filhos.
9.10.2002	**AILEEN WUORNOS**	46 anos, por injeção letal na Flórida, pelo assassinato de seis homens.
10.5.2002	**LYNDA YON BLOCK**	54 anos, eletrocutada no Alabama, por matar um policial.
4.12.2001	**LOIS NADEAN SMITH**	61 anos, por injeção letal em Oklahoma, pelo assassinato da ex-namorada de seu filho.
1.5.2001	**MARILYN PLANTZ**	40 anos, por injeção letal em Oklahoma, pelo assassinato de seu marido.
11.1.2001	**WANDA JEAN ALLEN**	41 anos, por injeção letal em Oklahoma, pelo assassinato de duas mulheres.
2.5.2000	**CHRISTINA RIGGS**	28 anos, por injeção letal em Arkansas, por sufocar seus dois filhos pequenos.
24.2.2000	**BETTY LOU BEETS**	62 anos, por injeção letal no Texas, pelo assassinato de um de seus maridos.
30.3.1998	**JUDY BUENOANO**	54 anos, eletrocutada na Flórida, por matar seu filho e marido.
3.2.1998	**KARLA FAYE TUCKER**	38 anos, por injeção letal no Texas, pelo assassinato de duas pessoas.
2.11.1984	**VELMA BARFIELD**	52 anos, por injeção letal na Carolina do Norte, pelo envenenamento de seu noivo.

MULHERES NO CORREDOR DA MORTE NOS ESTADOS UNIDOS
(POR ESTADO) DE 1º DE JANEIRO DE 1973 A 31 DE DEZEMBRO DE 2007

ESTADO	TOTAL	BRANCAS	NEGRAS	LATINAS	INDÍGENAS
CALIFÓRNIA	23	12	3	6	2
TEXAS	20	12	7	1	0
CAROLINA DO NORTE	16	10	4	0	2
PENSILVÂNIA	7	3	4	0	0
ILLINOIS	7	1	4	2	0
ALABAMA	11	8	3	0	0
FLÓRIDA	21	13	5	3	0
OKLAHOMA	8	7	1	0	0
TENNESSEE	2	2	0	0	0
ARIZONA	4	4	0	0	0
MISSOURI	5	4	0	1	0
KENTUCKY	3	3	0	0	0
GEÓRGIA	6	5	1	0	0
MISSISSIPPI	9	7	2	0	0
IDAHO	2	2	0	0	0
INDIANA	4	2	2	0	0
LOUISIANA	3	2	1	0	0
NEVADA	2	1	1	0	0
OHIO	12	6	6	0	0
JURIDISÇÃO FEDERAL	2	2	0	0	0
MARYLAND	3	1	0	0	2
NOVA JERSEY	3	3	0	0	0
ARKANSAS	2	2	0	0	0
DELAWARE	1	1	0	0	0
CAROLINA DO SUL	1	1	0	0	0
VIRGÍNIA	1	1	0	0	0
OREGON	1	1	0	0	0
TOTAL	**179**	**116**	**44**	**13**	**6**

Fonte: Victor L. Streib, Ohio Northern University, 2012.

O ZODÍACO

them in an another way.
I shot a man sitting in
a parked car with a .38.
                ⊕ -12   SFPD-0

▶ 19??

O ZODÍACO
O CASO QUE NINGUÉM RESOLVEU

"Ela era jovem e bela, mas agora ela está espancada e morta. Ela não foi a primeira e não será a última. Eu passo minhas noites acordado pensando sobre minha próxima vítima." – **O Zodíaco**

Esse é um dos mais famosos serial killers dos Estados Unidos. Agiu durante anos na Califórnia, impunemente, escreveu cartas para jornais, desafiou e provocou a polícia. Nunca foi identificado.

Sobre o assunto, diversos livros foram escritos, documentários foram feitos, websites foram criados. Quase trinta anos depois, investigações sobre alguns dos assassinatos ligados a ele ainda estão sendo feitas. O site <www.zodiackiller.com>, que as acompanha, atrai milhares de pessoas por semana. É um dos maiores mistérios da história dos crimes americanos.

Alguns escritores chegaram a sugerir que o Zodíaco poderia estar ligado a Charles Manson ou ao Unabomber, outros dois casos americanos famosos, mas nunca se chegou a uma conclusão definitiva.

Neste caso, cada um tem seu suspeito. Escolha o seu depois de conhecer os detalhes da investigação.

OS FATOS

30 DE OUTUBRO DE 1966

Cheri Jo Bates, 18 anos, decidiu ir até a biblioteca da Riverside City College, Califórnia, EUA, estudar. Pouco depois das 16h30, deixou um bilhete para o pai, pregado na geladeira, dizendo onde estaria.

Às 17h, Joseph Bates, pai de Cheri Jo, chegou em casa e não viu o carro da filha, um Fusca. Entrou, encontrou o bilhete e não se preocupou mais.

Cheri Jo permaneceu na biblioteca por horas. Enquanto estudava, alguém abriu o capô de seu carro e retirou a bobina do distribuidor e condensador. O distribuidor foi desconectado. Às 21h, a garota decidiu que já era hora de voltar para casa. Quando tentou ligar seu carro... Nada. Tentou mais uma vez... Nada. Já de noite, sem ter a quem recorrer, sem saber o que fazer, um gentil homem lhe ofereceu carona até sua casa. Ela aceitou. Caminhando em direção ao carro do homem, ele de repente a agarrou, tapou sua boca e colocou uma faca em sua garganta. Desesperada, a menina tentava gritar e fugir, atacando seu agressor como podia, arranhando seu rosto.

Nos depoimentos posteriores, a polícia saberia que dois gritos horrendos foram ouvidos: o primeiro às 22h15, o segundo às 22h45. Não se sabe o que aconteceu nesse intervalo de tempo, mas o resultado foi que o criminoso cortou a jugular de Cheri Jo e deu outras três facadas em sua garganta, aniquilando suas cordas vocais. A menina foi praticamente decapitada, depois de esfaqueada 42 vezes, sete só na garganta, mas o assassino ainda não estava satisfeito. Deitou-a no chão e deixou sua lâmina enterrada no ombro da vítima. No ataque, perdeu seu relógio Timex, que marcava 12h23. A origem do relógio foi rastreada até um posto militar, na Inglaterra.

Dias depois, a polícia recebeu uma carta de confissão anônima, escrita a máquina. Não conseguiram identificar quem a teria escrito.

Seis meses depois, o *Riverside Press-Enterprise* publicou um artigo sobre o caso. No dia seguinte à publicação, a polícia, Joseph Bates e o jornal receberam novas cartas do suposto assassino.

Anos depois, seria feita a correlação desse caso com os do criminoso chamado de "Zodíaco", quando a polícia de Riverside notou similaridades com o caso de assassinato em Napa, acontecido posteriormente. Até os dias de hoje existem dúvidas sobre a autoria do assassinato; muitos não acreditam que tenha sido o Zodíaco.

20 DE DEZEMBRO DE 1968

Mais de dois anos já haviam se passado desde o assassinato de Cheri Jo Bates. Nunca mais ninguém tinha ouvido falar do caso.

Naquela noite de lua cheia, David Arthur Faraday (17), estudante do Vallejo High School, marcou um encontro com Betty Lou Jensen (16), estudante do Hogan High School. David pegou Betty em casa às 20h20; disseram aos pais dela que iriam a um concerto e prometeram voltar até às 23h. Em vez do concerto, foram de carro para um local chamado Lover's Lane, conhecido ponto de namoro da região, nas proximidades do lago Herman.

Semanas antes, Betty tinha tido a sensação de que estava sendo seguida e observada por alguém na escola. Por mais de uma vez, sua mãe encontrou o portão do jardim, que dava para a janela da menina, aberto. Estranho, mas nada que alarmasse a família.

Os namorados, ao chegarem ao Lover's Lane, travaram as portas e reclinaram os bancos. Um passante viu os dois adolescentes ali, enquanto Betty Lou recostava sua cabeça nos ombro de David. Segundo essa testemunha, estava bastante escuro, apesar da lua cheia. Outras duas testemunhas, caçadores de racum, diriam ter visto o que pareceu ser uma Valiant azul seguindo o carro de David.

Perto das 23h, quando o casal já se preparava para ir embora, outro carro apareceu no local e estacionou perto deles. Um homem corpulento desceu e chegou a ser visto por outro carro que passava por lá. Parou ao lado da janela de Betty Lou e ordenou que o casal saísse do carro. Mas, como estavam com as portas travadas, se negaram, achando que estavam seguros. Diante da recusa, o desconhecido sacou uma arma da jaqueta, foi até a janela de trás e atirou no vidro, que explodiu. Contornou o carro até a outra janela traseira e também a estourou.

Betty Lou, apavorada, abriu a porta para descer. David não teve tempo para isso. Antes que pudesse sair, o estranho encostou a arma atrás de seu ouvido esquerdo e atirou. A bala atravessou a cabeça de David horizontalmente, arrancando parte dela.

Gritando, fora de controle, Betty Lou saiu correndo. O homem seguiu em seu encalço, atirando cinco vezes em suas costas. Ela tombou a nove metros do carro em que estava.

David continuava vivo e sangrando em profusão. O assassino virou-lhe as costas, entrou em seu carro e foi embora.

Minutos depois, Stella Borges, uma senhora que passava de carro, chamou a radiopatrulha. Betty Lou já estava morta e David chegou ainda com vida à Unidade de Terapia Intensiva do Hospital Geral de Vallejo, mas não resistiu aos ferimentos e faleceu logo depois.

Os projéteis que mataram Betty Lou e David saíram de pistola semiautomática calibre .22.

4 DE JULHO DE 1969

Darlene Ferrin conhecia tanto David como Betty Lou. Tinha 22 anos, era casada e tinha uma filhinha, Dena. Karen, a babá que Darlene contratava com certa frequência, notou, em 27 de fevereiro de 1969, quando um carro branco estacionou do lado de fora da casa. Ela comentou o fato com Darlene, que pareceu não dar maior importância a ele e continuou a se arrumar para sair. Karen descreveria depois o homem sentado ao volante: grande, cara redonda e cabelo castanho cacheado. Darlene chegou a comentar com a babá que "ele a devia estar observando novamente". Disse que, pelo que sabia, "ele" estava fora do estado e não queria que ninguém soubesse do assassinato que ela testemunhou. Darlene chegou a dizer o nome do homem, algo como Peter ou Paul, mas Karen não deu atenção.

Algum tempo antes, pacotes haviam sido enviados à casa de Darlene. Pam Huckaby, sua irmã, ao receber um dos pacotes, reconheceu o entregador como "aquele homem que ficava sentado em seu carro branco, em frente à casa de Darlene". O homem, que usava óculos, avisou-a para não abrir o pacote. Na época, especulou-se se os pacotes estavam sendo enviados pelo ex-marido de Pam, Jim, que vivia no México e possuía uma arma calibre .22.

Darlene chegou a avisar as amigas para que não se aproximassem do homem do carro branco que ficava estacionado em frente à sua casa. Obviamente, ela não gostava da situação, mas não tinha coragem de pedir que ele saísse dali.

Em 4 de julho daquele ano, saiu de casa para ir buscar seu amigo Michael Mageau (19). Os dois tinham combinado de ir ao cinema em São Francisco. Perceberam que estavam sendo seguidos e, assustada, a moça começou a dirigir cada vez mais rápido, tentando pegar estradas vicinais para despistar seu perseguidor. De repente, estavam na Columbus Parkway, na mesma direção da estrada do lago Herman.

Darlene parecia conhecer quem a perseguia. Sem aviso, o carro atrás do casal diminuiu a velocidade e sumiu, mas o alívio durou pouco... Cinco minutos depois foram abalroados horizontalmente e ficaram impossibilitados de fugir. As luzes do outro carro cegavam os dois, mas mesmo assim Mageau pôde ver que um homem carregando uma lanterna vinha em sua direção. A janela de seu lado estava aberta e ele ouviu tiros serem disparados. Sentiu um calor estranho tomar conta de todo o seu corpo e se deu conta de que a vítima era ele. Perplexo, ainda ouvindo disparos, viu Darlene tombar sobre o volante. Ela fora alvejada cinco vezes, além de ter sido atingida por alguns projéteis que atravessaram o corpo de Mageau.

Enquanto o assassino voltava para seu carro, Mageau pôde ver seu rosto, mas ao ouvir seus gritos de dor o homem voltou e atirou mais duas vezes.

Dessa vez, apesar da dor insuportável, Mageau fingiu-se de morto. Percebeu que não conseguia mais gritar, pois uma das balas havia atingido sua mandíbula e perfurado sua língua. Darlene ainda gemia no banco da frente quando ele, com muita dificuldade, conseguiu descer do carro para tentar encontrar socorro. Para sua sorte, três adolescentes que procuravam um amigo notaram o carro estacionado no meio da estrada e viram a vítima caída no chão. Sem hesitar, desceram para socorrê-lo. Quando se deram conta de que a situação era grave, foram até uma casa próxima e avisaram a polícia.

O policial Richard Hoffman e o sargento Conway já estavam no local quando a ambulância chegou. Darlene foi pronunciada morta à 0h38. À 0h40, o Departamento de Polícia de Vallejo recebeu uma ligação telefônica. Uma voz calma, do outro lado da linha, reportou o duplo homicídio, deu a localização dos corpos e a descrição do carro de Darlene Ferrin. Disse ainda que ambas as vítimas tinham sido alvejadas com uma Luger 9mm, identificando a arma com precisão, e alegou ser a mesma arma que havia matado Faraday e Jensen no ano anterior. Com um tom de voz mais profundo, disse adeus e desligou. Para desespero da polícia, descobriu-se que a ligação havia sido feita de um telefone público que ficava do lado de fora do escritório do xerife de Vallejo.

Michael Mageau foi operado e sobreviveu. Depois de curado, deu tantas versões[1] do ocorrido para a polícia e escondeu-se com tanta rapidez que a única conclusão possível é que estava apavorado demais com a possibilidade de o assassino voltar e tirar sua vida. Descreveu o carro de seu agressor como sendo marrom, provavelmente um Corvair.

27 DE SETEMBRO DE 1969

Cecília Shepard e Bryan Hartnell combinaram um programa juntos. Eram amigos havia muito tempo e planejaram um piquenique nas margens do lago Berryessa. Estavam conversando e comendo quando um carro parou ao lado do Karmann-Ghia de Bryan e seu ocupante começou a observar o casal.

Cecília notou o estranho, mas ele logo desapareceu entre as árvores. Momentos depois, ela o viu novamente. De novo ele sumiu. Quando apareceu outra vez, vestia um capuz preto em forma de saco sobre a cabeça, como se fosse um executor. A frente do capuz pendia até a cintura e no peito tinha desenhado um símbolo do zodíaco. Ele usava óculos escuros sobre o capuz, e do lado direito de sua cintura pendia um facão de pelo menos 30 cm de comprimento. Do lado esquerdo, o coldre estava vazio. Ela ergueu os olhos e percebeu uma arma em sua mão.

O homem falou para Bryan que era um condenado fugitivo e exigiu dinheiro e as chaves do carro. Foi atendido de imediato. Ele então deu uma

---

[1]   A história relatada aqui é uma das muitas versões de Mageau sobre os acontecimentos.

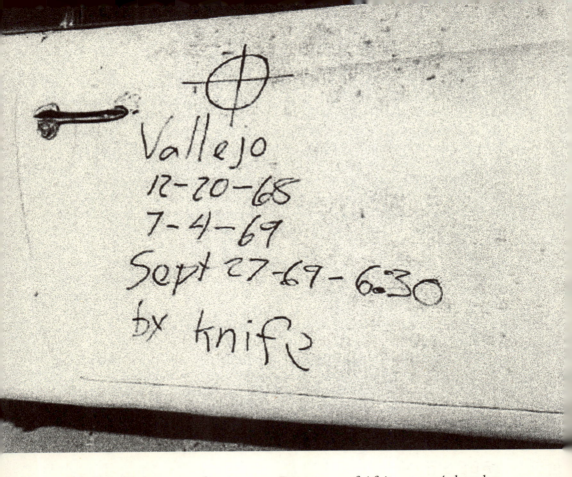

corda à Cecília para que ela amarrasse Bryan, o que foi feito com nós bem largos, para que talvez ele tentasse escapar, mas o criminoso percebeu e resolveu ele mesmo amarrar Cecília e apertar os nós que continham Bryan. Ameaçou o casal, dizendo que tinha de esfaqueá-los. Bryan disse ao criminoso que não suportaria ver Cecília ser esfaqueada, que preferia ser a primeira vítima. O assassino respondeu que era justamente o que pretendia fazer e, apesar das súplicas desesperadas do rapaz, ajoelhou-se e o esfaqueou seis vezes nas costas. Enquanto ele gemia com uma dor lancinante, o estranho esfaqueou Cecília dez vezes, cinco nas costas e cinco na frente, atingindo seu seio, abdome, virilha, e outra, e outra, e outra...

Ao ir embora, o criminoso fez questão de deixar as chaves do carro de Bryan e o dinheiro em cima da toalha de piquenique para que ficasse claro que não se tratava de um assalto e sim de uma execução. Antes de sair de cena, ainda deu uma paradinha no Karmann-Ghia e, com uma caneta hidrográfica, escreveu na porta:

"Vallejo 12-10-68 7-4-69 Sept 27-69-6:30 by knife"

Assim que o criminoso partiu, as vítimas começaram a gritar. A moça conseguiu desamarrar-se e libertou o amigo. Da praia, um pescador chinês ouviu os gritos e chamou a polícia, que encontrou Bryan distante 270 metros da estrada. Ele perdia sangue sem parar, mas mesmo muito ferido indicou onde estava a outra vítima.

Às 19h13 foi reportado ao escritório do xerife de Napa o duplo esfaqueamento. Às 19h40, um homem não identificado telefonou para o departamento de polícia e descreveu o que seria um duplo homicídio, informando a localização dos corpos. Ao ser perguntado sobre sua identidade, respondeu: "Eu sou aquele que fez isso!"

Cecília Shepard morreu em 28 de setembro por causa dos diversos ferimentos a faca. Bryan Hartnell sobreviveu. Hoje em dia é advogado no sul da Califórnia.

A polícia descobriu uma pegada perto do carro de Bryan. O tamanho era 10 ½ — o equivalente ao número 41. O tipo de sola do calçado parecia ser o equivalente a uma bota do tipo Wing Walker, de uso exclusivo de militares.

11 DE OUTUBRO DE 1969

Noite. O motorista de táxi Paul Lee Stine não estava ainda nem perto de encerrar seu dia de trabalho quando atendeu o homem que entrou em seu carro e seguiu viagem até o endereço solicitado. Ao parar o táxi no local indicado, alguém passeava com seu cachorro em frente ao veículo. O silencioso passageiro então mudou de ideia e pediu ao motorista que andasse mais um quarteirão. Assim que estacionou, Paul Stine foi agarrado por trás, com o braço esquerdo de seu passageiro envolvendo com força sua garganta. Sentiu o cano de uma arma no ouvido direito e começou a lutar pela vida. Não teve tempo nem de pensar sobre o que estava acontecendo; o tiro que levou literalmente estourou seus miolos. A arma utilizada foi uma semiautomática 9mm.

O passageiro saiu do táxi, abriu a porta da frente e sentou-se no banco vazio, ao lado de Stine. Pegou a carteira do motorista, cortou um pedaço da camiseta ensanguentada e com ela limpou toda e qualquer digital que pudesse ter deixado ali, levando um pedaço da roupa de sua vítima com ele. O sangue de Stine estava espalhado por toda parte. Sem se impressionar, o criminoso saiu do carro e desceu a rua a pé, sem se dar conta de que havia sido visto por uma garota de 14 anos que estava em uma janela do outro lado da rua.

Às 21h58, a polícia foi chamada pelo pessoal da casa em que a testemunha estava. Não tinham escutado nenhum tiro, mas a cena assistida por ela era ímpar. O homem que fez a ligação disse que o suspeito que saíra do táxi era um homem "negro" adulto, mas sua visão havia sido prejudicada pela pouca luminosidade daquele trecho da rua.

Os policiais se dirigiram para o local. Ao pedirem informações para um senhor que passava por ali, ele relatou ter visto um homem carregando uma arma, correndo em direção ao leste de Washington. A polícia saiu correndo atrás da pista, sem perceber que, provavelmente, o gentil informante era o criminoso que procuravam. Paul Lee Stine foi declarado morto às 22h30.

22 DE MARÇO DE 1970

Noite de lua cheia. Kathleen Johns e seu bebê de dez meses de vida estavam na Estrada 132, indo para a cidade de Petaluma, Califórnia, EUA. O gentil motorista de uma Station Wagon Chevrolet 1957 cor marrom e branca, ao ultrapassá-la, fez sinal de que o pneu estava com problemas. Kathleen deu seta e parou no acostamento. O homem parou para ajudá-la, "graças a Deus".

Verificou o pneu, pareceu arrumá-lo e os dois veículos seguiram viagem. Minutos depois, o pneu do carro da jovem mãe literalmente voou para fora, fazendo-a parar de forma abrupta. O motorista do Chevrolet parou também, oferecendo carona para a senhora e seu bebê. Sem alternativa, Kathleen aceitou.

Depois de alguns quilômetros do que parecia ser uma viagem tranquila, o estranho, sem aviso prévio, pegou uma estrada deserta. Avisou a mulher que mataria ela e seu bebê. Com o carro em movimento, arrancou a criança do colo da mãe e tentou arremessá-la para fora. A luta pela vida começou e, ao mesmo tempo que tentava salvar seu bebê e a si mesma, Kathleen observava todos os detalhes que poderiam vir a ser úteis caso escapasse daquele inferno. O homem era bem-arrumado, calçava botas militares bem-engraxadas e vestia uma "capa" de náilon azul e preta. Usava também uma calça de lã preta boca de sino, como era moda, além de óculos de armação fina e preta, do tipo tartaruga, presa por um elástico por trás da cabeça. O cabelo dele era castanho e cortado estilo "escovinha", com uma risca bem marcada. Seu nariz era médio, e seu queixo, marcado; tinha compleição física média e pesava algo entre 75 e 80 kg.

De repente, o carro deu um solavanco e diminuiu de velocidade. Era a chance que Kathleen estava esperando; pulou para fora do carro com seu bebê nos braços. Correndo, atravessou uma vinicultura como pôde, tropeçando, sem ar e sem emitir som algum. O agressor a seguiu com uma lanterna nas mãos, mas não conseguiu alcançá-la. Por sorte, um caminhão parou na estrada e o motorista desceu para ver o que estava acontecendo. Ao se deparar com a desesperada mulher, tentou socorrê-la, mas, por mais que insistisse para que entrasse em seu veículo, ela não saía do lugar. O homem que estava perseguindo Kathleen entrou em seu carro e partiu em alta velocidade. O motorista do caminhão, penalizado com a situação da moça, esperou pacientemente até que um carro com uma mulher na direção parasse ali e prestasse socorro. Ela levou Kathleen até a delegacia mais próxima.

Kathleen contou sua história em detalhes para os policiais. Pendurado atrás do policial que tomava seu depoimento estava o retrato falado do homem que tinha assassinado o taxista Paul Stine, no ano anterior. Quando viu o desenho, a jovem mãe começou a gritar em total descontrole. Era o mesmo homem que a havia atacado na estrada! O retrato falado era do assassino agora chamado de Zodíaco.

Os policiais viram ali uma grande oportunidade de descobrir novas pistas. Acompanharam a moça até seu carro na intenção de encontrar digitais, mas ao chegarem ao local viram que o veículo fora queimado por dentro.

Nunca ficou provado que Kathleen foi raptada pelo Zodíaco, apesar de ele fazer referência ao caso e assumir a responsabilidade em uma de suas cartas.[2]

---

2   "Estou relativamente infeliz, porque vocês, pessoas, não usarão alguns buttons legais. Então, agora tenho uma pequena lista, começando com a mulher e seu bebê, a quem dei uma carona interessante por duas horas, uma noite há alguns meses, que resultou em eu queimar o carro dela onde eu os encontrei."

This is the Zodiac speaking

I have become very upset with
the people of San Fran Bay
Area. They have __not__ complied
with my wishes for them to
wear some nice ⊕ buttons.
I promiced to punish them
if they didnot comply, by
anilating a full School Bass.
But now school is out for
the summer, so I punished
them in an another way.
I shot a man sitting in
a parked car with a .38.

⊕-12   SFPD-0

The Map coupled with this
code will tell you whore the
bomb is set. You have antill
next Fall to dig it up. ⊕

C △ J ¦ ■ O K ⅄ A M ⅂ ◢ Ω O R T G
X ⊙ F D V ʡ ▣ H C E L ⊕ P W △

COOP-SFPD
1596-78
7-14-78 GWL

#6 6-26-70

AS CARTAS DO ZODÍACO

Durante os anos em que agiu, o Zodíaco manteve contato, por meio de 21 cartas e postais, com o Departamento de Polícia de Riverside, com Joseph Bates (pai de Cheri Jo), com os jornais *Riverside Press-Enterprise*, *San Francisco Chronicle* (que parecia ser seu preferido), *San Francisco Examiner*, *Vallejo Times-Herald* e *Los Angeles Times*, com o advogado Melvin Belli e o editor Paul Avery. Suas cartas sempre tinham um tom de zombaria e provocação.

Sabe-se que se tratava de um homem inteligente e brilhante. Seu prazer era observar as investigações andarem em círculos, sem nunca chegar a lugar algum.

Suas cartas eram verdadeiras obras de arte. Usava símbolos e códigos criptografados, e sua escrita era precisa e descritiva. Era comum iniciá-las escrevendo com letra cursiva, que sempre variava o estilo, provavelmente copiadas de outros tipos de caligrafia.

Em algumas de suas cartas, parecia ser uma pessoa com pouca instrução, cometendo erros gramaticais e ortográficos infantis. Isso contradizia os sofisticadíssimos códigos e símbolos que utilizava e que se referiam à astrologia e aos signos, e por isso foi chamado de Zodíaco.

A primeira carta recebida pelo jornal *San Francisco Chronicle* estava duplamente selada para que chegasse mais rápido, o que depois se constataria ser um hábito do Zodíaco. Tratava-se de um criptograma impresso, composto de símbolos, e estava endereçado ao editor, reclamando a responsabilidade sobre os assassinatos de David Faraday, Betty Lou Jensen e Darlene Ferrin. Na carta, constavam alguns detalhes do crime que só o assassino poderia saber.

Assassinato de Betty Lou e David: dez tiros detonados, corpo do garoto atrás do carro, garota caída do lado direito, pés apontados para oeste.

Assassinato de 4 de julho: garota vestindo calça comprida, garoto também foi atingido no joelho.

O assassino assinou a carta com um círculo cruzado, como aquele desenhado na roupa do atacante de Cecília e Bryan.

O criptograma tinha sido postado em julho de 1969 e o Zodíaco afirmava que sua identidade estava ali, para quem o desvendasse. Ordenou que sua carta fosse publicada na edição de 1º de agosto de 1969, caso contrário faria uma matança de grande proporção. O jornal concordou e publicou.

Um professor da cidade de Salinas, Harden, trabalhou em conjunto com a esposa por vários dias tentando decifrar o criptograma. Ele era criptógrafo amador e disse ter decifrado o código. O nome do assassino não estava ali. O texto dizia: "Eu gosto de matar pessoas porque é muito divertido..."

Para construir os criptogramas, o Zodíaco utilizava dois livros fáceis de ser encontrados em qualquer biblioteca: *Codes and Ciphers*, de John Laffin, e o *Zodiac Alphabet*.

A polícia então exigiu que o suposto assassino desse detalhes dos crimes somente conhecidos por ele, pois não queriam perder tempo com um louco que estivesse se fazendo passar pelo Zodíaco. A resposta veio em uma carta de três páginas, que começava assim:

"Prezado editor, aqui é o Zodíaco falando..."

Era a primeira vez que ele próprio se chamava pelo apelido que permanece até hoje. O homem deu detalhes que eram desconhecidos do público em geral.

Em 14 de outubro de 1969, o Zodíaco enviou sua quinta carta, postada em São Francisco. No remetente estava desenhado o círculo cruzado. A missiva ameaçava explodir um ônibus escolar com uma bomba química, além de conter um retalho de roupa, que logo foi identificado como sendo da camisa do taxista Paul Stine. Se sua intenção era amedrontar a população, ele conseguiu.

A polícia ainda tentou usar ninidrina, um pó utilizado para detectar a presença de vários aminoácidos, permitindo a definição de impressões digitais, mas nada foi encontrado. Nenhuma impressão digital, suor ou aminoácido. Nada. As cartas foram levadas para especialistas, na tentativa de conseguir alguma pista.

Um professor da cidade de Salinas, Harden, trabalhou em conjunto com a esposa por vários dias tentando decifrar o criptograma. O texto dizia: "Eu gosto de matar pessoas porque é muito divertido..."

Em 22 de outubro de 1969, o Departamento de Polícia de Oakland recebeu uma ligação telefônica anônima. Nela, uma voz de homem se identificou como o Zodíaco e exigiu que fosse conseguido um contato telefônico entre ele e F. Lee Bailey ou Melvin Belli, renomado advogado. Ele queria ser ouvido no programa de entrevistas, o que conseguiu. Em duas horas, Belli estava aguardando ao vivo a conversa com o criminoso, que aconteceu às 19h20. Ao todo, foram feitas 35 ligações. Nelas, ouviu-o reclamar de fortes dores de cabeça, que passavam quando ele matava. Disse que não queria ir para a câmara de gás. Belli tentou, com toda habilidade, convencer "a voz" a se entregar. Marcou um encontro fora do ar, mas ele nunca apareceu.

Em novembro de 1969, o jornal *Chronicle* recebeu mais cartas do Zodíaco. Eram legítimas, todas continham pedaços da camisa de Paul Stine. Nelas, ele afirmava ter assassinado mais duas pessoas, perfazendo um total de sete vítimas.

Em uma dessas cartas, o Zodíaco explicou por que a polícia nunca o encontraria:

1º MOTIVO Ele se parecia com a descrição das vítimas apenas quando matava; o restante do tempo tinha uma aparência completamente diferente.

2º MOTIVO Não deixava impressões digitais na cena do crime; usava protetores transparentes nos dedos.

3º MOTIVO Todas as suas armas haviam sido compradas pelo correio.

A carta seguinte foi endereçada a Melvin Belli, também contendo um pedaço da camisa ensanguentada de Paul Stine. Ele desejava ao advogado um Feliz Natal e pedia sua ajuda, porque estava muito próximo do descontrole. Logo faria sua nona e décima vítimas.

Dessa vez, a polícia teve uma pista de que o Zodíaco poderia ter ascendência inglesa; já suspeitavam de que se tratasse de um marinheiro inglês. Ele usou as expressões "The Kiddies" e "Happy Christmas", comuns na Inglaterra mas não nos Estados Unidos, onde seriam usadas as expressões "Kiddo" para garotos e "Merry Christmas" para Feliz Natal.

Em 30 de janeiro de 1974, depois de três anos de silêncio absoluto, um jornal de São Francisco recebeu uma autêntica carta do Zodíaco. Nela, estava anotado "Me-37; SFPD-0", que se concluiu tratar-se de uma contagem ou um placar: "Trinta e sete para mim, zero para o departamento de polícia de São Francisco". Um policial levou a contagem de 37 vítimas a sério e encaminhou-a ao xerife Striepke. Ele pegou os quarenta casos de assassinatos não resolvidos em quatro estados do Oeste americano, marcando sua localização no mapa. Surpresa!!! Os alfinetes formavam uma letra "Z" tamanho gigante. A teoria de Striepke caiu por terra quando o assassino serial Theodore Bundy foi preso e assumiu muitos daqueles crimes.

Em algumas cartas o Zodíaco mostrou ser fã do filme *O Exorcista* (1973), que considerava uma comédia. Muitos acreditaram que ele pertencesse a alguma seita satânica, mas nenhuma prova concreta foi encontrada.

Hoje em dia, existem sérias dúvidas quanto à autoria do Zodíaco no assassinato de Cheri Jo Bates. O principal suspeito agora é um colega de faculdade da moça e existem várias provas circunstanciais contra ele.

A INVESTIGAÇÃO

Quando a investigação do Zodíaco começou, a polícia tinha 2.500 suspeitos. A investigação foi reduzindo esse número. Aqui estão alguns exemplos:

ARTHUR LEIGH ALLEN – O PRINCIPAL SUSPEITO

Foi o suspeito número um da polícia e o preferido de muitos. A primeira vez que tomaram conhecimento dele foi em 1971, quando seus amigos e família contaram sobre seu comportamento irregular. Todos que o conheciam achavam que ele poderia ser o Zodíaco.

Estas eram as características que ligavam Allen ao histórico de crimes do Zodíaco:

- Foi criado em Vallejo, Califórnia.
- Em 1956, alistou-se na Marinha americana. Sempre se supôs que o Zodíaco tivesse alguma filiação militar, provavelmente na Marinha.
- Durante os anos 1969 e 1970, esteve empregado parte do dia como zelador na Elmer Cave Elementary School, em Vallejo. Foi nessa época que o Zodíaco escreveu cartas ameaçando crianças de uma escola.
- Entre 1970 e 1974, ocupava-se em estudar Ciências Biológicas no Sonoma State College, tendo Química como matéria secundária.

Durante a permanência de Allen em Sonoma, cidade localizada no oeste da Califórnia, aparentemente os assassinatos do Zodíaco cessaram, mas iniciaram-se os chamados "Assassinatos de Colegiais de Sonoma". De acordo com o já aposentado agente especial Jim Silver, do Departamento de Justiça da Califórnia, quando a polícia mapeou o último local onde as vítimas foram vistas e o local onde seus corpos foram encontrados, o trailer de Allen ficava no centro.

Era comum Allen usar frases como "o mais perigoso jogo" e "homem como o verdadeiro jogo", usadas nas cartas do Zodíaco.

De acordo com seu irmão, Ron, Allen ganhou de sua mãe, no Natal de 1967, um relógio com um símbolo do zodíaco, um círculo cruzado. Pouco tempo depois de ganhar o presente, fez as seguintes declarações a um amigo cuja identidade foi protegida:

- Ele gostaria de matar casais ao acaso.
- Iria provocar a polícia com cartas detalhando seus crimes.
- Assinaria essas cartas com o mesmo círculo cruzado desenhado em seu relógio.
- Chamaria a si mesmo de Zodíaco.
- Usaria maquiagem para mudar sua aparência quando matasse.
- Amarraria uma lanterna ao cano de sua arma para poder atirar no escuro.
- Enganaria mulheres, fazendo-as parar seus carros em áreas rurais ao pensar que tinham problemas com os pneus.

Em novembro de 1969, sua cunhada o viu com um papel na mão que parecia uma carta. Nela, apareciam símbolos e linhas, similares aos códigos usados pelo criminoso. Ele alegou que era o trabalho de um louco, que mostraria a ela, mas não o fez. A mesma cunhada também encontrou uma faca ensanguentada no banco da frente do carro dele, que justificou o fato dizendo que tinha matado galinhas com ela. Isso aconteceu na mesma época do ataque em Berryessa. A polícia foi chamada em 1971 e vasculhou o trailer de Allen. No freezer, foram encontrados corpos mutilados de roedores, corações e fígados de esquilos e outros animais pequenos, mas ser esquisito não é crime.

As impressões digitais de Allen foram tiradas, assim como exemplos de sua caligrafia. Elas não combinavam com algumas encontradas no táxi de Stine, mas a caligrafia mostrou similaridades com a do Zodíaco, principalmente no modo como se inclinava para o lado direito da página.

Allen viveu com sua mãe em Vallejo, mas a polícia não conseguiu um mandado de busca para a casa dela. Depois também se soube que mantinha dois trailers, mas somente um foi verificado.

Vários fatos o ligavam ao caso do Zodíaco:

- Sua descrição física era similar ao retrato falado.
- Estivera no Riverside Citty College, em 1966, quando Cheri Jo foi morta.
- Sofria de terríveis dores de cabeça.
- Era ambidestro.
- Tinha sido estudante de Química.

Em 1973, médicos atestaram que Allen possuía cinco diferentes personalidades. Também atestaram que ele poderia ser violento, perigoso e capaz de matar.

Foi preso por molestar crianças e na cadeia espalhou para todos que era o Zodíaco. Depois mudou de ideia e de história, dizendo aos companheiros de cela que rezava para o Zodíaco matar mais uma vez, pois assim ficaria livre da suspeita. O Zodíaco não apareceu até que ele fosse solto.

Assim como o Zodíaco, Allen selava duplamente suas cartas e estava nos locais de todos os crimes atribuídos a ele.

O estudo de seu perfil mostrou que ele odiava a mãe e sempre se sentiu inferior ao pai, um militar de sucesso. Sofria de alcoolismo e depressão, situações sempre agravadas nas duas datas mais estressantes para ele: seu aniversário (18 de dezembro) e o Natal.

Na época do assassinato de Darlene, um amigo de Allen estava vendendo um Corvair marrom, carro descrito por Mageau como sendo de seu agressor. Allen, com frequência, dirigia esse carro. Também morava bem perto de onde a moça trabalhava como garçonete. Darlene tinha um conhecido que chamava de "Lee", o mesmo nome como Allen era chamado, pois é assim que se pronuncia seu nome intermediário.

Logo depois de Paul Stine ser assassinado, o amigo de Allen, Ralph Spinelli, procurou o Departamento de Polícia de Vallejo para comunicar que, dias antes, ele tinha admitido, em conversa, ser o Zodíaco e provaria isso para Ralph indo até São Francisco e matando um motorista de táxi.

Em uma carta enviada aos jornais, o Zodíaco desenhou o diagrama de uma bomba. Os ingredientes a serem utilizados em sua confecção eram: nitrato de amônia, fertilizante e cascalho. O Zodíaco também dizia ter esses itens em estoque no porão de sua casa e que haviam sido comprados por meio de ordem postal. Ao fazerem a busca na casa de Allen em 1991, os policiais de Vallejo encontraram, no porão, diagramas desenhados de bombas que incluíam o uso de nitrato de amônia, fertilizante e cascalho. Também foram encontrados catálogos para compra, pelo correio, de bombas, armas e armadilhas.

Em 1991, Michael Mageau identificou Arthur Leigh Allen como seu agressor. Fez essa identificação entre várias fotos mostradas a ele pelo policial

George Bawart, do Departamento de Polícia de Vallejo. Quando Bawart perguntou por que ele nunca tinha identificado Allen em vinte anos de investigação, Mageau respondeu que nunca foram mostradas a ele fotos de suspeitos, somente lhe perguntaram se reconhecia certos nomes.

Allen morreu em 26 de agosto de 1992, de complicações causadas por diabetes e problemas no coração.

LAWRENCE KREW/KANE

Em uma conversa com uma funcionária de um cassino em um restaurante, Krew alegou ser um especialista no zodíaco (astrologia) e ofereceu-se para fazer seu mapa astral. Naquela noite, levou até sua casa o mapa pronto. Ele era de Touro, ela, de Capricórnio, uma compatibilidade perfeita.

Tinha a idade aproximada de 38 anos, media 1,80 m de altura e usava óculos com armação de tartaruga. Disse morar em Stateline, em um apartamento-estúdio.

Quando saíram outra vez, a moça levou uma amiga com ela. O homem falou sobre o zodíaco durante quatro horas, além de eleger assuntos interessantes, como morte e assassinato. Contou a elas que morreria "na água". Quando as moças começaram a fazer perguntas, ele se fechou e foi embora.

Um relato semelhante ao da funcionária do cassino foi dado a policiais por outra mulher, que os procurou bastante assustada.

O detetive Harvey Hines, que investigou o Zodíaco por vinte anos, foi chamado para averiguar o desaparecimento de Donna Lass e logo notou algo de errado. Seguiu para South Lake Tahoe, a fim de acompanhar o caso de perto. Hines perguntou sobre Donna a seus amigos e descobriu que ela trabalhava de enfermeira em um hotel-cassino da região.

Quando questionou suas colegas de trabalho, descobriu que havia um tal de Larry Krew interessado nela. Ele tinha por volta de 40 anos, cabelo cortado bem curto e uma respeitável barriga. Media 1,80 m e pesava algo em torno de 80 kg, além de usar óculos com armação de tartaruga. Fora descrito às amigas por Donna como solitário, quieto e arrepiante. Tinha um escritório em frente ao Sahara Hotel e morava com a mãe em um apartamento-estúdio em Stateline. Foi visto várias vezes conversando com a moça na enfermaria do cassino. Conhecia tudo sobre astrologia.

A enfermeira foi vista pela última vez em 6 de setembro de 1970, por volta de uma da manhã, quando deixou seu plantão. No dia seguinte, um homem desconhecido telefonou para o emprego e para o condomínio dela, dizendo que ela não voltaria por causa de uma emergência familiar. A ligação era falsa e Donna Lass nunca mais foi vista.

Krew nasceu no início dos anos 1920 e mudou-se para a Califórnia em 1953. Era do signo de Touro. Serviu na Reserva Naval por sete meses, de onde foi desligado com diagnóstico de "histeria psiconeurótica".[3]

Hines passou a investigar Krew como suspeito de ser o Zodíaco. Descobriu que seu suspeito tinha vários pseudônimos, três cartões de seguro social sob nomes diferentes e duas datas de nascimento, além de duas carteiras de motorista.

Em 1962, sofreu uma grave colisão com um caminhão de cimento, machucando a cabeça. Foi diagnosticada uma lesão cerebral, mas, apesar de considerada grave, nunca ficou internado em uma instituição mental.

Entre 1964 e 1968, foi preso 19 vezes por roubo e fraude. As mais recentes acusações eram por rondar pessoas. Depois de se divorciar da mulher, mudou-se de volta para a casa da mãe.

Alguns documentos da Marinha sugerem que ele seria homossexual. Hines descobriu que Krew trabalhara para uma empresa em Riverside na mesma época do assassinato de Cheri Jo Bates. Quando morou em São Francisco, sua casa ficava localizada na rua Eddy, dois quarteirões depois de onde Paul Stine pegou o Zodíaco em seu táxi.

A peça teatral de Gilbert e Sullivan, *The Mikado*, estava sendo encenada a três quadras de distância de seu apartamento, e o Zodíaco tinha escrito que era fã da dupla.

Quando a investigação do Zodíaco
começou, a polícia tinha 2.500 suspeitos.

Krew comprou um carro modelo sedã Ambassador em 10 de julho de 1969, apenas seis dias depois do assassinato de Darlene Ferrin. O homem que raptou Kathleen Johns e sua filha em 1970 guiava o mesmo modelo de carro.

Depois de matar Stine, o Zodíaco aparentemente escapou em direção ao Letterman General Hospital. Na mesma época, Donna Lass trabalhava como enfermeira nesse hospital. Em junho de 1970, Donna mudou-se de São Francisco para South Lake Tahoe, Nevada, empregando-se no Sahara Tahoe Hotel Cassino. Em junho de 1970, Krew também se mudou para a mesma cidade e foi trabalhar no mesmo edifício que Donna.

Certo de que Krew era o Zodíaco, Hines começou os procedimentos de identificação.

---

3   Histeria: a personalidade histérica, referida na CID-10 como transtorno histriônico de personalidade, é caracterizada por um comportamento colorido, dramático e extrovertido que se apresenta sempre exuberantemente (PsiqWeb, Geraldo José Ballone).

Conversou com as duas irmãs de Darlene Ferrin, que escolheram a foto de Krew entre muitas outras, apontando-o como o homem que seguia sua irmã. Depois pediu ao policial Foukes, que tinha falado com o Zodíaco logo após o assassinato de Stine para pedir informações, para identificar o homem entre as várias fotografias. Sem hesitar, ele pegou a foto de Krew, mas muito tempo havia se passado para que tivesse certeza absoluta. Kathleen Johns foi contatada. Se alguém conhecia bem o Zodíaco era ela. Hines colocou 18 fotos em linhas para sua avaliação. Ela apontou para Krew, comentando apenas que ele parecia mais novo do que na foto, em que estava sem óculos.

Apesar de todos esses resultados obtidos na investigação de Hines, os oficiais responsáveis pelo caso não concordaram com ele. Acreditavam que o Zodíaco era Allen.

Outro sobrenome utilizado por Krew era Kane, provavelmente o verdadeiro. Se for verdade, o criptograma contendo o nome do Zodíaco, conforme o prometido por ele, estava certo. O nome Kane aparecia no criptograma de 20 de abril de 1970.

O Zodíaco também enviou cartas assinadas como "Um cidadão" em maio de 1974. Seria uma alusão ao filme *Cidadão Kane*, um dos mais famosos da história do cinema.

Em 1999, Lawrence Kane estava vivendo em Nevada, EUA.

ANDREW TODD WALKER

Foi o primeiro suspeito no caso do Zodíaco. Era um homem de meia-idade, usava óculos de aro de tartaruga, pesava mais de 90 kg, media 1,83 m e era barrigudo. Alguns dos amigos de Darlene Ferrin o reconheceram em fotos como o homem que a seguia.

Em um dos criptogramas do Zodíaco, decifrado pelo computador da Agência de Segurança Nacional americana, o nome "Walker" aparecia diversas vezes.

A casa dele sofreu uma inundação na mesma época em que o Zodíaco escreveu que foi "inundado pela chuva". Walker vivia em uma área deserta, cercada por pinheiros, o que combinava com outro trecho de uma das cartas enviadas pelo Zodíaco, em que afirmava estar "olhando através dos pinheiros". Também era sócio do Sierra Club, que foi mencionado na mesma carta.

Ensinou códigos no Exército depois de servir como estudante por um curto período de tempo, indicando sua forte aptidão nessa área. Viveu em Vallejo no fim dos anos 1960 e era considerado sexualmente perturbado.

A discrepância estava em sua caligrafia, que não combinava com a do Zodíaco, além das impressões digitais, que não eram as mesmas encontradas no táxi de Stine. A adolescente que viu pela janela a morte de Stine também o considerou muito velho e gordo, diferente do homem que vira saindo do táxi.

RICK MARSHALL

Outro forte suspeito de ser o Zodíaco foi Rick Marshall, colecionador de latas de filmes antigos. Nascido no Texas em 1928, vivia em uma área próxima a Riverside, em 1966, segundo relatos de conhecidos, mesma época do assassinato de Cheri Jo Bates.

Em 1969, morava perto de onde Paul Stine foi assassinado, em São Francisco. Uma ligação anônima para um detetive afirmava que Marshall tinha um amigo que guardava as latas para ele e que nas tais latas poderiam estar evidências, como a camisa de Stine, armas e tantas outras provas. O anônimo também acreditava que as latas poderiam explodir ao serem abertas, destruindo seu conteúdo. Marshall pegou as latas de volta em 1972.

Esse suspeito, também fã de Gilbert e Sullivan, tinha treinamento em códigos e possuía uma máquina de costura em casa, que poderia ter sido usada para confeccionar a roupa utilizada no assassinato do lago Berryessa. Trabalhou na projeção de filmes de cinema mudo e os colecionava, e o Zodíaco fez várias referências, em suas cartas, aos filmes *Zaroff*, *O Caçador de Vidas* (*The Most Dangerous Game*), *O Fantasma da Ópera* e *O Exorcista*.

Uma ligação anônima para um detetive afirmava que Marshall tinha um amigo que guardava as latas para ele e que nas tais latas poderiam estar evidências.

Marshall era ambidestro e sua descrição física combinava com o retrato falado do Zodíaco. Usava óculos com armação de tartaruga presos por tira elástica, fora marinheiro e possuíra uma máquina de teletipo, semelhante à utilizada pelo Zodíaco em suas cartas. Tinha, na época, um amigo que confeccionava cartazes para cinema, cuja caligrafia era bastante similar à do Zodíaco e facilmente poderia ter sido imitada.

Durante três anos, entre 1975 e 1978, saiu do estado. Nesse intervalo de tempo, nenhuma carta do Zodíaco foi recebida. Morava a um quarteirão de Darlene Ferrin e seu marido, em São Francisco.

Nunca foi descartado como suspeito. Em 1989, trabalhava como engenheiro na empresa Tektronix. Seu último endereço conhecido é em San Rafael, Califórnia. A carta do Zodíaco, datada de 8 de julho de 1974, foi postada na mesma cidade.

TED KACZYNSKI

Condenado como o Unabomber, Kaczynski compartilha algumas características com o Zodíaco:

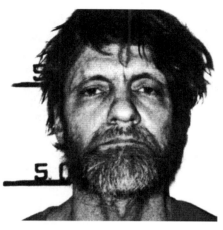

- Moraram em lugares similares nos mesmos períodos.
- Eram ambos inteligentíssimos, quase gênios.
- Tinham conhecimentos de matemática pura.
- Caçavam animais selvagens por esporte.
- Conheciam armas e possuíam habilidade para usá-las.
- Planejavam bombas com materiais comuns.
- Entendiam, criavam e utilizavam criptografia avançada.
- Tinham semelhanças físicas.
- Falavam calmamente, com educação e precisão.
- Tinham caligrafias similares.
- Guiavam o mesmo tipo de carro da marca Chevrolet.
- Eram assexuados e sexualmente frustrados.
- Comunicavam-se por meio de cartas.
- Escreviam cartas zombeteiras para suas vítimas.
- Demandavam publicidade por meio de seus crimes.
- Usavam disfarces.
- Usavam uma marca própria envolvendo linhas cruzadas em círculos.
- Tinham conexões em Montana e no Sierra Club.
- Ameaçavam explodir um grande alvo e depois diziam ser uma brincadeira.
- Valorizavam sua inteligência contra a estupidez de suas vítimas e da polícia.
- Cumpriam hiatos de tempo sem comunicação.
- Entendiam o alfabeto rúnico.
- Eram depressivos.

Alguns acreditam que essas similaridades se devem ao fato de o Unabomber ter sido profundamente influenciado pelo Zodíaco. Foi eliminado como suspeito de ser o Zodíaco pelo FBI e pelo Departamento de Polícia de São Francisco, depois de comparadas as impressões digitais e a caligrafia, e por não estar na Califórnia em cinco datas em que o Zodíaco agiu.

OUTROS SUSPEITOS

MICHAEL O'HARE poderia ser o Zodíaco, se considerarmos sua inteligência brilhante, sua habilidade como atirador e seus conhecimentos profundos em código morse e matemática binária. Nunca se conseguiu conectá-lo a nenhuma vítima ou cena de crime do Zodíaco.

BRUCE DAVIS era membro da família Manson (responsável pelo assassinato de Sharon Tate). Morava na área da baía de São Francisco na época dos crimes, mas nada além disso o ligava ao Zodíaco, apesar de alguns acreditarem em uma conexão entre o Zodíaco e Charles Manson.[4]

A PSICOLOGIA DO CASO ZODÍACO

Ainda existe grande interesse nesse assassino. Ele foi único. Era preciso e meticuloso em seus padrões de comportamento e pensamento.

O Zodíaco sempre matou em fins de semana, perto de água ou em lugares com nomes referentes à água. Seus crimes sempre aconteceram em feriados ou vésperas, como podemos ver a seguir:

CHERI JO BATES foi morta momentos antes da meia-noite de 30 de outubro, Halloween.

DAVID FARADAY E BETTY LOU JENSEN foram mortos em 20 de dezembro, cinco dias antes do Natal.

DARLENE FERRIN foi morta em 4 de julho, dia da Independência americana.

CECÍLIA SHEPARD foi esfaqueada no primeiro dia do feriado judaico de Tabernáculos.

PAUL STINE foi morto no Dia de Colombo.

KATHLEEN JOHNS foi raptada no dia do equinócio da primavera.

---

4 Para saber mais, leia *Charles Manson, A Biografia* (DarkSide® Books, 2014).

Todas as datas coincidem com fases da lua nova. Saturno era visível, assim como a Estrela da Noite, na hora dos assassinatos.

Todos os 340 caracteres cifrados em símbolos foram retirados de horóscopos. Acredita-se que o Zodíaco era do signo de Touro, pois escondeu cinco símbolos desse signo em suas cartas.

Sua insígnia, um círculo cruzado, representava os solstícios e equinócios: solstício de verão, de inverno; equinócio vernal (da primavera) e de outono.

O Zodíaco atacava casais de adolescentes. Usava armas diferentes a cada ataque, entre revólveres e facas. Um carro sempre estava envolvido.

Sua aproximação era sistemática: sempre ao anoitecer ou fim da noite. Sempre comunicava seus assassinatos por carta ou telefone, demonstrando que precisava de atenção.

Nunca molestava sexualmente suas vítimas e seu perfil elaborado pelos investigadores do caso trazia a conclusão de que matar era a única relação possível para ele com uma mulher. Era provável que tivesse uma mãe dominadora e sentisse desejo sexual por ela, seu verdadeiro alvo, como também prazer sexual ao matar, atingindo o orgasmo enquanto esfaqueava ou atirava em suas vítimas repetidamente.

Um escritor, que dizia conhecer a identidade do Zodíaco, afirmava que ele tinha obsessão pela água, relógios, binários matemáticos e pelo escritor Lewis Carroll (*Alice no País das Maravilhas*).

Robert Graysmith, autor do livro mais famoso sobre o Zodíaco, também afirmava conhecer a identidade dele. Descrevia-o como molestador de crianças e o responsabilizou por 49 possíveis vítimas, entre outubro de 1966 e maio de 1981.

O Zodíaco tinha treinamento nas áreas de:

- dispositivos explosivos;
- criptografia;
- astrologia;
- química;
- armas.

Conhecia em profundidade:

- Gilbert e Sullivan;
- língua inglesa;
- motores de carro;
- cultos ancestrais;
- cinema;
- costura.

Gilbert e Sullivan foram criadores de mais de 14 óperas e grandes influenciadores do teatro musical.

PARAMOUNT PICTURES AND WARNER BROS. PICTURES PRESENT A PHOENIX PICTURES PRODUCTION A DAVID FINCHER FILM JAKE GYLLENHAAL MARK RUFALLO ANTHONY EDWARDS ROBERT DOWNEY JR. MUSIC BY DAVID SHIRE EDITED BY ANGUS WALL EXECUTIVE PRODUCERS LOUIS PHILLIPS PRODUCED BY MIKE MEDAVOY ARNOLD W. MESSER BRADLEY J. FISCHER JAMES VANDERBILT CEAN CHAFFIN BASED ON THE BOOK BY ROBERT GRAYSMITH DIRECTED BY DAVID FINCHER

Sabia como não deixar impressões digitais ou pistas, o que provavelmente aprendeu na prisão. Tinha habilidade excepcional com armas, era ambidestro e pode ter trabalhado na polícia ou servido na Marinha. Você conhece alguém que reúna todas essas características?

Jamais foi encontrada alguma evidência nos locais de crime do Zodíaco, mas em 2002 investigadores do caso resolveram tentar utilizar a ciência e suas modernas técnicas para extrair o DNA da saliva contida nos selos das cartas que o famoso assassino enviou para a imprensa e a polícia na época de seus crimes.

Cientistas forenses utilizaram-se da reação em cadeia pela polimerase, técnica que faz numerosas cópias de específicos segmentos de DNA com rapidez e acuidade. Esse processo também permite que se obtenha uma enorme quantidade de DNA, que poderá ser utilizada em várias análises forenses.

Para surpresa de muitos, Arthur Leigh Allen, por intermédio de material extraído de tecido cerebral proveniente de sua necropsia, foi eliminado como o autor das "lambidas" nos selos das cartas. Será que o Zodíaco era tão inteligente a ponto de utilizar propositalmente outra pessoa para lamber e colar os selos que utilizava nas cartas que enviava?

Em 2 de abril de 2004, o Departamento de Polícia de São Francisco encerrou as investigações dos homicídios executados pelo Zodíaco. Foi a primeira vez que as investigações de um caso de homicídio não resolvido foram abandonadas por esse departamento.

FILMES E SERIADOS

O caso do Zodíaco foi amplamente explorado pela indústria de entretenimento. Vários documentários a respeito desse assassino foram feitos pela televisão. No filme *Perseguidor Implacável* (*Dirty Harry*, 1971, Warner Bros., direção Don Siegel), com Clint Eastwood, o personagem Scorpio (Andy Robinson) escreve cartas para o jornal *San Francisco Chronicle*, aterrorizando a cidade. Os seriados que incluíram essa história ou parte dela em seus episódios foram *Havaí 5-0*, *Nash Bridges* e *Millennium*. Outros títulos são:

- *The Zodiac Killer* (1971, Adventure Productions Inc., direção Tom Hanson);
- *Fúria Assassina* (*The Limbic Region*, 1996, Metro-Goldwyn-Mayer, direção Michael Pattinson);
- *O Zodíaco* (*The Zodiac*, 2005, ShadowMachine Films, direção Alexander Bulkley);
- *Assassino do Zodíaco* (*Zodiac Killer,* 2005, Open Grave Productions, direção Ulli Lommel);
- *Zodíaco* (*Zodiac*, 2007, Warner Bros., direção David Fincher).

COPIADOR

Em novembro de 1989, a polícia de Nova York recebeu uma carta que começava com as palavras "Aqui é o Zodíaco falando" e foi avisada de 12 assassinatos planejados. Cinco meses depois, uma série de atentados teve início nos bairros do Brooklyn e do Queens, e mais cartas foram enviadas ao jornal *New York Post*. Nelas, o atirador de Nova York afirmava ser o Zodíaco original. Durante os seis anos que o caso durou, oito pessoas foram atingidas e quatro mortas.

Em 18 de junho de 1996, Heriberto Seda foi preso e acusado pelos crimes, para os quais teria obtido inspiração no livro de Robert Graysmith, *O Zodíaco*, e em suas teorias astrológicas.

LIVROS

Inúmeros livros também foram escritos, ficção ou não. A maioria foi lida por milhares de pessoas:

- *Zodiac* (St. Martin's Press, 1986), de Robert Graysmith;
- *Zodiac: An Eco-Thriller* (Bantam Books, 1995), de Neal Stephenson;
- *The Zodiac Cult Murders* (Xlibris Corp, 2001), de Malcolm Dallas;
- *"This Is the Zodiac Speaking": Into the Mind of a Serial Killer* (Praeger, 2001), de Michael D. Kelleher e David Van Nuys.
- *Sleep My Little Dead* (*The True Story of the Zodiac Killer*) (St. Martin's Press, 2003), de Kieran Crowley;
- *The Unabomber and The Zodiac* (Edição do Autor, 2007), de Douglas Evander Oswell;
- *Zodiac Unmasked* (Berkley, 2007), de Robert Graysmith;
- *The Most Dangerous Animal of All: Searching for My Father... and Finding the Zodiac Killer* (Harper, 2014), de Gary L. Stewart e Susan Mustafa.

ANEXOS
SERIAL KILLERS

Name: _____ D.R.# _____

DOB: ___ / ___ / ___ Received: ___ / ___ / ___ Age: ___

County: _____ Date of Offense: ___ / ___

Age at time of offense: _____ Race: _____ Height: ___

ANEXO 01 – SERIAL KILLERS PELO MUNDO

	NOME	PAÍS	VÍTIMAS
1.	PEDRO ALONSO LOPEZ	COLÔMBIA	300 +
2.	SALLEN MOHAMMAD KURAISHI	ÍNDIA	250 +
3.	H.H.HOLMES	ESTADOS UNIDOS	200 +
4.	HENRY LEE LUCAS & OTTIS TOOLE	ESTADOS UNIDOS	200 +
5.	GILLES DE RAIS	FRANÇA	140 +
6.	LUIS ALFREDO GARAVITO	COLÔMBIA	140
7.	DR. JACK KEVORKIAN	ESTADOS UNIDOS	130
8.	HU WANLIN	CHINA	100 +
9.	JAVED JQBAL	PAQUISTÃO	100 +
10.	PEE WEE GASKINS	ESTADOS UNIDOS	100 +
11.	DELFINA & MARIA DE JESUS GONZALES	MÉXICO	91 +
12.	MIYUKI ISHIKAWA	JAPÃO	85 +
13.	BRUNO LUDKE	ALEMANHA	80
14.	DANIEL CAMARGO BARBOSA	EQUADOR	72
15.	YANG XINHAI	CHINA	65 +
16.	ANDREI CHIKATILO	RÚSSIA	52 +
17.	IRENE LEIDOLF	CANADÁ	49 +
18.	ROBERT BROWNE	ESTADOS UNIDOS	49 +
19.	ALEXANDER PICHUSHKIN	RÚSSIA	48 +
20.	MANUEL DELGADO VILLEGAS	ESPANHA	48 +
21.	GARY RIDGWAY	ESTADOS UNIDOS	48
22.	AHMAD SURADJI	INDONÉSIA	42
23.	GERALD STANO	ESTADOS UNIDOS	41
24.	ELISABETH BATHORY	HUNGRIA	40 +
25.	RICHARD "ICEMAN" KUKLINSKI	ESTADOS UNIDOS	40 +
26.	ANATOLY ONOPRIENKO	UCRÂNIA	38 +
27.	MOSES SHITOLE	ÁFRICA DO SUL	38 +
28.	MICHAEL SWANGO	ESTADOS UNIDOS	35 +
29.	DONALD HARVEY	ESTADOS UNIDOS	34 +
30.	FERNANDO HERNANDEZ LEYVA	MÉXICO	33 +
31.	JOHN WAYNE GACY	ESTADOS UNIDOS	33

32.	VASILI KOMAROFF	RÚSSIA	33
33.	JANE TOPPAN	ESTADOS UNIDOS	31 +
34.	CHRISTINE MALÈVRE	FRANÇA	30 +
35.	DAVENDRA SHARMA	ÍNDIA	30 +
36.	GERARD JOHN SCHAEFER	ESTADOS UNIDOS	30 +
37.	KARL DENKE	ALEMANHA	30 +
38.	MICAJAH & WILEY HARPE	ESTADOS UNIDOS	30 +
39.	WLADYSLAW MAZURKIEWICZ	POLÔNIA	30
40.	PATRICK W. KEARNEY	ESTADOS UNIDOS	28 +
41.	WAYNE WILLIAMS	ESTADOS UNIDOS	28
42.	FRITZ HAARMANN	ALEMANHA	27 +
43.	DEAN CORLL	ESTADOS UNIDOS	27
44.	ROBERT WILLIAM PICKTON	CANADÁ	26 +
45.	BRUCE GEORGE PETER LEE	INGLATERRA	26
46.	JUAN CORONA	ESTADOS UNIDOS	25
47.	MARCEL PETIOT	FRANÇA	24 +
48.	BELA KISS	HUNGRIA	24
49.	HELENE JEGADO	FRANÇA	23 +
50.	ARNFINN NESSET	NORUEGA	22 +
51.	EARL NELSON	CANADÁ	22 +
52.	MARK GOUDEAU	ESTADOS UNIDOS	22 +
53.	THEODORE BUNDY	ESTADOS UNIDOS	22 +
54.	CORAL EUGENE WATTS	ESTADOS UNIDOS	22
55.	NORMAN AFZAL SIMONS	ÁFRICA DO SUL	22
56.	CARL PANZRAM	ÁFRICA DO SUL	21
57.	PHOOLAN DEVI	ÍNDIA	20 +
58.	THIERRY PAULIN & JEAN-THIERRY MATHURIN	FRANÇA	20 +
59.	ANTONE COSTA	ESTADOS UNIDOS	20
60.	CHARLES SOBHRAJ	ÁSIA	20
61.	LUCIAN STANIAK	POLÔNIA	20
62.	SASHA & LYUDMILA SPESIVTSEV	RÚSSIA	19 +
63.	GERD WENZINGER	ALEMANHA/BRASIL	19
64.	LARRY EYLER	ESTADOS UNIDOS	19
65.	SERGEI RYAKHOVSKY	RÚSSIA	19

66.	SIPHO AGMATIR THWALA	ÁFRICA DO SUL	19
67.	VADIM YERSHOV	RÚSSIA	19
68.	PAUL JOHN KNOWLES	ESTADOS UNIDOS	18 +
69.	CHRISTOPHER MHLENGWA ZIKODE	ÁFRICA DO SUL	18
70.	DONATO BILANCIA	ITÁLIA	18
71.	HUANG YONG	CHINA	17 +
72.	JOEL RIFKIN	ESTADOS UNIDOS	17 +
73.	LESZEK PEKALSKI	POLÔNIA	17 +
74.	JEFFREY DAHMER	ESTADOS UNIDOS	17
75.	ROBERT HANSEN	ESTADOS UNIDOS	17
76.	DOUGLAS EDWARD GRETZLER & WILLIE LUTHER STEELMAN	ESTADOS UNIDOS	16 +
77.	JOSE ANTONIO RODRIGUEZ VEJA	ESPANHA	16 +
78.	RANDY KRAFT	ESTADOS UNIDOS	16 +
79.	RICHARD RAMIREZ	ESTADOS UNIDOS	16 +
80.	EARL FREDERICK	ESTADOS UNIDOS	16
81.	ELIAS XITAVHUDZI	ÁFRICA DO SUL	16
82.	HERB BAUMEISTER	ESTADOS UNIDOS	16
83.	MOHAMMED BIJEH	IRÃ	16
84.	RANDY STEVEN KRAFT	ESTADOS UNIDOS	16
85.	SAEED HANAEI	IRÃ	16
86.	WILLIAM BURKE & WILLIAM HARE	ESCÓCIA	16
87.	DENNIS NILSEN	INGLATERRA	15 +
88.	DR. HAROLD SHIPMAN	INGLATERRA	15 +
89.	JOHANN HOCH	ALEMANHA	15 +
90.	JOSEPH P. FRANKLIN	ESTADOS UNIDOS	15 +
91.	THOMAS QUICK	SUÉCIA	15 +
92.	ALBERT FISH	ESTADOS UNIDOS	15
93.	ELIFASI MSOMI	ÁFRICA DO SUL	15
94.	BELLE GUNNESS	ESTADOS UNIDOS	14 +
95.	JOE BALL	ESTADOS UNIDOS	14 +
96.	KENNETH ALLEN McDUFF	ESTADOS UNIDOS	14 +
97.	ROBERT JOSEPH SILVERIA	ESTADOS UNIDOS	14 +
98.	WILLIAM BONIN	ESTADOS UNIDOS	14 +
99.	BAI BAOSHAN	CHINA	14

ILANA CASOY LOUCO OU CRUEL?

100.	JOACHIM KROLL	ALEMANHA	14
101.	LEONARD LAKE & CHARLES NG	ESTADOS UNIDOS	13 +
102.	MARIE BESNARD	FRANÇA	13 +
103.	PETER SUTCLIFFE	INGLATERRA	13 +
104.	RANDALL WOODFIELD	ESTADOS UNIDOS	13 +
105.	WILLIAM LESTER SUFF	ESTADOS UNIDOS	13 +
106.	ABDALLAH al-HUBAL	IÊMEN	13
107.	ALBERT DeSALVO	ESTADOS UNIDOS	13
108.	HERBERT MULLIN	ESTADOS UNIDOS	13
109.	JOHANNES MASHISNE	ÁFRICA DO SUL	13
110.	JOSEPH CHRISTOPHER	ESTADOS UNIDOS	13
111.	LI WENXIAN	CHINA	13
112.	ELTON M. JACKSON	ESTADOS UNIDOS	12 +
113.	JACK UNTERWEGER	ESTADOS UNIDOS	12 +
114.	MARTHA BECK & RAYMOND FERNANDEZ	ESTADOS UNIDOS	12 +
115.	ROSEMARY & FRED WEST	INGLATERRA	12 +
116.	SISWANTO	INDONÉSIA	12
117.	SYLVESTER MOFOKENG	ÁFRICA DO SUL	12
118.	ARTHUR SHAWCROSS	ESTADOS UNIDOS	11+
119.	CHESTER TURNER	ESTADOS UNIDOS	11 +
120.	JOSEPH VACHER	FRANÇA	11 +
121.	NICHOLAS PANARD	ESTADOS UNIDOS	11 +
122.	FAMÍLIA BENDER	ESTADOS UNIDOS	11 +
123.	ANATOLY GOLOVKIN	RÚSSIA	11
124.	CARLOS EDUARDO ROBLEDO PUCH	ARGENTINA	11
125.	CHARLIE STARWEATHER & CARIL ANN FUGATE	ESTADOS UNIDOS	11
126.	CLIFFORD ROBERT OLSON	CANADÁ	11
127.	HENRY LANDRU	FRANÇA	11
128.	JOHN JUSTIN BUNTING	AUSTRÁLIA	11
129.	JUAN RODRIGUEZ CHAVEZ	ESTADOS UNIDOS	11
130.	MARIE ALEXANDRINE BECKER	BÉLGICA	11
131.	PETER MANUEL	INGLATERRA	11
132.	SHEN CHANGPING & SHEN CHANGYIN	CHINA	11
133.	VAUGHN GREENWOOD	ESTADOS UNIDOS	11

134.	KENNETH BIANCHI & ANGELO BUONO	ESTADOS UNIDOS	10 +
135.	MAOUPA CEDRIC MAAKE	ÁFRICA DO SUL	10 +
136.	RICHARD ANGELO	ESTADOS UNIDOS	10 +
137.	ROBERT J. WAGNER, JOHN J. BUNTIN & MARK R. HAYDON	AUSTRÁLIA	10 +
138.	"BOETIE BOER" STEWART WILKEN	ÁFRICA DO SUL	10
139.	BOBBY JOE LONG	ESTADOS UNIDOS	10
140.	DAVID J. CARPENTER	ESTADOS UNIDOS	10
141.	DENNIS (BTK) RADER	ESTADOS UNIDOS	10
142.	EDMUND KEMPER III	ESTADOS UNIDOS	10
143.	EUGENE V. BRITT	ESTADOS UNIDOS	10
144.	GERALD & CHARLENE GALLEGO	ESTADOS UNIDOS	10
145.	JOHNNIE MALARKEY	ESTADOS UNIDOS	10
146.	MARTIN DUMOLLARD	FRANÇA	10
147.	CALVIN JACKSON	ESTADOS UNIDOS	9 +
148.	DAGMAR JOHANNE AMALIE OVERBYE	DINAMARCA	9 +
149.	HENRY LOUIS WALLACE	ESTADOS UNIDOS	9 +
150.	ALI REZA KHOSHRUY KURAN KORDIYEH	IRÃ	9
151.	IAN BRADY & MYRA HINDLEY	INGLATERRA	9
152.	JOHN GEROG HAIG	INGLATERRA	9
153.	MARYBETH TINNING	ESTADOS UNIDOS	9
154.	MELVIN DAVID REES	ESTADOS UNIDOS	9
155.	PETER KURTEN	ALEMANHA	9
156.	ANDREW URDIALES	ESTADOS UNIDOS	8 +
157.	ANGEL MATURINO RESENDIZ	ESTADOS UNIDOS	8 +
158.	CHRISTOPHER WILDER	AUSTRÁLIA	8 +
159.	DAVID & CATHERINE BIRNIE	AUSTRÁLIA	8 +
160.	DOROTHEA PUENTE	ESTADOS UNIDOS	8 +
161.	GARY & THADDEUS LEWINGDON	ESTADOS UNIDOS	8 +
162.	GREGORY BREEDEN	ESTADOS UNIDOS	8 +
163.	RUSSELL ELLWOOD	ESTADOS UNIDOS	8 +
164.	ALTON COLEMAN & DEBRA BROWN	ESTADOS UNIDOS	8
165.	ERIC EDGAR COOKE	AUSTRÁLIA	8
166.	GREGORY CLEPPER	ESTADOS UNIDOS	8
167.	JEAN-BAPTISTE TROPPMANN	FRANÇA	8

ILANA CASOY LOUCO OU CRUEL? 335

168.	KEITH JESPERSON	ESTADOS UNIDOS	8
169.	KENDALL FRANÇOIS	ESTADOS UNIDOS	8
170.	MARIE NOE	ESTADOS UNIDOS	8
171.	NANNIE DOSS	ESTADOS UNIDOS	8
172.	REGINALD CHRISTIE	INGLATERRA	8
173.	TERRY BLAIR	ESTADOS UNIDOS	8
174.	VLADIMIR MUKHANKIN	RÚSSIA	8
175.	WILLIAM DARRELL LINDSEY	ESTADOS UNIDOS	8
176.	CARLTON GARY	ESTADOS UNIDOS	7 +
177.	DALE R. ANDERSON	ESTADOS UNIDOS	7 +
178.	DERICK TODD LEE	ESTADOS UNIDOS	7 +
179.	GERT VAN ROOYEN	ÁFRICA DO SUL	7 +
180.	GUSTAVO ADOLFO	EL SALVADOR	7 +
181.	HARRISON GRAHAM	ESTADOS UNIDOS	7 +
182.	IVAN ROBERT MARKO MILAT	AUSTRÁLIA	7 +
183.	JOHN NORMAN COLLINS	ESTADOS UNIDOS	7 +
184.	NIKOLAI DZHURMONGALIEV	RÚSSIA	7 +
185.	ORVILLE LYNN MAJORS	ESTADOS UNIDOS	7 +
186.	ROBERT BERDELLA	ESTADOS UNIDOS	7 +
187.	ROBERT ROZIER	ESTADOS UNIDOS	7 +
188.	SAMUEL SIDYNO	ÁFRICA DO SUL	7 +
189.	TIMOTHY KRAJCIR	ESTADOS UNIDOS	7 +
190.	AILEEN WUORNOS	ESTADOS UNIDOS	7
191.	ANDRÉ SHELLY BROOK	ESTADOS UNIDOS	7
192.	GUY GEORGES	FRANÇA	7
193.	PAUL STEVEN HAIG	AUSTRÁLIA	7
194.	SEAN VINCENT GILLIS	ESTADOS UNIDOS	7
195.	ANDRAS PANDY	BÉLGICA	6 +
196.	BRUCE MENDENHALL	ESTADOS UNIDOS	6 +
197.	DAVID SELEPE	ÁFRICA DO SUL	6 +
198.	DMITRY KOPILO	RÚSSIA	6 +
199.	DOUGLAS CLARK & CAROL BUNDY	ESTADOS UNIDOS	6 +
200.	GERALD PARKER	ESTADOS UNIDOS	6 +
201.	JOSE LUIS CALVA ZEPEDA	MÉXICO	6 +
202.	MICHAEL ROSS	ESTADOS UNIDOS	6 +

203.	MOHAMED ELSAYED GHANAM	EGITO	6 +
204.	MORRIS SOLOMON	ESTADOS UNIDOS	6 +
205.	RICHARD BIEGENWALD	ESTADOS UNIDOS	6 +
206.	ROBERT ZARINSKY	ESTADOS UNIDOS	6 +
207.	ROMAN BURTSEV	ESTADOS UNIDOS	6 +
208.	SAMUEL BONGANI MFEKA	ÁFRICA DO SUL	6 +
209.	CLEOPHUS PRINCE JR.	ESTADOS UNIDOS	6
210.	DANIEL BLANK	ESTADOS UNIDOS	6
211.	DAVID BERKOWITZ	ESTADOS UNIDOS	6
212.	DAVID LEONARD WOOD	ESTADOS UNIDOS	6
213.	DAVID WAYNE McCALL	ESTADOS UNIDOS	6
214.	DEBBIE FORNUTO	ESTADOS UNIDOS	6
215.	FERDINAND GAMPER	ITÁLIA	6
216.	GARY RAY BOWLES	ESTADOS UNIDOS	6
217.	GENE RASBERRY	ESTADOS UNIDOS	6
218.	HUBERT GERALDS JR.	ESTADOS UNIDOS	6
219.	IVAN J. HILL	ESTADOS UNIDOS	6
220.	JOHN CHARLES EICHINGER	ESTADOS UNIDOS	6
221.	JOHN HAIGH	INGLATERRA	6
222.	LOREN JOSEPH HERZOG & HOWARD SHERMANTINE	ESTADOS UNIDOS	6
223.	LORENZO GILYARD	ESTADOS UNIDOS	6
224.	RALPH HARRIS	ESTADOS UNIDOS	6
225.	RICHARD TRENTON CHASE	ESTADOS UNIDOS	6
226.	RORY E. CONDE	ESTADOS UNIDOS	6
227.	CHARLES MANSON	ESTADOS UNIDOS	5 +
228.	DANNY HAROLD ROLLING	ESTADOS UNIDOS	5 +
229.	ELFRIEDE BLAUENSTEINER	ÁUSTRIA	5 +
230.	GEORGE PUTT	ESTADOS UNIDOS	5 +
231.	JULIA LYNN WOMACK	ESTADOS UNIDOS	5 +
232.	LAWRENCE BITTAKER & ROY NORRIS	ESTADOS UNIDOS	5 +
233.	MARC DUTROUX	BÉLGICA	5 +
234.	MARION ALBERT PRUETT	ESTADOS UNIDOS	5 +
235.	PAUL DENNIS REID	ESTADOS UNIDOS	5 +
236.	PETER NORRIS DUPAS	AUSTRÁLIA	5 +

ILANA CASOY LOUCO OU CRUEL? 337

237.	WILLIAM MACDONALD	AUSTRÁLIA	5 +
238.	METOD TROB	ESLOVÊNIA	5
239.	"THE FOXGLOVE KILLERS"	ESTADOS UNIDOS	5
240.	"THE TOLEDO CLUBBER"	ESPANHA	5
241.	ANDREW PHILLIP CUNANAN	ESTADOS UNIDOS	5
242.	ARTHUR BISHOP	ESTADOS UNIDOS	5
243.	COLIN IRELAND	INGLATERRA	5
244.	DANIEL CONAHAN JR.	ESTADOS UNIDOS	5
245.	DIMITRIS VAKRINOS	GRÉCIA	5
246.	GARY EVANS	ESTADOS UNIDOS	5
247.	GLEN ROGERS	ESTADOS UNIDOS	5
248.	JEROME BRUDOS	ESTADOS UNIDOS	5
249.	JUAN CHAVEZ	ESTADOS UNIDOS	5
250.	LI YUHUI	CHINA	5
251.	LYDA CATHERINE AMBROSE	ESTADOS UNIDOS	5
252.	MARTHINUS JAKOBUS STAPELBERG	ÁFRICA DO SUL	5
253.	NICHOLAS LUNGISA NCAMA	ÁFRICA DO SUL	5
254.	RUSSEL KEYS	ESTADOS UNIDOS	5
255.	SAMUEL JACQUES COETZEE & JOHN FRANK BROWN	ÁFRICA DO SUL	5
256.	STEVE WRIGHT	INGLATERRA	5
257.	THOMAS LUCAS.	ALEMANHA	5
258.	WALTER HILL	ESTADOS UNIDOS	5
259.	WANETA HOYT	ESTADOS UNIDOS	5
260.	CAYETANO SANTOS GODINO	ARGENTINA	4 +
261.	CHRISTINE MALEVRE	FRANÇA	4 +
262.	EDWARD SURRATT	ESTADOS UNIDOS	4 +
263.	GEORG KARL GROSSMANN	ALEMANHA	4 +
264.	JOE METHENY	ESTADOS UNIDOS	4 +
265.	JONBENET RAMSEY	ESTADOS UNIDOS	4 +
266.	LOUIS JAMES PEOPLES	ESTADOS UNIDOS	4 +
267.	MARIN ESCAMILLA GONZALEZ	ESTADOS UNIDOS	4 +
268.	MICHAEL LUPO	INGLATERRA	4 +
269.	RICARDO CAPUTO	ARGENTINA	4 +
270.	RICKY LEE GREEN	ESTADOS UNIDOS	4 +

271.	ANDREI MASLICH	RÚSSIA	4
272.	ANNA ZWANZINGER	ALEMANHA	4
273.	ANTHONY BALAAM	ESTADOS UNIDOS	4
274.	ARCHIE "MAD DOG" McCAFFERTY	ESCÓCIA	4
275.	BEVERLY ALLIT	INGLATERRA	4
276.	CARY STAYNER	ESTADOS UNIDOS	4
277.	CRAIG PRICE	ESTADOS UNIDOS	4
278.	DARREL RICH	ESTADOS UNIDOS	4
279.	DONALD MILLER	ESTADOS UNIDOS	4
280.	ERIC ELLIOTT & LEWIS GILBERT	ESTADOS UNIDOS	4
281.	ERIC MATTHEWS	ESTADOS UNIDOS	4
282.	FRANCISCO DEL JUNCO	ESTADOS UNIDOS	4
283.	FRANZ FUCHS	ÁUSTRIA	4
284.	GERALD PATRICK LEWIS	ESTADOS UNIDOS	4
285.	JACK BARRON	ESTADOS UNIDOS	4
286.	JOHN MARTIN SCRIPPS	SINGAPURA/CANADÁ/TAILÂNDIA	4
287.	JOHN WILLIAMS JR.	ESTADOS UNIDOS	4
288.	KATHLEEN ANNE ATKINSON	INGLATERRA	4
289.	KRISTEN GILBERT	ESTADOS UNIDOS	4
290.	LOWELL AMOS	ESTADOS UNIDOS	4
291.	MARK ANTONIO PROFIT	ESTADOS UNIDOS	4
292.	PETER MOORE	ALEMANHA	4
293.	RAVI KANTROLE	ÍNDIA	4
294.	ROBERT ARGUELLES	ESTADOS UNIDOS	4
295.	ROBERT BLACK	ESTADOS UNIDOS	4
296.	THOMAS "ZOO MAN" HUSKEY	ESTADOS UNIDOS	4
297.	THOMAS PIPER	ESTADOS UNIDOS	4
298.	TSUTOMU MIYAZAKI	JAPÃO	4
299.	WAYNE ADAM FORD	ESTADOS UNIDOS	4
300.	CAROLINE GRILLS	AUSTRÁLIA	3 +
301.	CECILE BOMBECK	FRANÇA	3 +
302.	JOHN E. ROBINSON	ESTADOS UNIDOS	3 +
303.	JUDY BUENOANO	ESTADOS UNIDOS	3 +
304.	OSCAR RAY BOLIN JR.	ESTADOS UNIDOS	3 +
305.	PAUL BERNARDO & KARLA HOMOLKA	CANADÁ	3 +

ILANA CASOY LOUCO OU CRUEL? 339

306.	RAMON JAY ROGERS	ESTADOS UNIDOS	3 +
307.	ROBERT SHULMAN	ESTADOS UNIDOS	3 +
308.	SEAN PATRICK GOBLE	ESTADOS UNIDOS	3 +
309.	VOLKER ECKERT	ALEMANHA	3 +
310.	ANDONIS DAGLIS	GRÉCIA	3
311.	CHARLES MEACH	ESTADOS UNIDOS	3
312.	CHARLES SCHMID	ESTADOS UNIDOS	3
313.	FLOID (TODD) TAPSON	ESTADOS UNIDOS	3
314.	HARVEY MURRAY GLATMAN	ESTADOS UNIDOS	3
315.	HERIBERTO SEDA	ESTADOS UNIDOS	3
316.	JOSE LAZARO BOUCHANA	MÉXICO	3
317.	JOSEPH & MICHAEL KALLINGER	ESTADOS UNIDOS	3
318.	MICHAEL LEE LOCKHART	ESTADOS UNIDOS	3
319.	PAUL MICHAEL STEPHANI	ESTADOS UNIDOS	3
320.	SEAN SELLERS	ESTADOS UNIDOS	3
321.	THERESA CROSS	ESTADOS UNIDOS	3
322.	WESTLEY ALLAN DODD	CANADÁ	3
323.	WILLIAM HEIRENS	ESTADOS UNIDOS	3
324.	DANIEL RAY TROYER	ESTADOS UNIDOS	2 +
325.	DONALD LEROY EVANS	ESTADOS UNIDOS	2 +
326.	EDWARD THOEDORE GEIN	ESTADOS UNIDOS	2 +
327.	JACQUES GIRARDIN	INGLATERRA	2 +
328.	RALPH ANDREWS	ESTADOS UNIDOS	2 +
329.	ROGER KIBBE	ESTADOS UNIDOS	2 +
330.	RONALD GLENN WEST	CANADÁ	2 +
331.	VICTOR GANT	ESTADOS UNIDOS	2 +
332.	GARY HEIDNIK	ESTADOS UNIDOS	2
333.	MARY BELL	INGLATERRA	2
334.	"THE KOBE SCHOOL KILLER"	JAPÃO	2
335.	ABEL LATIF SHARIF	MÉXICO	1 +
336.	CHARLES PIERCE	ESTADOS UNIDOS	1 +
337.	DAVID HARKER	INGLATERRA	1 +
338.	RUSSEL ELLWOOD	ESTADOS UNIDOS	1 +

CASOS SEM SOLUÇÃO

1.	"O ZODÍACO"	ESTADOS UNIDOS	37 +
2.	"MATADOR DAS CIDADES GÊMEAS"	ESTADOS UNIDOS	34
3.	"O MONSTRO DE FLORENÇA"	ITÁLIA	14 +
4.	"THE STONEMAN"	ÍNDIA	13
5.	"SOUTHSIDE SLAYER"	ESTADOS UNIDOS	12 +
6.	"THE CLEVELAND TORSO MURDERER"	ESTADOS UNIDOS	12 +
7.	"OPERAÇÃO ENIGMA"	INGLATERRA	9 +
8.	"COLONIAL PARKWAY KILLER"	ESTADOS UNIDOS	8
9.	"I-70/I-35 KILLER"	ESTADOS UNIDOS	8
10.	"I-75 KILLERS"	ESTADOS UNIDOS	8
11.	"THE LISBON RIPPER"	PORTUGAL	7 +
12.	"DETROID SERIAL KILLER"	ESTADOS UNIDOS	7
13.	"THE AXEMAN OF NEW ORLEANS"	ESTADOS UNIDOS	7
14.	"THE IRONMAN"	ÁFRICA DO SUL	7
15.	"THE TYLENOL KILLER"	ESTADOS UNIDOS	7
16.	"ATLANTA CHILD MURDER"	ESTADOS UNIDOS	6
17.	"THE ATTERIDGEVILLE MUTILATOR"	ÁFRICA DO SUL	6
18.	"JACK, O ESTRIPADOR"	INGLATERRA	5
19.	"THE PHANTOM KILLER"	ESTADOS UNIDOS	5
20.	"OKC "SERIAL KILLER"	ESTADOS UNIDOS	4 +
21.	"POMONA STRANGLER"	ESTADOS UNIDOS	4 +
22.	"THE OAKLAND COUNTY CHILD KILLER"	ESTADOS UNIDOS	4
23.	"BIBLE JOHN"	ESCÓCIA	3 +
24.	"DAYTONA BEACH KILLER"	ESTADOS UNIDOS	3 +
25.	"RENO SERIAL RAPIST"	ESTADOS UNIDOS	3
26.	"THE ALPHABET KILLER"	ESTADOS UNIDOS	3
27.	"CLAREMONT SERIAL MURDERS"	AUSTRÁLIA	2 +

ANEXO 02 – APELIDOS DE SERIAL KILLERS

#	NOME	APELIDO
01.	ALBERT DeSALVO	The Boston Strangler
02.	ALBERT FISH	The Moon Maniac
03.	ALDOLFO DE JESUS CONSTANZO	The Godfather of Matamoros
04.	ALFRED CLINE	The Buttermilk Bluebeard
05.	ANATOLY ONOPRIENKO	The Terminator
06.	ANDREAS BICHEL	The Bavarian Ripper
07.	ANDREI CHIKATILO	The Mad Beast
08.	ARCHIBALD HALL	The Monster Butler
09.	ARCHIE McCAFFERTY	The Mad Dog
10.	ARTHUR SHAWCROSS	The Monster of Rochester
11.	BELA KISS	The Monster of Czinkota
12.	BOBBY JOE LONG	The Classified Ad Rapist
13.	CARY STAYNER	The Yosemite Serial Killer
14.	CARLTON GARY	The Stocking Strangler
15.	CAROL EUGENE WATTS	The Sunday Morning Slasher
16.	CHARLES SCHMID	The Pied Piper of Tucson
17.	CLEO GREEN	The Red Demon
18.	COLIN IRELAND	The Gay Slayer
19.	DAVID BERKOWITZ	The Son of Sam
20.	DAVID CARPENTER	The Trailside Killer
21.	DEAN CORLL	The Candy Man
22.	DONALD HARVEY	Angel of Death
23.	DOUGLAS CLARK	The Sunset Strip Slayer
24.	DR. HAROLD SHIPMAN	Dr. Death
25.	DR. THOMAS NEILL CREAM	The Lambeth Poisoner
26.	EARLE NELSON	The Gorilla Murderer
27.	ED GEIN	The Plainfield Ghoul
28.	EDMUND KEMPER III	The Co-Ed Killer
29.	EDWARD LEONSKI	The Singing Strangler
30.	EDWARD RULLOFF	The Educated Murderer
31.	ELIZABETH BATHORY	The Blood Countess

32.	FRANZ FUCHS	The Austrian Unabomber
33.	FRITZ HAARMANN	The Vampire of Hanover
34.	GEORG KARL GROSSMAN	The Berlin Butcher
35.	GEORGE METESKY	The Mad Bomber
36.	GERALD SCHAEFER	The Killer Cop
37.	GERTRUDE BANISZEWSKI	The Torture Mother
38.	GILLES DE RAIS	The Original Blueberd
39.	GORDON CUMMINS	The Blackout Ripper
40.	HARVEY CARNIGAN	The Want-Ad Killer
41.	HEINRICH POMMERENCKE	The Beast of the Black Forest
42.	HENRI LANDRU	The Bluebeard of Paris
43.	HENRY LEE LUCAS & OTTIS TOOLE	The Sadist King & The Generalissimo of Pain
44.	HERMAN MUDGETT	H.H.Holmes/The Torture Doctor
45.	IAN BRADY & MYRA HINDLEY	The Moors Murderers
46.	IVAN ROBERT MARKO MILAT	The Backpack Murderer
47.	JACK KEVORKIAN	Dr. Death
48.	JAMES WATSON	Bluebeard
49.	JEAN-THIERRY MATHURIN	The Old Ladies Killer
50.	JEFFREY DAHMER	The Milwaukee Monster
51.	JERRY BRUDOS	The Shoe-Fetish Slayer
52.	JOACHIM KROLL	The Ruhr Hunter
53.	JOE BALL	The Alligator Man
54.	JOHANN HOCH	The Stockyard Bluebeard
55.	JOHN COLLINS	Coed Murderer
56.	JOHN WAYNE GACY	The Killer Clown
57.	JOHN HAIGH	The Acid-Bath Killer
58.	JOHN REGINALD CHRISTIE	Monster of Rillington Place
59.	JOHN SCRIPPS	The Tourist from Hell
60.	JOHN WAYNE GLOVER	The Granny Killer
61.	JOHN WILLIAMS	The Ratcliffe Highway Murderer
62.	JOSEPH MUMFRE	The Axeman of New Orleans
63.	JOSEPH SMITH	The Brides in the Bath Murderer
64.	JOSEPH VACHER	The French Ripper
65.	JUAN CORONA	The Machete Murderer

ILANA CASOY LOUCO OU CRUEL? 343

66.	KARL DENKE	The Mass Murderer of Munsterberg
67.	KEITH HUNTER JESPERSON	The Happy Face Killer
68.	KENNETH BIANCHI & ANGELO BUONO	The Hillside Stranglers
69.	LARRY EYLER	The Interstate Killer
70.	LOISE PETTE	The Duchess of Death
71.	LUCIAN STANIAK	The Red Spider
72.	MARIE BESNARD	Poison Queen
73.	MAJOR RAY LISEMBA	Rattlesnake Lissemba
74.	MELVIN DAVID REES	The Sex Beast
75.	NANNIE DOSS	The Giggling Granny
76.	NICOLAS CLAUX	The Vampire of Paris
77.	NIKOLAI DZUMAGALIES	Metal Fang
78.	PATRICK KEARNEY	The Trash Bag Murderer
79.	PAUL KNOWLES	The Cassanova Killer
80.	PEDRO LOPEZ	The Monster of the Andes
81.	PETER KURTEN	The Vampire of Duselldorf
82.	PETER SUTCLIFFE	The Yorkshire Ripper
83.	POSTEAL LASKEY	Cincinnati Strangler
84.	RANDALL WOODFIELD	The I-5 Killer
85.	RAYMOND FERNANDEZ & MARTHA BECK	The Lonely Hearts Killer
86.	RICARDO CAPUTO	The Lady Killer
87.	RICHARD ANGELO	The Angel of Death
88.	RICHARD BIEGENWALD	The Thrill Killer
89.	RICHARD COTTINGHAM	The Ripper/Jekyl and Hyde
90.	RICHARD KUKLINSKI	Iceman
91.	RICHARD MACEK	The Mad Biter
92.	RICHARD RAMIREZ	The Night Stalker
93.	RICHARD TRENTON CHASE	The Vampire of Sacramento
94.	RORY CONDE	The Tamiami Trail Strangler
95.	RUDOLF PLEIL	The Death Maker
96.	SERGEI RYAKHOVSKY	The Hippopotamus
97.	STEPHEN RICHARDS	Nebraska Fiend
98.	TED KACZYNSKI	The Unabomber
99.	THE BENDER FAMILY	The Bloody Benders

100.	THEODORE BUNDY	The Lady Killer/The Campus Killer
101.	THEODORE DURRANT	The Demon in the Belfry
102.	THIERRY PAULIN	The Monster of Montmarte
103.	THOMAS PIPER	The Boston Belfry Murderer
104.	TIMOTHY WILLIAM SPENCER	The Southside Slayer
105.	VASILI KOMAROFF	The Wolf of Moscow
106.	VAUGHN GREENWOOD	The Skid Row Slasher
107.	VERNON BUTTS	Freeway Killer
108.	VICYTOR SZCZEPINSKI	The Doorbell Killer
109.	VLAD TEPES	Dracula
110.	WAYNE BODEN	The Vampire Rapist
111.	WAYNE WILLIAMS	The Atlanta Child Murderer
112.	WERNER BOOST	The Doubles Killer
113.	WILLIAM BONIN	The Freeway Killer
114.	WILLIAM HEIRENS	The Lipstick Killer
115.	WILLIAM LESTER SUFF	The Riverside Prostitute Killer
116.	WILLIAM McDONALD	The Sydney Mutilator

ANEXO 03 – PENA DE MORTE

PAÍSES QUE MANTÊM A PENA DE MORTE PARA CRIMES COMUNS

A. AFEGANISTÃO, ALGÉRIA, ANTÍGUA E BARBUDA, ARÁBIA SAUDITA, ARMÊNIA **B.** BAHAMAS, BAHREIN, BANGLADESH, BARBADOS, BELIZE, BENIN, BIELORÚSSIA, BOTSUANA, BURUNDI **C.** CAMARÕES, CATAR, CAZAQUISTÃO, CHADE, CHINA, COMORES, CONGO, COREIA DO NORTE, COREIA DO SUL, CUBA **D.** DOMINICA **E.** EGITO, EMIRADOS ÁRABES, ERITREIA, ESTADO DA PALESTINA, ESTADOS UNIDOS, ETIÓPIA **F.** FILIPINAS **G.** GABÃO, GANA, GUATEMALA, GUIANA, GUINÉ EQUATORIAL, GUINÉ **I.** IÊMEN, ÍNDIA, INDONÉSIA, IRÃ, IRAQUE, IUGOSLÁVIA[I] **J.** JAMAICA, JAPÃO, JORDÂNIA **K.** KUWAIT **Q.** QUÊNIA, QUIRGUISTÃO **L.** LAOS, LESOTO, LÍBANO, LIBÉRIA, LÍBIA **M.** MALÁSIA, MALAWI, MARROCOS, MAURITÂNIA, MONGÓLIA, MYANMAR/BIRMÂNIA **N.** NIGÉRIA **O.** OMÃ **P.** PAQUISTÃO **R.** RUANDA, RÚSSIA **S.** SÃO VINCENTE E GRANADINAS, SANTA LÚCIA, SERRA LEOA, SINGAPURA, SÍRIA, SOMÁLIA, SUAZILÂNDIA, SUDÃO **T.** TADJIQUISTÃO, TAILÂNDIA, TAIWAN, TANZÂNIA, TRINIDAD E TOBAGO, TUNÍSIA **U.** UGANDA, UZBEQUISTÃO **V.** VIETNÃ **Z.** ZÂMBIA, ZIMBÁBUE.

I   O país não existe mais; foi desmembrado entre Eslovênia, Croácia, Bósnia e Herzegovina, Sérvia, Montenegro e República da Macedônia.

PAÍSES QUE NÃO ADOTAM A PENA DE MORTE

A. ÁFRICA DO SUL, ALEMANHA, ANDORRA, ANGOLA, AUSTRÁLIA, ÁUSTRIA, AZERBAIJÃO B. BÉLGICA, BULGÁRIA C. CABO VERDE, CAMBODJA, CANADÁ, COLÔMBIA, COSTA RICA, CROÁCIA D. DINAMARCA E. EQUADOR, ESLOVÁQUIA, ESLOVÊNIA, ESPANHA, ESTADO DO VATICANO, ESTÔNIA F. FINLÂNDIA, FRANÇA G. GEÓRGIA, GRÉCIA, GUINÉ-BISSAU H. HAITI, HONDURAS, HUNGRIA I. ILHAS MARSHALL, ILHAS MAURÍCIO, ILHAS SALOMÃO, INGLATERRA, IRLANDA, ITÁLIA K. KIRIBATI L. LIECHTENSTEIN, LITUÂNIA, LUXEMBURGO M. MACEDÔNIA, MALTA, MICRONÉSIA, MOÇAMBIQUE, MOLDÁVIA, MÔNACO N. NAMÍBIA, NEPAL, NICARÁGUA, NORUEGA, NOVA ZELÂNDIA P. PAÍSES BAIXOS, PALAU, PANAMÁ, PARAGUAI, POLÔNIA, PORTUGAL R. REPÚBLICA DOMINICANA, REPÚBLICA TCHECA, ROMÊNIA S. SAN MARINO, SÃO TOME E PRÍNCIPE, SEICHELES, SUÉCIA, SUÍÇA T. TIMOR LESTE, TURCOMENISTÃO, TUVALU U. UCRÂNIA, URUGUAI V. VANUATU, VENEZUELA

PAÍSES COM PENA DE MORTE PARA CRIMES COMUNS, MAS COM COMPROMISSO DE NÃO EXECUÇÃO

B. BRUNEI, BURKINA FASO, BUTÃO C. CONGO G. GÂMBIA, GRANADA M. MADAGASCAR, MALDIVAS, MALI N. NAURU, NIGÉRIA P. PAPUA-NOVA GUINÉ R. REPÚBLICA CENTRAL AFRICANA S. SAMOA, SENEGAL, SRI LANKA, SURINAME T. TOGO, TONGA, TURQUIA

PAÍSES QUE PREVEEM PENA DE MORTE EM CASOS MILITARES OU EM QUESTÕES ESPECIAIS

A. ALBÂNIA, ARGENTINA B. BOLÍVIA, BÓSNIA E HEZERGOVINA, BRASIL[2] C. CHILE, CHIPRE E. EL SALVADOR I. ILHAS FIJI, ISRAEL L. LETÔNIA M. MÉXICO P. PERU

---

2   A pena de morte no Brasil está prevista no Código Penal Militar, art. 5º, XLVII, mas somente pode ser aplicada em caso de guerra declarada, nos termos do art. 84, item XIX da vigente Constituição Federal. Nesse caso, a execução do condenado deve ser feita em ambiente fechado, por fuzilamento. O Tribunal Militar ou Conselho de Guerra pode aplicá-la em alguns casos além de traição.

MÉTODOS DE EXECUÇÃO

1. ENFORCAMENTO É o mais antigo método de execução. O criminoso é levado a subir num suporte sobre uma plataforma, onde uma corda especial com um nó corrido é colocada em volta de seu pescoço. O suporte sob os pés do criminoso é retirado, provocando sua queda, e seu pescoço é quebrado, levando-o à morte instantânea. O método de enforcamento originou-se na Pérsia, de onde foi levado para a Inglaterra. Nos Estados Unidos, ainda é uma forma de execução utilizada.

2. CADEIRA ELÉTRICA Esta forma de execução tem sido utilizada apenas nos Estados Unidos e foi introduzida em 1890. O prisioneiro é amarrado com firmeza em uma cadeira, e um "capacete da morte", contendo eletrodos que irão executá-lo, é colocado sobre a cabeça, previamente raspada. Entre o capacete e a pele é colocada uma esponja molhada com solução salina, para melhor condução da eletricidade e a prevenção de queimaduras. Outro eletrodo é atado ao tornozelo do criminoso, que recebe uma descarga elétrica de 2.250 volts. A eletricidae atravessa o corpo do prisioneiro e, após três segundos, mais quatro descargas, em intervalos de dois minutos entre cada uma, são novamente liberadas.

3. CÂMARA DE GÁS Também foi primeiramente utilizada nos Estados Unidos, no estado de Nevada, em 1921. O condenado é levado para dentro de uma câmara, sentado em uma cadeira e tem os braços e pernas amarrados. Depois que a câmara é selada, cianeto é jogado dentro de um balde cheio de água, produzindo um gás mortal. Se o prisioneiro quiser morrer mais rápido, ele pode inspirar profundamente a fim de perder logo a consciência. Em dois minutos ou menos de inalação do gás cianídrico, a morte acontece. Um médico, do lado de fora da câmara, monitora o prisioneiro com um estetoscópio especial e anuncia sua morte. Depois, a câmara de gás é borrifada com amônia para destruir qualquer resquício do gás letal. Ainda é utilizada em cinco estados norte-americanos.

4. INJEÇÃO LETAL A identidade dos executores sempre é mantida em sigilo; é um trabalho voluntário. O criminoso é amarrado em uma maca especial e um soro de solução salínica é colocado para correr em suas veias, seguido por outro de sódio tiopental, um anestésico potente. Uma vez iniciado o processo de execução por injeção letal, as testemunhas acompanham através de uma janela. Em seguida, o brometo de pancuronium começa a ser aplicado, para que o aparelho respiratório seja paralisado. Na sequência, o cloreto de potássio faz com que o coração pare de funcionar. O processo todo não deve demorar mais do que cinco minutos.

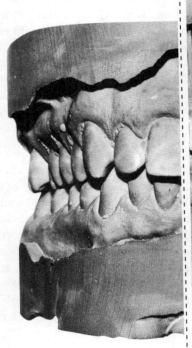

Prior prison record:
_____
_____
_____
_____

Co-Defendants: None

Race of Victim(s): white male

ANEXO 04 – FRASES DO UNIVERSO SERIAL KILLER

1. "Eu quero dominar vida e morte." – **Ted Bundy**

2. "Mesmo morta, ela ainda estava sendo mordaz comigo. Eu não pude fazê-la calar a boca." – **Ed Kemper** (sobre sua mãe)

3. "Você tem somente poucos segundos. Você tem que lutar como o diabo, porque as chances são de que você seja assassinado." – **John Douglas**, FBI (sobre a vítima)

4. "Se eu as matasse, você sabe, elas não poderiam me rejeitar como homem. Isto é mais ou menos produzir uma boneca a partir de um ser humano... e levar adiante minhas fantasias com uma boneca, uma boneca humana. Com uma garota, fica muita coisa em seu corpo mesmo sem a cabeça. Obviamente, a personalidade desaparece." – **Ed Kemper**

5. "Sexo não deveria existir." – **John Haigh**

6. "Eu estava morto com relação às mulheres. Eu não sentia que elas precisassem existir. Eu as odiava e queria destruir cada uma que eu pudesse encontrar. E estava fazendo um bom trabalho..." – **Henry Lee Lucas** (forçado pela mãe a se vestir como mulher quando criança)

7. "Minha paixão era tão grande que eu queria possuí-la. Eu queria comê-la. Se eu o fizesse, ela seria minha para todo o sempre." – **Issei Sagawa**

8. "Conforme cresci, entendi que eu era diferente das outras pessoas e o modo de vida na minha casa era diferente da casa dos outros... Isto estimulou minha introspecção e estranhos questionamentos mentais." – **John Haigh**

9. "Eu fiz a minha fantasia de vida mais poderosa do que a minha vida real." – **Jeffrey Dahmer**

10. "Um palhaço pode 'se dar bem' somente como assassino." – **John W. Gacy**

11. "A fantasia que acompanha e suscita a antecipação que precede o crime é sempre mais estimulante que a sequela imediata do crime em si." – **Ted Bundy**

12. "Quando se trabalha duro para fazer alguma coisa corretamente, você não quer esquecê-la." – **Ted Bundy** (quando perguntado por que tirava fotos de suas vítimas)

13. "Eu sou o mais frio filho da puta que você jamais vai encontrar. Eu apenas gostava de matar, eu queria matar." – **Ted Bundy**

14. "Eu somente estava me suicidando, mas sempre quem morria era o espectador." – **Dennis Nilsen**

15. "Eu causei sonhos que levaram à morte. Este é o meu crime." – **Dennis Nilsen**

16. "Eu dei início ao caminho da morte e à depressão de um novo tipo de convívio." – **Dennis Nilsen**

17. "Eu gostaria de ter parado, mas não pude. Eu não tinha nenhuma outra emoção ou alegria." – **Dennis Nilsen**

18. "Eu sempre tive fetiche por assassinato e morte." – **David Berkowitz**

19. "Eu não queria machucá-los, apenas queria matá-los." – **David Berkowitz**

20. "Estou profundamente magoado por você ter me chamado de 'aquele que odeia mulheres'. Eu não sou. Mas eu sou um monstro. Eu sou o Filho de Sam, eu sou um capetinha." – **David Berkowitz**

21. "Eu não tenho desejo algum de me regenerar. Meu único desejo é de regenerar as pessoas que tentam me regenerar, e acredito que o único meio de regenerar as pessoas é matando. Minha máxima é: 'Roube todos, estupre todos e mate todos'." – **Carl Panzram**

22. "Eu posso ser um pouco diferente..." – **George Joseph Smith**

23. "O que eu fiz não foi por prazer sexual. Na realidade, me trouxe paz de espírito." – **Andrei Chikatilo**

24. "Eu realmente ferrei tudo desta vez!" – **Jeffrey Dahmer** (para seu pai)

25. "Eu? Eu não machucaria nenhuma gostosa. Eu amo as gostosas!" – **Albert DeSalvo**

26. "Todo homem tem seu próprio gosto. O meu é por cadáveres." – **Henri Blot**

27. "Eu não pude impedir o fato de ser um assassino, não mais que um poeta consegue impedir a inspiração para cantar. Eu nasci com o mal sendo meu patrocinador ao lado da cama onde fui 'cuspido' para dentro do mundo, e ele tem estado comigo desde então." – **dr. H.H. Holmes**

28. "Durante uma entrevista, respondendo à pergunta 'O que você pensa quando vê uma menina bonita andando pela rua?', a resposta honesta: 'Eu imagino como sua cabeça ficaria em um espeto'." – **Edmund Kemper**

29. "As mulheres que eu matei eram prostitutas bastardas nojentas que estavam sujando as ruas. Eu só estava limpando um pouco o lugar." – **Peter Sutcliffe**

30. "Nenhum sentido faz sentido." – **Charles Manson**

31. "Olhe para esta coisa inútil. O que você pensa que eu poderia fazer com isso? [referindo-se à sua genitália] Eu não sou um homossexual... Eu tenho leite nos meus peitos. Eu vou dar à luz!" – **Andrei Chikatilo**

32. "Você não pode afirmar que aprecia ou entende Picasso sem estudar suas pinturas. O projeto de trabalho de um serial killer bem-sucedido é tão cuidadoso quanto o de um pintor que planeja uma tela. Eles consideram o que fazem uma arte." – **John Douglas**, FBI

BIBLIOGRAFIA

ASSOCIATED PRESS. "FBI points to serial killer in 4 cases", 30-9-1993.

_____. "Ex-con guilty in serial killings jury rejects insanity plea", 14-12-1990.

_____. "9th murder charged", 12-1-1990.

_____. "Slaying arrest spurs return of prostitutes", 11-1-1990.

BUREAU OF JUSTICE STATISTICS. "Execution methods used by states", 1995.

BURNS, TERRY H. "Gacy killed dozens, and maybe was 'good for more than 33'".

_____. "Gacy meets death at midnight".

_____. "Just what goes on in a mass killer's mind?".

COHEN, SUSAN. "The stuff of which movies are made", em *The Washington Post*, 9-6-1992.

DAY, RODNEY & WONG, STEPHEN. "Anomalous perceptual asymmetries for negative emotional stimuli in the psychopath", em *Journal of Abnormal Psychology*, 105 (4), 1996.

DECAIRE, MICHAEL W. "Aggression types and criminal behavior", em *FBI Law Enforcement Bulletin*.

_____. "Forensic psychologists vs. forensic psychiatrics: an analysis of forensic evaluations".

DOUGLAS, JOHN E. & MUNN, CORINE. "The art and science of criminal investigation. Violent crime scene analysis: modus operandi, signature, and staging", em *FBI Law Enforcement Bulletin*, fevereiro/1992.

_____. & OLSHAKER, MARK. "Mind hunter — inside the FBI's elite serial crime unit", 1999.

_____. *The Anatomy of Motive: The FBI's Legendary Mindhunter Explores the Key to Understanding and Catching* (Simon & Schuster, 1999).

DUKE, LYNNE. "S. Africans arrest suspect in killings", em *The Washington Post*. Column Around the world, 20-10-1995.

ENG, JAMES L. "'Ted files' pose dilemma on disclosure of records", em *Local News*, 22-2-1988 (Associated Press).

FBI. "FBI profile of Scarborough rapist. Description: investigative analysis", 17-12-1988.

FELDMANN, MARK. "Cook: no honor in preparing last meal".

FORWOOD, BILL. "To kill and kill again", abril.

GALLMAN, JUDITH M. "Sidebar: deadly impersonation cop ruse popular among serial killers", em *Arkansas Times*, 1-8-1997.

GARCIA, KENNETH J. "San Quentin's step-by-step guide to execution-procedure 770", 21-2-1996.

GEBERTH, VERNON J. "Anatomy of a lust murder", em *FBI Law Enforcement Bulletin*, 46 (5), maio/1998.

GOLDMAN, AMY. "Surviving the experts", 1997/1999.

_____. "The importance of victimology in criminal profiling", 28-5-1997.

GOTO, ED. "Serial killers: the heart of darkness", em *USA Today*.

HARE, ROBERT D. "Psychopathy: a clinical construct whose time has come", em *Criminal Justice and Behavior*, 23 (1), março/1996.

HAYDEN, TERRY. "Psychological profiling", 1997.

_____. "Is there any social psychology in theories of aggression?", 1997.

_____. "Crime & personality: where have we been, where are we now, where are we going", 1997.

HAZELWOOD, ROBERT R. & WARREN, JANET. "The criminal behavior of the serial rapist".

HOLMES, M. "Unholy saints: serial killers through the ages", em *Time Domestic*, 20-4-2000.

JOSEPH, JENIFER. "Anatomy of a killer. FBI profilers turn evidence into a picture of suspects".

JULKA, CHRIS. "He has money to burn Gacy's works".

KOENEMAN, SCOTT. "Amid circus, a handful stood fast. Onlookers: some came for the spectable, others for the principle".

KRUEGER, ANNE. "California's death penalty - a humane way to die?", em *The San Diego Union-Tribune*, 19-2-1996.

LEVENSTON, GARY K. *et al.* "Psychopathy and startle modulation during affective picture processing: a replication and extension", agosto/1996.

MALONEY, J. J. "The death penalty", em *Crime Magazine*, 30-1-1999.

MARSHALL, STEVE. "Parolee's release questioned", em *USA Today*, 8-1-1990.

MAZZA, EDWARD. "Brutal world. Serial killers prey on the weak. First in a two-part series".

MCDONALD-MISZCZAK. "Profile of typical child sexual abusers" (personal communication), em *FBI Law Enforcement Bulletin*, 25-3-1997.

MCFARLAND, MELANIE. "Love those killers: american's fascination with the serial psychopath", em *Features News,* 31-10-1997.

MULVANEY, JIM. "Search for a serial killer's signature. Police say cases are hard to track", em *Newsday,* 4-7-1993.

NEWS DISPATCHES. "Plea in murder case" (artigo compilado), em *Newsday,* 5-1-1990.

NEWS SERVICES AND STAFF REPORTS. "3 Face death penalty", 16-5-1979.

_____. "Richard Trenton Chase was sane when he murdered's", 16-5-1979.

_____. "Jury recommends death for calif. 'Vampire Killer'", 18-5-1979.

NIAGARA REGIONAL POLICE. "Profiling extract from GRT warrant".

NOVAK, TIM. "Gacy marks 100th state execution Illinois death row".

OLSEN, JOHN. "The psychopaths among us. The misbegotten son: a serial killer and his victims. The true story of Arthur J. Shawcross", em *New York Times Book Review,* 14-3-1993.

ONTARIO PSYCHOLOGY ASSOCIATION. "Forensic psychology & forensic psychiatry: an overview".

PATRICK, CHRISTOPHER J. "Emotion and temperament in psychopathy", outono/1995.

_____. "Emotion and psychopathy: startling new insights", em *Psychophysiology,* nº 31, 1994.

POLNER, ROB. "Haunting similarities cops draw parallel with killer Shawcross", em *Newsday,* 30-6-1993.

PRICE, DEB. "Killer instincts: FBI's own 'Sherlock Holmes' gets inside the head of serial murderers", em *The Detroit News,* 12-12-1995.

RADELET, MICHAEL L. "Post-Furman botched executions".

RAINE, ADRIAN *et al.* "Pet study: looking inside the minds of murderers. Selective reductions in prefrontal glucose metabolism in murderers", 1-9- 1994.

RAMSLAND, Katherine. "Bad seed or bad parents", em *Time Domestic.*

_____. "Rochester indictment", em *Washington Post,* 24-1-1990.

ROTH, RICHARD (correspondent). "How do serial killer suspects elude police?", 24-6-1999.

SEIDEMAN, DAVID. "Crime: a twist before dying a snafu at the execution of a serial killer inflames the debate about humaneness and capital punishment", em *Time Domestic,* 143 (21), 23-5-1994.

SEVEN, RICHARD. "The profiler: law enforcement's new darlings blend psychology, computers, probabilities and suppositions to get inside the minds of serial killers", em *Features News,* 13-4-1997.

_____. "Slaying of prostitutes linked", em *USA Today,* 14-3-1990.

SUNDE, SCOTT. "Serial killers often leave a 'signature'",19-5-2000.

TAYLER, LETTA. "Insanity tough to establish in mass killings", em *Nezvsaday,* 2-7-1993.

TOMASSIE, JUAN. "Suspect and victims", em *USA Today.*

TOUFEXIS, ANASTASIA. "Crime dances with werewolves: America's fascination with serial killers is reaching an all-time high – and may be fueling their deadly deeds", em *Time Domestic,* 143 (14), 4-4-1994.

TURNER, DAN. "The chamber. By abducting a dozen women and abusing them as sex slaves before brutally killing them Charles Ng beat O. J. Simpson for the title of Most Expensive Defendant in California history".

TURVEY, BRENT E. "The impressions of a man: an objective forensic guideline to profiling violent serial sex offenders", março/1995.

_____. "Criminal profiling — an introduction to behavioral evidence analysis", em *Academic Press,* 2002.

_____. "Deductive criminal profiling: comparing applied methodologies between inductive and deductive criminal profiling techniques", janeiro/1998 <http://www.corpus-delicti.com/Profiling_law.html>.

_____."Behavior evidence: understanding motives and developing suspects in unsolved serial rapes through behavioral profiling techniques", junho/1996.

_____. "An objective overview of autoerotic fatalities", Knowledge Solutions Library, junho/1995 <http://www.corpus-delicti.com/auto.html>.

_____. "The role of criminal profiling in the development of trial strategy", 1997, <http://www.corpus-delicti.com/Trial_Strategy.html>.

VORPAGEL, RUSSEL. "Profiles in murder – an FBI legend dissects killers and their crimes", em *Time Domestic,* janeiro/2000.

WICHMAN, LARRY. "Caníbales modernos".

WILSON, KINSEY. "Arrest in serial murders paroled killer charged in deaths of 8 women in Rochester area", em *Newsday,* 6-1-1990.

WHITESIDE, JOHN. "The bogyman in all our nightmares".

WEBGRAFIA

Pesquisa feita para a primeira edição;
muitos do links podem estar fora do ar.
Procuramos manter a pesquisa original
de modo a preservar as fontes.

INTERNET CRIME ARCHIVES mayhem.net/

THE DEATH PENALTY WEBPAGE
wesleylowe.com/cp.html

DEATH PENALTY FOR FEMALE OFFENDERS
deathpenaltyinfo.org/FemDeathDec2007.pdf

EXTRADIÇÃO DE CHARLES CHITAT NG
www1.umn.edu/humanrts/undocs/html/dec469.htm

JEFFREY LIONEL DAHMER
www.biography.com/people/jeffrey-dahmer-9264755

RICHARD TRATON CHASE (SÍNDROME DE RENFIELD)
angelfire.com/home/darkrealms/ren.html

vampires.monstrous.com/renfield_syndrome.htm

MILAT IN SUICIDE BID OVER CONFISCATED TV
skcentral.com/news.php?readmore=1499

PEOPLE 'LOSING THE PLOT' OVER MILAT
abc.net.au/news/australia/nsw/
summer/200606/sl668169.htm

IVAN MILAT BACKPACKER MURDERS
abc.net.au/am/content/2004/sl236820.htm

CHIKATILO STATUE CAUSES STIR
exile.ru/152/152030033.html

HENRY CONDE
floridacapitalcases.state.fl.us/case_updates/25274.doc

ARQUIVOS DE SERIAL KILLERS
mayhem.net members.tripod.com/~SerialKillr
/ SerialKillersExposed / sknumber.html

FEDERAL BUREAU OF INVESTIGATION fbi.gov

THE LONDON TIMES the-times.co.uk

ROYAL CANADIAN MOUNTED POLICE rcmp-grc.gc.ca

ROBERT K. RESSLER robertkressler.com

STARING INTO EYES OF A KILLER
geocities.com/SunsetStrip/Towers/9590/

APB NEWS apbnews.com

SERIAL KILLER ARCHIVE
geocities.com/Area51/Aurora/3188/archive.html

SERIAL KILLERS geocities.com/Pentagon/8362/

SERIAL HOMICIDE
geocities.com/SunsetStrip/Towers/9590/≥

MEDIA NAMES FOR SERIAL KILLERS
locals.wilmington.net/jbailey/index.html

THE CRIME LIBRARY crimelibrary.com

CIÊNCIA FORENSE forensic-science.com

THE ZODIAC zodiackiller.com

ARTIGOS VÁRIOS corpus-delicti.com

SERIAL KILLER CENTRAL angelfire.com/oh/yodaspage/

MURDER IN UK ferryhaiden.free-online.co.uk/

ABSURD CRIMES editionnine.deathrowbook.com/

THE WORLD WIDE SERIAL KILLER HOMEPAGE
hosted.ray.easynet.co.uk/serial-killer/

SPECIFIC SERIAL KILLERS
members.tripod.com/~Serialkillr/
SerialKillerExposed/specklinks.html

LIVROS: CATALOGUE OF DEATH
serial-killers.virtualave.net/

MURDER, INC. lasecrets.com/MurderInc/

PROPHET'S HAUNTED WEBPAGE
geocities.com/Area51/Cavern/3987/main2.html

VELVET DEATH'S WINDOW TO THE SOUL...
geocities.com/Area51/Corridor/5231/

THE SERIAL KILLER INFO SITE serialkillers.net/

SERIAL KILLERS INDEX
geocities.com/Area51/shadowlands/4077

MODUS OPERANDI - SERIAL KILLERS
fortunecity.com/roswell/streiberg/273

TRACY'S SERIAL KILLER INFORMATION PAGE
cob250.dn.net/members/trcycrpntr/

INVESTIGATIVE PSYCHOLOGY-UNIVERSITY OF LIV
liv.ac.uk/AppliedPsychology/irrv/irrvhome.html

A-Z OF SERIAL KILLERS simonsays.com

THE SCRATCHIN' POST SERIAL KILLERS ARCHIVE
tdl.com/~Kitty/crimes.html

THE ELETRIC CHAIR theeletricchair.com

MITCH'S HOUSE OF MADNESS
geocities.com/Pentagon/8385

SERIAL KILLER MAIN'S DOMAIN
campbelcounty.com/~doker/serial.htm

SERIAL KILLER WITH MATT go.to/smm

INTO THE MIND OF A SERIAL KILLER
members.nbci.com/piperm

SERIAL HOMICIDE - CASE OF THE DAY
serialhomicide.com

ASIAN AMERICAN PROFILES
goldsea.com/Personalitie/psersonalities.html

ELETRIC LIBRARY elibrary.com

SERIAL KILLERS - A GROWING MENACE
killersdomain.virtualave.net/skindex.html

SERIAL KILLERS
macalester.edu/~psych/whatap/UBNRP/serialkiller/

SERIAL KILLERS - CASE STUDIES gateway.to/murder/

ADOPTED SERIAL KILLERS geocities.com/Wellesley/9950

FAMOUS AMERICAN TRIALE
law.umko.edu/faculty/projects/triale/triale.html

MEDFORD MAIL TRIBUNE, SOUTHERN OREGON
mailtribune.com

THE LAPORTE COUNTY PUBLIC LIBRARY HOME
lc-link.org/libraries/lcpl/lcpl_l.html

TRIALS county.com/trials/

TIMES-MAIL BEDFORD, INDIANA tm-news.com/stories

SERIAL MURDER THROUGH THE LOOKING GLASS
serial-killers.virtualave.net/

INSTITUTO GUTENBERG - JORNAIS DOS EUA
igutenberg.org/joreua.html

TIME MAGAZINE time.com/time

4ANYTHING NETWORK 4crime.4anything.com/

THE MODESTO BEE modbee.com

USA TODAY usatoday.com

GALLERY OF ROGUES
hometown.aol.com/hmudget/page/index.htm

SERIAL KILLER OF THE MONTH
geocities.com/CapeCanaveral/1682/Monthly.htm

WASHINGTON POST washingtonpost.com

ARIZONA CENTRAL ARIZONA REPUBLIC ARCHIVE
newslibrary.krmediastream.com

DEATH PENALTY INFORMATION CENTER
essential.org/dpic/

SHY'S CYBER CHAMBER
shycyberchamber.com/ - 210.50.20.78

AMERICA'S DEATH ROW INMATES PAGES
members.xoom.com/ccadp/

CORRECTIONS OFFENDER INFORMATION NETWORK
dc.state.fl.us/ActiveInmates/inmatesearch.asp

THE MIAMI HERALD ONLINE miami.com/herald

EL NUEVO HERALD DIGITAL miami.com/elnuevoherald/

THE BOSTON GLOBE ARCHIVES globe.com/globe/search

REVISTA ÉPOCA ONLINE epoca.com.br

FOLHA DE S. PAULO folha.com.br

UNION TRIBUNE uniontrib.com/news/

LOS ANGELES TIMES latimes.com

MIDSOUTH JUSTICE midsouthjustice.org

GALERIA EBAY ebay.go.com

NATIONAL ARCHIVE OF CRIMINAL JUSTICE DATA
icpsr.umich.edu/NACJD/home.htm

MURDERER'S ROW
angelfire.com/ta/darkvisions/index.html

PRISION LAW PAGE prisonwall.org

SERIAL KILLER | ILANA CASOY serialkiller.com.br

SAN FRANCISCO CHRONICLE sfgate.com/wais/search

SAN DIEGO UNION TRIBUNE uniontrib.com

REVISTA VEJA veja.com.br

THE BOSTON GLOBE globe.com

THEODORE BUNDY VICTIMS
televar.com/~mndcrime/bundy2.html

SERIAL KILLERS ronmitchell.com

TED BUNDY members.tripod.com/~Steve Odwyer/

ANCHORAGE DAILY NEWS adn.com

SERIAL KILLERS - INTO THE MIND OF MADMAN
autobahn.mb.ca/~mustarda/serial.html

DEPOIMENTOS DE PSICOPATAS FAMOSOS
orbita.starmedia.com/~skailer/

GUARDIAN UNLIMITED SPECIAL REPORTS POLIC
guardianunlimited.com.uk

CRIME TIMES crime-times.org

1992 FBI REPORT-SATANIC RITUAL ABUSE
skeptictank.org/fbil992.htm

IT ALL BEGAN WITH ANIMAL ABUSE
netexpress.net/~parallax/serial_killers.html

MURDER
zombie.horrorseek.com/horror/drlarry/mainl.htm

LIVROS amazon.com

CRIMINAL PROFILING RESEARCH
criminalprofiling.ch/introdution.html

SERIAL KILLER ART FOR SALE lowbrowartworld.com

THE ASSOCIATED PRESS PHOTO ARQUIVE
photoarquive.ap.org

TIMEPIX timepix.com

CIRCULUS VITIOSUS tedric.de/glorija/killer.html

THE OTHER SIDE OF THE WALL prisonwall.org

MAYHEM'S HOUSE OF MADMEN
members.tripod.com/mayhem44/main.html

THE STRANGE the-strange.com/jwg/

INVESTIGATOR'S GUIDE TO ALLEGATIONS OF RIT
astraeasweb.net/religion lanning.html

CNN cnn.com

CRIME ABOUT crimeabout.com

© AP Photo | © Latinstock/Alamy | © Latinstock/Bettmann/Corbis
Todos os esforços foram envidados para localizar os detentores dos direitos
autorais de tais imagens; todas as omissões serão corrigidas em futuras edições.
Todos os direitos encontram-se devidamente reservados. As visões e opiniões
expressas pelos entrevistados neste livro não são necessariamente as opiniões
do autor ou do editor. O autor e o editor não aceitam a responsabilidade
por erros ou omissões de terceiros, e negam especificamente qualquer
responsabilidade, perda ou risco, seja de maneira pessoal, financeira ou qualquer
outra decorrida em consequência, direta ou indireta, do conteúdo deste livro.

AGRADECIMENTOS

"A maior alegria é chorar de parceria..."

Mantive a frase que abre os agradecimentos que fiz na primeira edição, porque escrever é assim mesmo, sem começo e sem fim, e com os parceiros choramos, rimos, trabalhamos à exaustão, damos pouca atenção, exigimos demais, nos estressamos, nos divertimos, comemoramos, sonhamos, vivemos cada passo do caminho. Quem vive perto, muitas vezes vive longe. Nesta revisão e atualização, compartilharam e colaboraram sempre: Eduardo Morales, Janice Florido, Adriana Monteiro, Christiano Menezes e Chico de Assis. É clichê, mas é verdade, sem este time seria impossível!

ILANA

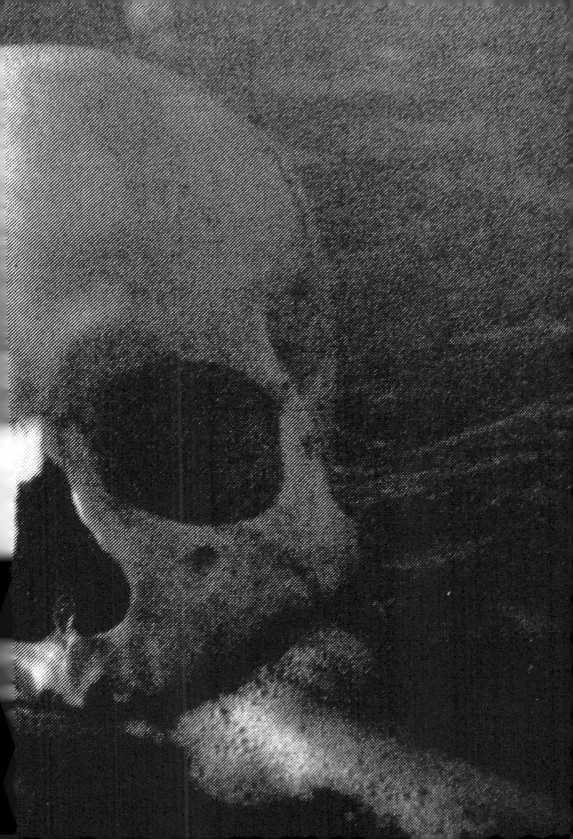

"There's a killer on the road
His brain is squirming like a toad
Take a long holiday
Let your children play
If you give this man a ride
Sweet family will die
Killer on the road"
"Riders On The Storm", The Doors

DARKSIDEBOOKS.COM